제2판

Travel Agency
Management

현장 근무경험을 바탕으로 올바른 방향 제시

이야기로 풀어보는

여행사 실무경영론

최복룡 저

B (주)백산출판사

머리말

    해외여행이 자유화되었던 1989년 여행사에 입사하여 34년간 근무하고 있다. 많은 신입사원을 선발해 보았지만 여행 및 관광 관련을 전공했어도 타 전공자와의 차이를 찾아볼 수 없었다. 입사 후 신입사원을 위한 여행실무를 재교육했었다. 이러한 시행착오를 익히 알고 있는바 여행사 실무의 현장위주 교과목이 필요함을 절감하고 있었다. 그래서 33년 이상의 오랜 여행사 근무경력과 대학원에서 관광경영학을 전공하면서 쌓아온 학문적 접근을 통합하여 이론과 실무를 겸한 교재를 발간하고자 한다. 특히 트렌드 변화에 따른 여행업의 변화로 사례 중심의 토론 자료를 첨부하여 학생들과 서로 토론하며, 자기주도적인 수업이 진행되도록 구성하였다.

    지난 30년간의 위기와 극복의 순간들을 생각해 보면, 전대미문의 사건인 9.11테러, 여행업계를 강타한 사스(SARS · 중증급성호흡기증후군) 및 조류독감, 미국발 금융위기, 미국의 전자여행허가제(ESTA) 허용, 여행사의 핫이슈로 부각된 항공사 수수료의 삭감, 대한항공 제로컴(Zero Commission) 즉, 발권수수료 자유화, 경기침체로 인한 여행수요 격감, 종이항공권의 폐지와 e-티켓 체제로 변환, 전자여권의 등장, 특별관심관광의 증가, 여행객의 경험 증가, 개별 여행자의 수요 증가, 특히 코로나19(신종 코로나바이러스 감염증. 2020년 1월 20일 인천공항을 통해 입국한 중국인) 등 일련의 현상과 사건들이 주마등처럼 지나갔다.

    여행업 분야는 모바일과 인터넷 관련기술의 발달로 사업의 형태가 급격하게 변화하여 왔다. 이 때문에 여행업도 패키지 중심에서 모바일을 이용한 자유여행상품 위주로 변화해 왔다. 거의 1년마다 여행의 트렌드가 변화되어 왔는데, 특히 코로나19 이후의 여행 트렌드는 코로나로 인한 심리 변화가 여행에 미친 영향이 커지면서, 온라인 여행, 한 달 살기 등 새로운 여행방식에 대한 수요가 증가하였다. 몸과 마음을 치유하며 위로를 얻으려는 사람들이 더 많아지고, 자기만의 시간을 즐길 수 있는 호젓한 곳에서 서두르지 않고 현지의 문화를 체험하는 트렌드로 바뀌고 있다.

빠른 속도로 변하는 관광의 트렌드 및 디지털전환으로 여행업 환경이 변화되고 있고, 「관광진흥법」의 부분적 개정으로 최근의 정보 등을 전달하기 위해 자료들을 모아 반영하였다. 관광 관련학과의 강의 및 현장실무 경험을 바탕으로 여행의 트렌드 변화에 맞게 다음과 같은 점에 주안점을 두어 저술하였다.

여행사에 근무하거나 여행사 경영을 희망하는 사람들이 많아지는 시점에 코로나19라는 복병을 만나 서비스업이 어려움을 겪었지만, 2024년 항공업계는 코로나19 이전의 95%까지 회복될 것으로 전망하고 있다. 이번 기회에 여행사의 실무에서 꼭 필요한 기본 업무부터 익히는 데 충실하고 여행 정보에 대한 전문적인 판단능력을 기른다면 여행사의 위기는 오히려 여행업무를 더욱 전문화된 지식으로 발전시키는 계기가 될 것이라 생각한다. 이 교재가 여행업 취업을 목표로 하는 많은 학생들이나 여행업종에 취업한 신입사원에게 실질적인 지침서가 되기를 희망한다.

기존 여행사경영론 교재와의 차이점은 다음과 같다. 여행사에 입사하여 OJT교육의 프로그램 순서에 입각하여 각 장을 준비했으며, 빠르게 변화하는 여행사 기본 실무를 쉽게 익힐 수 있도록, 실무를 통한 다양한 사례들에 대하여 토론하였다. 또한 고객들이 바라는 전문적 판단을 여행사에서 제시하고 여행사에 취업을 원하는 학생들이 졸업 후 실무적으로 바로 투입되는 데 아무런 어려움이 없도록 실무와 이론에 관한 내용을 총망라하여 정리하였다. 그리고 여행사의 꽃이라 불리는 항공발권과 현지안내원 업무, 수배업무를 비중 있게 다루었으며, 여행·항공 관련 용어를 정리하여 실무에 도움이 되도록 했다.

제2판을 발간하는 데 도움을 주신 백산출판사 진성원 상무님, 김경수 부장님과 편집부 여러분에게 깊은 감사를 드린다. 저자는 본서가 여행업에 종사하는 임직원이나 강의를 담당하시는 교수님, 여행사 및 기타 관련업계 취업을 원하는 학생들에게 조금이나마 보탬이 되었으면 하는 바람을 갖는다.

2024년 1월

최복룡

차례

여행의 역사적 흐름

CHAPTER

1

여행의 역사적 흐름

제1절 ◦ **여행시장 변화와 여행업의 역사적 흐름**

1. 1980년대(국민관광사업의 초석)

1970년대 후반 국내정치의 불안정으로 관광 여건이 악화되기도 하였으나, 1980년 대에 들어 나이와 재산을 기준으로 제한적인 해외여행 자유화가 실시되고, 1986년 아시안게임과 1988년 올림픽을 유치하면서 국제화, 세계화, 개방화의 물결 속에서 해외여행 전면 자유화에 대해 검토하기 시작하여 국제관광시장에서 한국의 국격을 향상시켰다. 또한 국제부흥개발은행(IBRD), 국제통화기금(IMF), 세계총회 및 제5차 세계올림픽연합회(ANOC) 등의 대규모 국제행사를 성공적으로 치러, 국제행사 개 최능력을 널리 과시하였다. 1980년대 후반 우리나라 경제성장과 국민의 생활수준 이 향상되면서 1989년에 본격적인 해외여행 전면 자유화가 실시되었다.

- 1980년, 제주 중문관광단지 개발 계획 착수
- 1981년, 해외여행을 부분적으로 허용
  9월 30일 서독 바덴바덴에서 1988년 서울올림픽 유치
  (세계적 추세로 해외여행을 막기 어려운 결정적 계기가 되었다.)

- 1982년, 국제관광공사의 명칭을 한국관광공사로 변경하여 외래 관광객 유치 사업과 국민관광진흥사업을 수행

- 1983년, 해외여행 연령을 50세 이상 허용. 미주여행사협회(ASTA) 총회개최. 관광여권이 처음 생긴 83년에는 50세 이상으로 발급을 제한했고, 관광예치금 명목으로 200만 원을 1년간 예치하는 조건. 단수여권 발급

- 1986년, 제10회 아시안게임 서울 개최

- 1987년, 9월부터 해외여행 연령 45세 이상 허용
  민주화 이후 사회 전반의 경직된 분위기가 완화되고, 자유로워진 것도 해외 여행 자유화의 밑거름이 되었다.

- 1988년, 외래객 200만 명 시대
  아시아나항공이 개항하면서 복수민항시대 개막(12.23)
  아시아나항공 국내선 첫 취항(서울⇔부산, 서울⇔광주)
  제24회 하계올림픽 서울 개최
  해외여행 연령을 40세 이상 허용
  전국 여행사 개수 300개

  ※ 1986년 제10회 아시안게임과 1988년 제24회 올림픽경기대회를 유치하면서 세계화, 국제화, 개방화의 물결이 밀려들다 해외여행의 자유화에 대해 검토하게 되었다.

- 1989년, 해외여행 전면 자유화 실시
  해외여행 출국자 수 121만 명 돌파

  ※ 해외여행은 공무원이나 기업의 해외출장이 아니면 나가기 어려웠으나 1989년 해외여행이 전면 자유화되어 해외여행을 떠나는 사람들, 휴가철이면 더 많이 해외로 출국하는 사람들이 붐빈다. 시간과 금전적인 여유, 건강만 허락된다면 국내여행 못지않게 일반적인 여가문화로 여겨졌다. 해외여행이 자유화되자 여행사에서 다양한 패키지 상품을 출시하여 제주도나 설악산의 국내여행을 해외여행으로 변경, 각종 친목여행이나 효도관광이 유행하였다.

2. 1990년대(대량국민관광시대)

1990년대에는 대중관광시대로 여행은 더 이상 특수층의 전유물이 아니라 누구나 누려야 하는 인간의 기본권으로 정착되었다. 국민생활 소득의 향상, 교통통신의 발달 및 여가시간의 증대, 가치관의 변화 등으로 인간의 관광욕구는 강화되어 여행사는 서비스 효율의 극대화 차원에서 패키지 여행상품개발에 박차를 가해 왔다. 또한 국내외 관광수요가 크게 증가하였다. 대량국민관광시대로 자율과 개방, 그리고 국제화, 세계화와 지방화에 따라 관광진흥장기계획을 수립하고 관광인식 재정립과 국제화, 세계화, 지방화, 자율화의 추세에 맞추었다. 91년 이후 관광수지가 적자로 돌아서자 해외여행을 바라보는 시선도 곱지 않았다. 해외여행은 외화 낭비의 주범으로 몰렸고, 신문에는 연일 보신관광·사재기관광 등을 개탄하는 사설이 실렸다. 이때 '어글리 코리안(Ugly Korean)'이란 말이 등장하였다. 1993년 우리나라 최초로 국제박람회기구의 공인을 받아 개최한 인정박람회(Recognized Expositions)인 대전엑스포가 개최되어, 관광의 붐을 조성했으며, 우리의 문화를 세계에 알리고 관광 재도약과 국제화의 계기로 삼기 위하여 '94 한국방문의 해'를 추진하였다.

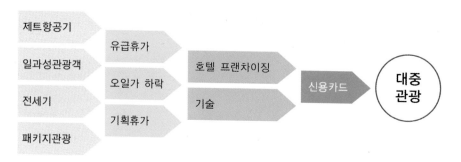

[그림 1-1] 대중관광의 사회적·경제적·기술적 환경(정기성, 1995)

■ 신관광시대는 1990년대 이후부터 21세기 현시점까지의 시기, '관광의 대중화'를 넘어 '관광의 생활필수품화'로 발전되고 있으며 여행성향이 대중관광 시대의 패키지 중심에서 가족단위의 개별여행을 선호하는 추세로 바뀌고 있으며, 여행경험이 많은 소비자일수록 개성과 기호를 살릴 수 있는 특수목적관

광(Special Interest Tourism) 등 주제가 있는 여행을 선호한다. 특수 관광여행의 형태로는 문화관광, 교육관광, 환경관광, 종교관광, 요양관광, 의료관광 등이 있으며, 다양한 관광형태에 부응하는 새로운 업종들이 생겨나기도 한다. 주말을 이용한 단기 국내외여행, 해외연수, 대학생들의 배낭여행과 어학연수, 계절 스포츠 등을 경험한 계층이 상대적으로 많아져 생활양식과 가치관에 많은 변화가 일어나면서 전반적인 '삶의 질'이 여가와 관광활동을 통해 더욱 높아지고 있다.

〈표 1-1〉 신관광시대의 관광매력물(고동완, 2016)

구관광(Old Tourism)	구분	신관광(New Tourism)
모더니즘(Modernism)	시대 사조	포스트 모더니즘(Post Modernism)
주어진 환경을 관리, 개선하는 기능적 접근 상품과 서비스	관광 정의	새로운 콘텐츠를 생산, 활용하는 조직적 접근 상품과 다양하고 광범위한 체험
단체, 태양추구, 대중추종, 소유, 탈출(탈일상)	관광 목적/행태	개별, 자연경험, 개성추인, 존재, 성취
건조유산, 박물관, 기념물, 해변, 산악 등	관광자원	이미지, 정체성, 라이프스타일, 분위기, 내러티브(Narratives), 창조성, 미디어 등
관광수용태세 핵심관광산업 작은 시장 배타적 영역	관광산업	연계관광산업 융합관광산업 융복합 촉매산업
숙박, 항공, 식음료, 여행사, 관광지		엔터테인먼트, 문화콘텐츠, 문화예술, 의료, MICE, 스포츠, ICT, 제조업

- 1990년, 5대 관광권, 23개소 개발권 구분개발
  아시아나항공 국제선 첫 취항(서울⇔도쿄, 01.10)
- 1991년, 외래 관광객 300만 명 돌파, 남북한 UN동시가입
- 1992년, 해외출국 시 받아야 했던 소양교육이란 이름의 반공교육 폐지
- 1992년, 중국과 외교정상화를 통해 사회문화적인 교류를 시작
- 1993년, 제19차 동아시아관광협회 총회 개최와 내외국인 관광객이 1400만 명 참가한 대전엑스포 국제이벤트 개최

■ 1994년, 한국방문의 해(서울 정도 600주년 기념), PATA 3대 행사 개최
중국여행의 전면 자유화(04.01)
중국은 '국방교류협력에 관한 기본지침'에 따라 특정 국가로 분류되어 사업목
적이나 친지방문, 학술교류 등의 방문만 허용되었으며, 사전 허가를 받아야
했다. 태평양관광협회 연차총회, 관광교역전과 세계지부회의 등 3대 행사 개
최와 '한국방문의 해' 사업을 추진. 카지노업을 8월 3일 관광진흥법 개정 때
관광사업의 일종으로 전환 규정하였고, 12월에는 관광업무가 문화체육부장
관으로 이관

■ 1995년, 아시아나항공 전 노선 기내 금연실시
해외여행 시 가지고 나갈 수 있는 경비가 5천 달러에서 1만 달러로 확대되었
다. 신용카드의 사용 금액 한도 월 5천 달러로 상향조정

■ 1996년, 해외출국자 수 464만 명

■ 1997년, IMF(국제통화기금) 구제신청. 원달러 환율이 최고 2천 원까지 치솟아
해외여행은 엄두도 내지 못하는 상황이 되었고, 여행사가 줄도산했다. 경쟁
적으로 김포공항에 취항했던 외국계 항공사도 이내 기수를 돌렸다.

- 1998년, 외래관광객 425만 명 유치하여 외래 관광객 400만 시대, 해외여행 출국자 수 306만 명, 문화관광부로 명칭변경, 현대그룹의 대북 관광사업 개시(금강산 관광 - 해상 크루즈선 이용) 11/18에 금강호가 첫 출항함. 본격적인 금강산 관광 시작. 봉래호, 풍악호 출항 2년 7개월 만에 마지막 출항 (2001. 6/27)

  ※ IMF로 인한 해외여행객의 급감과 막대한 환차손 및 극심한 자금난으로 8월에 중견여행업체인 세진여행사, 해외여행객 송출 1위인 온누리여행사, 유럽 배낭여행 전문여행사인 씨에프랑스, 여행업계 6위인 삼홍여행사 등이 연쇄부도 처리되었다.

  '할인항공권' 판매 개시 - 현대드림투어, 세중여행, 레드캡투어 등

  ※ 중국인 단체관광객 제주 무비자 입국과 러시아 관광객의 무비자 입국 및 복수비자 허용 등 획기적 제도개선을 추진하여 관광선진국으로서의 입지를 강화시킴

- 1999년, 해외출국자 수 434만 명
  관광진흥확대회의 개최를 통해 관광관련 규제 완화 등 관광산업발전을 위한 토대를 구축

3. 2000년대는 아시아의 관광중심국으로 도약하는 시기

해외여행 자유화 이후 10년이 지난 시점에서 일반적인 관광보다는 힐링할 수 있는 휴양을 중시하는 여행문화가 인기를 끌었다. K-pop, 한국가요, 배우, 드라마, 한국어, 스마트폰, 자동차, 한식, 애니메이션, 웹툰 등 우리나라의 대중문화가 일본 및 중국 등 아시아를 중심으로 인기를 끌며, 대중성을 가지게 되는 한류의 현상이 나타났다. 또한 LCC(Low-Cost Carrier)의 여러 저비용 항공사(제주항공, 진에어, 에어부산, 이스타항공 등)의 탄생과 지역관광공사 등이 탄생되었다(경기관광공사, 인천관광공사, 제주관광공사).

- 2000년, 해외출국자 수 550만 명
  외래관광객 500만 명 유치, 10월 아시아·유럽정상회의(ASEM)를 성공적으로 개최, IMF 외환위기가 극복되면서 해외여행을 가는 인구가 꾸준히 증가. 하나투어 여행업계 첫 코스닥 상장(11월)

■ 2001년, 한국 방문의 해. 인천 신공항 개항, 동북아의 허브공항의 역할
인천공항이 2001년 3월 29일 개항하면서 대한항공·아시아나항공이 장거리
노선을 적극 개척했고, 외환위기 후 한국을 떠났던 외국계 항공사가 국내 경
기가 회복되면서 속속 되돌아왔다.

 ※ **9.11테러 발생**: 2001년 9월 11일에 미국에서 발생했던 항공기 납치 동시다발 자살 테러. 뉴욕의 110
 층짜리 세계무역센터(WTC) 쌍둥이 빌딩이 붕괴 버지니아주 알링턴의 미국 국방부 펜타곤이 공격받
 아 일부 파괴. 약 2,996명의 사람이 사망하고 최소 6천 명 이상의 부상자 발생

■ 2002년, 한·일 월드컵개최, 제14회 부산아시안게임 등 국제행사유치로 대규
모 관광객 유치와 한국의 대외이미지 제고에 크게 기여함. 해외여행 급증,
외국인 입국은 감소 9.11테러의 영향

■ 2003년 금강산 육로관광

■ 2003년, 사스(SARS)와 신종플루 등 국제정세는 관광산업의 악재로 작용함

■ 2004년, 한류열풍이 최고조에 달하였고, KTX의 개통 및 대형 국제회의 유치
등, 외래 관광객 유치를 위한 기회요인이 많았음. 사스(SARS) 및 신종플루,
이라크 전쟁 등 관광산업에 악재. 2004년 7월 1일부터 주 5일제 시행

■ 2005년, 동남아 쓰나미
외래 관광객 600만 명 돌파, 지속적인 성장세
해외출국자 수 1천만 명 돌파
일본 시마네현 의회가 다케시마의 날 제정을 강행하여 한일관계 최악 → 일
본여행자 수 감소
유류할증료 제도 시행(4, 10)

 ※ **유류할증료**: 유가상승에 따른 항공기 운항 비용 증가분을 탄력적으로 여객 운임에 적용하는 것

■ 2006년, 제주항공(2005년 1월 25일 설립) 첫 취항(6월 5일 - 제주⇔김포)

■ 2007년, 코레일 '내일로 티켓' 발매
(만 19~24세 청년들을 대상으로 7일간 자유롭게 열차관광)
중저가 숙박시설 '굿스테이'와 중저가 숙박시설 체인화 모텔
'베니키아' 체인화 사업을 시작

■ 2008년, 개성관광 전면실시

금강산 관광객 총격사망사건(2008년 7월) 발생으로 북한관광 전면 중단

해외출국자 수 1,199만 6천 명

크루즈여행시대 개막 : 최초의 한중일 크루즈 랩소디호 부산취항(4.6)

제주항공 국제선 첫 취항(7월 11일 – 일본 히로시마)

뉴욕발 금융위기 : 리먼 브라더스 파산으로 인한 글로벌 경기침체

2008년 미국 비자면제 프로그램 시행, 하와이 허니문 급상승

■ 2009년, 신종플루 4월 첫 감염자 발생, 2~3년 주기로 악재 반복

외래 관광객 700만 명 유치, 관광수지가 흑자로 전환

4. 2010년 이후, 고부가가치 관광산업

MICE, 의료관광, 공연관광 등 고부가가치 관광산업을 중심으로 육성, 외래객 수용태세 개선을 위해 관광안내 서비스 품질과 안전한 국가 캠페인 등을 실시, 개별자유여행(FIT) 선호도 상승, G20 서울 정상회의 개최

■ 2011년, 3.11일 동일본 대지진 발생, 12일 후쿠시마 원전 사고 발생

동일본대지진(東日本大地震)은 2011년(平成, へいせい, 23년) 3월 11일 금요일 14시 46분에 일본 산리쿠 연안 태평양 앞바다에서 일어난 해저 거대지진이다.

2011년 3월 11일 도호쿠 지방 태평양 해역 지진으로 인해 진도 7, 규모 9.0의 지진과 지진 해일로 도쿄전력이 운영하는 후쿠시마 제1 원자력 발전소의 원자로 1 - 4호기에서 발생한 누출 사고이다. 체르노빌 원자력 발전소 사고와 함께 국제 원자력 사고 등급의 최고 단계인 7단계(Major Accident)를 기록하였다.

■ 2012년, 외래 관광객 1천만 명의 관광대국 반열에 진입

K - pop 신한류 열풍, 개별자유여행객(FIT) 증가, 저비용항공사의 신규 취항 노선 증가, 여가 문화 확산에 따른 여행 수요 증가 등으로 국제 · 국내여객 모두 성장세 지속

■ 2013년, 외래 관광객 1,200만 명 돌파

해외출국자 수 1,485만 명

'식도락, 요리 관련 테마여행'은 일본

'역사, 전통문화 기행 테마여행'은 중국

'미술, 건축, 화가 관련 테마여행'은 프랑스

20~30대는 '식도락, 요리 관련 테마여행'

50~60대는 '역사, 전통문화 기행 테마여행'

■ 2014년, 외래 관광객 1,400만 명 돌파, 세월호 침몰사고

세월호 침몰 사고(영어 : Sinking of MV Sewol)는 2014년 4월 16일 오전 8시 50분경 대한민국 전라남도 진도군 조도면 부근 해상에서 여객선 세월호가 전복되어 침몰한 사고이다. 세월호는 안산시의 단원고등학교 학생이 주요 구성원을 이루는 탑승인원 476명을 수용한 청해진해운 소속의 인천발 제주행 연안 여객선으로 4월 16일 오전 8시 58분에 병풍도 북쪽 20km 인근에서 조난 신호를 보냈다.

■ 2015년, 메르스(MERS, 중동호흡기증후군)의 영향 등으로 외래 관광객 1,323만 명 기록, 전국적으로 중동호흡기증후군(MERS)가 유행, 저비용항공사 중심의 항공사 운항 확대로 11월부터 해외여행객 증가

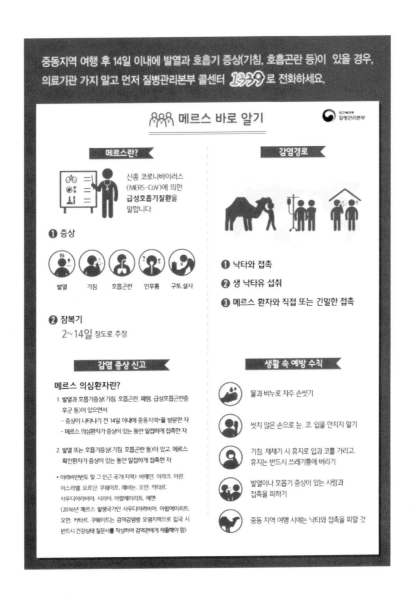

■ 2016년, 외래 관광객 1,723만 명 유치, 역대 최고치 기록 '한국관광의 해'
해외출국자 수 2천만 명 돌파
사드(THAAD · 고고도 미사일 방어체계) 배치
중국은 한류 연예인 출연을 금지하는 '금한령(禁韓令)'을 내리고 사드 부지를
제공하기로 한 롯데의 중국 사업장에 대한 세무조사에 나서는 등의 압박을
문화에서 경제 영역으로까지 확장했다.

※ 2016년 11월 18일 - 롯데그룹의 성주골프장이 사드 부지로 선정된 것에 대한 보복으로, 중국 정부가 중국에 진출한 롯데 계열사의 전 사업장에 대해 세무조사와 소방·위생점검, 안전점검에 일제히 나섰다.

■ 2017년, 외래 관광객 1,333만 명 기록

해외출국자 수 2,650만 명 돌파

■ 2018년, 외래 관광객 1,535만 명 기록

해외출국자 수 2,869만 6천만 명 돌파

출국자와 외국인 입국자의 비율은 약 65대 35다.

LCC 국제선 수송 분담률 30% 돌파

전국 '여행업' 등록 업체 수 2만 1,975개

■ 2019년, 관광수지 적자 5천 억을 돌파, 일본은 한국을 백색 국가에서 지정 해제

한국을 방문하는 외국인들보다 해외여행을 가는 한국인의 수가 많음. 유류할증료 인하를 포함한 여행상품 패키지와 할인 프로모션이 쏟아져 나오며, 호텔스컴바인, 에어비앤비 등과 같은 숙소예약사이트의 성행으로 해외여행을 가는 한국인 증가. 다만 일본과의 무역 분쟁으로 인해 일본 관광객 급감과 동시에 동남아시아 등의 새로운 관광지 각광

※ 한일 무역 분쟁(韓日貿易紛爭)은 2019년 대한민국과 일본의 외교적 마찰이 커지자, 일본이 한국에 단행한 공업 소재 수출 규제 조치로부터 시작된 분쟁이다. 2019년 7월 1일 일본 경제산업성이 반도체 및 디스플레이 제조 핵심 소재의 수출을 제한하기로 발표하면서 본격적인 對한국 경제침략에 돌입하였다. 2019년 대한민국 대법원의 일본제철 강제징용 소송 배상 판결 및 해당 기업의 자산 압류 및 매각 명령에 대항해 일본이 한국에 대해 단행한 일련의 경제제재 조치로 풀이된다.

■ 2020년, 코로나19(코로나바이러스감염증), 해외여행 및 항공사 타격

코로나는 국내 여행 산업을 1984년 수준으로 돌려놓았다. 코로나19 사태의 가장 큰 피해를 입은 산업은 항공·여행·호텔 업종으로, 중견 여행사 직원 대부분이 유·무급 휴직 중이고, 국내 최대 여행사인 하나투어도 정부 지원금이 없는 무급휴직에 들어가게 된다. 여행업계에 따르면 5월까지 폐업한 여행사는 283개, 정부에 고용유지지원금을 신청한 여행사는 5,500개가 넘는다. 2021년 1월부터는 정부 지원금 없는 무급휴직으로 들어가는 여행사가 더 많이 늘어날 것이다. 2015년 메르스(중동호흡기증후군) 사태 때와 비교하면

약 20배 많은 여행사가 폐업을 했다.

해외여행의 수요가 많은 유럽과 북미지역에서 코로나 재확산이 두드러지며 국내 여행업계가 입은 타격은 상상 이상이다. 무급휴직 등 자구책을 마련해 버티고는 있으나 경영악화를 견디지 못하고 대규모 희망퇴직과 감원을 실시하고 있다. NHN여행박사는 전 직원을 대상으로 희망퇴직 신청을 받았고, 롯데관광개발도 300명이 넘는 여행 부문 직원 중 3분의 1에 대해 희망퇴직을 받아 인력을 줄였으며, 한진관광, 롯데JTB, KRT, 레드캡 등도 구조조정을 단행했다. 코로나 사태에 따른 인력감원 한파는 1997년 IMF 때와 비슷한 양상을 보이고 있다. 어떻게든 폐업을 피하기 위해 고정비를 줄이기 위한 여행사들의 사투는 이미 시작되었다.

백신보급에 따른 기대감으로 2021년 여행시장의 회복세가 기대되는 상황이지만 2020년 12월을 기점으로 대형여행사들의 인원감축은 여행업계 전체로 확대될 전망이다. 여행업종의 특성상 인건비가 차지하는 비중이 크므로, 정부로부터 고용유지지원금을 받을 경우 기업이 부담해야 하는 10% 분담금도 낼 여력이 안 되는 여행사들은 거의 무급휴직으로 전환한 상태이다. 포스트 코로나 시대에는 등산·걷기여행·캠핑·자전거 등 힐링을 겸한 이른바 '언택트 여행'이 유행할 것이라는 전망이 우세하다. 국내의 C여행사는 40~50대의 중년 여성을 공략한 안전한 소규모 국내여행을 출시하면서 "해외여행을 잘 만드는 여행사가 국내여행도 잘 만든다"는 인식을 심어주면서 공격적인 영업을 이어가고 있다.

5. 2020년 관광업계의 디지털전환과 여행사의 미래

코로나19로 여러 산업에 어려움이 있었지만 특히 오프라인을 기반으로 하는 관광서비스업이 치명상을 입었다. 그런데 오히려 디지털전환(DX, Digital Transformation)이라는 미래를 관광서비스업에 제시함으로써 새로운 길을 모색할 수 있었다. 관광업계의 디지털전환은 어떻게 이루어지고 있을까? 디지털전환은 4차 산업혁명 시대를 관통하는 핵심 키워드다. 클라우드, 인공지능(AI), 블록체인, 가상현실 등 디지털과 관련한 모든 것을 통해 발생하는 변화를 일컫는다.

관광산업에서 가장 지배적인 디지털전환은 플랫폼 기반의 서비스라고 말한다. 관광산업 디지털변화가 이루어지면서 각 여행기업의 가치사슬은 기능별로 세분화되었고, 각 사슬에서 플랫폼 기반의 서비스가 지배적인 역할을 수행하고 있다. 실제로 많은 고객들이 익스피디아, 야놀자, 여기어때, 호텔스닷컴, 에어비앤비 등 플랫폼을 이용해 여행지를 예약하고 스카이스캐너(Skyscanner), 카약(Kayak), 트립어드바이즈 등 가격 비교 사이트를 통해 정보를 취득, 패키지 여행상품을 구매한다.

2021년 문화관광연구원에 의하면, 여행객의 86%가 온라인 평가를 읽은 후 숙소를 예약하며, 89%의 여행객이 관광지 활동 및 식당 정보 탐색을 위해 온라인, 모바일 장비를 활용한다고 한다. 관광업계의 디지털전환은 플랫폼을 중심으로 통합되면서 변화될 것으로 예상된다.

틀에 박힌 관광보다는 개인의 취향에 맞게 자신만의 여행을 설계하는 관광객이 증가함에 따라 이에 맞는 정보를 제공해 주고, 편의를 높여주는 스마트관광의 비중이 늘고 있고 여행 과정에서 필요한 정보를 빠르게 직접 받기를 원하는 오늘날의 디지털 세대에 맞추어 온라인과 오프라인을 기반으로 한 디지털 플랫폼의 중요성이 높아지고 있으며 스마트관광 기반의 신규 관광비즈니스 창출이 요구되는 시점이다.

제2절 ● 기업체의 여행업 진출

우리나라의 여행사는 중동지역의 건설경기 활성화를 기점으로 건설회사의 노동자 해외 출국에 따른 항공권 판매의 일환으로 건설업체와 대기업의 상용여행사 진출이 활발해졌다. 대표적인 여행사가 동아건설의 대한통운여행사로 1995년 동아항공으로 사명을 변경하여 '파랑새투어'란 브랜드로 유명했었다. 코오롱 건설의 유신고속관광(코오롱관광), 한양주택의 국제항공여행사, 라이프주택의 라이프항공, 현대건설의 서진항공(현대드림투어), 대우건설의 설악항공 등이 건설업체가 참여한 대표적인 상용여행사이다. 국내여행업도 또한 발달하였는데 남이섬을 개발한 경춘관광이 여행업계에서 최초로 관광자원을 직접 개발하는 형태를 선보였고, (주)세계항공이 1982년에 설립되어 우리나라 국외여행업의 시초가 되었다. (주)세계항공은 1983년 12월 (주)세중으로 상호를 변경하였다. 1998년 2월에 삼성카드 여행부문 협력여행사로 등록하였고, 2001년 4월 삼성전자 출장부문 협력여행사로서 2017년 초까지 삼성그룹의 출장업무를 담당하게 되었다. 2017년 10월부터 호텔신라의 자회사 SBTM에서 삼성의 상용물량을 처리하고 있으며, (주)세중은 삼성 전담 여행사라는 타이틀을 잃게 되었다.

1986년 아시안게임이 우리나라에서 처음으로 개최되면서 관광사업법은 관광진흥법으로 개정되었으며, 1987년에는 여행업의 종류가 일반여행업·국외여행업·국내여행업으로 구분되었으나, 현재는 종합여행업, 국내외여행업, 국내여행업으로 구분하고 있다. 또한 1988년 서울올림픽 경기대회 개최로 스포츠 인적 교류를 통한 급속한 발전이 이루어졌다. 이를 계기로 국민들의 생활소득 향상과 해외여행에 대한 욕구가 일반화되어 1989년 1월 1일부터 해외여행 자유화가 전면적으로 실현되었다. 삼성그룹에 항공권을 독점 판매하는 (주)세중(세중나모여행-세중여행), 대우와 LG 그룹을 각각 맡고 있는 설악항공

과 범한여행사(현 레드캡투어) 등이 본격적으로 등장하게 되었다. 자국민의 해외여행 (Outbound) 국외여행전문 여행업체들이 폭발적으로 등장하여 극심한 경쟁시대가 개막되었다. 특히 신용카드사가 여행사업부를 운영하여 여행업무를 시작하면서 새로운 여행문화를 창출하였다. 대표적인 카드사의 여행업무를 대행했던 카드사 는 국민카드, 비씨카드, 삼성카드, 엘지카드 등이었다. 카드사들은 자체 단독상품 을 구성하였으며, 제휴여행사의 상품을 판매하였다. 그리고 항공권의 결제를 카드 로 구매함에 매출을 늘리려고 하였다.

제3절 ● 우리나라 여행사업의 발달

여행사의 경영에 대한 교육에 앞서 우리나라 여행업 역사의 흐름에 대하여 살펴 보도록 하자. 우리나라의 여행업은 해방 이전에는 일본인의 여행편의를 위해 1912 년 10월 일본교통공사의 조선지사를 설립한 것이 시초를 이루었다. 해방 이후 조 선지사는 1945년 10월에 대한여행사(Korea Travel Bureau)로 새롭게 창립하여 우리 나라 최초의 여행사가 탄생하였다. 국제관광공사(현 한국관광공사) 산하 대한여 행사로 1963년 1월에 개편되었다가 1973년 7월 민영화되었다. 1960년에 (주)세방 여행사가 설립되었고, 1988년 해외패키지 투어(아리랑 하이라이트) 판매를 시작 하였다. 1961년 관광사업진흥법이 제정된 이후 1961년 8월 한진관광이 설립되고, 1983년 해외여행 패키지(KAL WORLD TOUR) 상품을 출시하였다. 1962년 고려여행 사, 1964년 대한통운여행사, 1965년 한국여행사, 1966년 부산의 향토기업 아주관 광, 1967년 국제항공여행사 등의 업체가 설립되었다. 여행업계는 기반조성 및 체 제정비를 하게 되고, 이 시기의 여행업은 항공권과 철도승차권 판매가 주요 업무 였으나 점차 취급업무가 다양하게 되었다. 한편 1962년 법률에 의거하여 관광공 사가 설립되었고, 외래관광객의 유치 및 안내와 관련하여 안내원의 자질향상을 위한 조치의 일환으로 '통역안내원 자격시험제도'가 최초로 실시되었다.

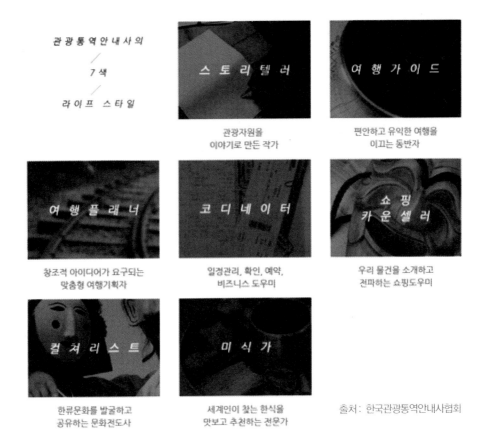

관광통역안내사의
7색
라이프 스타일

스 토 리 텔 러
관광자원을
이야기로 만든 작가

여 행 가 이 드
편안하고 유익한 여행을
이끄는 동반자

여행플래너
창조적 아이디어가 요구되는
맞춤형 여행기획자

코 디 네 이 터
일정관리, 확인, 예약,
비즈니스 도우미

**쇼 핑
카 운 셀 러**
우리 물건을 소개하고
전파하는 쇼핑도우미

컬 처 리 스 트
한류문화를 발굴하고
공유하는 문화전도사

미 식 가
세계인이 찾는 한식을
맛보고 추천하는 전문가

출처: 한국관광통역안내사협회

1970년대에는 주요 기업들이 본격적으로 여행업계에 진출하여 1971년에는 동방여행사, 대륙관광, 센트럴관광 등이 설립되었고, 롯데관광은 아진관광으로 설립된 후 1978년 롯데그룹 계열사 롯데관광에 인수되어 '롯데관광교통'으로 사명을 변경하였다. 1982년 롯데관광과 계열분리 후 1991년 롯데관광개발로 명칭을 변경하고 2006년 유가증권에 상장하였다. 1971년에는 한국일반여행업협회(현 한국여행업협회)가 설립되었고, 1972년 동부관광, 동방여운, 락희항공, 세기항공, 1977년 (주)범한여행이 상용출장 전문여행사로 자리매김해오면서 1998년 레드캡이라는 브랜드를 출시하고 2007년 (주)레드캡 투어로 사명을 변경하여 LG, GS, LS 등 굴지 기업의 공식여행사로 지정되어 운영되고 있다. 1978년 동양항공, 1979년 한국일보사에서 설립한 한주여행사 등이 등장하게 되었다.

롯데관광
LOTTE TOUR

redcap투어 redcap

1980년대에는 1970년대 후반의 사회적 불안으로 관광여건의 악화현상이 1980년대 초로 이어지는 과정에서 한국관광은 어느 정도 회복의 기미는 보였으나 5·18 민주화운동 등으로 정치·사회적 불안이 계속됨으로써 어려움(결정적인 타격)을 겪게 되었다. 1980년대는 부분적인 해외여행의 자율화 조치와 함께 여행사업이 등록제에서 허가제로 전환되면서 내국인의 해외여행을 취급하는 아웃바운드(Out Bound) 중심의 여행사들이 여행업계의 주류를 이루었다. 또한 일본관광객의 방한을 촉진하고자 1980년에 제주도를 무사증(No Visa)지역으로 지정하였고, 일본시장에 의존하던 In Bound 관광객의 격감을 가져옴으로써 여행업계는 심각한 타격을 입게 되었다. 특히 1983년 9월에 서울에서 열린 제53차 ASTA(미주여행업자협회)총회는 세계 각국의 여행업자에게 한국관광의 이미지를 올바로 심어주어 일본인과 미국인에 편중되었던 외국관광객이 다원화될 수 있는 좋은 계기를 마련하였다.

우리나라는 개방정책의 일환으로 1983년에도 50세 이상 국민의 관광목적 해외여행이 자유화되면서 국제여행시장의 매력과 관심을 집중시키면서 관광이 크게 성장·발전의 기대를 모았다. 국민의 생활수준 향상과 더불어 1970년대 후반부터 국민관광의 분위기가 전반적으로 무르익기 시작하여 관광이 대중문화와 산업사회의 특징으로 등장하게 되어 국민의 국내관광은 국민화합과 지역개발의 촉진, 교통조건이 발달되어 국민 각 계층의 여가증대와 함께 관광수요는 폭발적으로 증가하게 되었다. 이외에도 '86아시안게임과 88올림픽의 유치'로 여행발전의 전기가 될 수 있는 여건이 조성되어 우리나라 관광은 제2의 도약기를 맞이하였다고 할 것이다. 1988년에 인바운드 관광객 234만 명을 유치함으로써 인바운드 관광객 200만 명 시대를 맞이하였다.

출처: 서울올림픽자료실

1990년대는 대량국민관광시대가 개막한 시기이다. 국민경제의 급속한 성장으로 국민소득 향상, 가치관의 변화로 인한 여가시간 증대 등으로 국내외 관광수요가 크게 증가하였다(김병용, 2013). 커다란 전환점은 독일통일과 구소련의 붕괴, 남한과 북한의 유엔 동시가입, 1991년 인바운드 관광객 300만 명을 돌파하였고, 그리고 1992년 여름에 이루어진 대만과의 단교와 중국과의 외교정상화 통해 중국과의 사회문화적인 교류가 시작되었다. 냉전시대의 종식으로 인해 우리나라의 외교, 무역 및 관광의 세계화·국제화가 성큼 다가오게 되었다. 1993년에는 국외여행 인솔자 제도가 도입되었으며, 관광진흥법의 개정을 통해 소비자보호를 위한 기획여행신고제를 도입하였다. 또한 1993년에는 내외국인 관광객 1,400만 명이 참가한 대전엑스포(인정엑스포)는 전 세계에 우리나라의 저력을 과시한 또 하나의 축제였다. 이는 이제 우리가 참가국이 아닌 엑스포 개최국이 되었다는 것을 전 세계에 알렸고 국제적으로뿐만 아니라 내국인들에게도 과학적인 지식을 일깨워준 커다란 행사였다. 그러나 1997년 IMF 구제금융 관리체제로 인해 해외여행이 급감하면서 여행업은 치열한 생존경쟁상황에 처했고, 한국의 관광산업을 전면적으로 구조조정시키는 계기가 되었다. 1998년에는 외래관광객 425만 명을 유치하여 외래관광객 400만 명 시대를 맞이했고, 중국인 단체관광객 제주 무비자 입국과 러시아 관광객의 무비자 입국 및 복수비자 허용 등 획기적인 관광정책을 추진하여 관광선진국의 입지를 강화하였으며 관광수지 흑자라는 성과를 달성하기도 하였다.

약육강식의 원리에 따라 강자는 살아남고 약자는 도태하여 세계무대에서 더욱 경쟁력이 있는 여행사가 탄생하게 되었다. IMF 이후의 관광분야에서 명실상부한 세계적인 관광지로서 한국의 위상을 심어주었던 것이다. 이와 동시에 1990년대는 인바운드 관광객의 방한만이 아니고 내국인의 해외여행의 증가로 인하여 외래 선진문화를 보고 느끼고 안목을 높이고 우리의 삶을 살찌우는 데 새로운 장을 여는 진화의 시기였다고 말할 수 있다.

2000년대 우리나라 관광은 각종 국제행사의 개최로부터 시작되었다. 2000년에는 인바운드 관광객 500만 명을 유치하였고, 아시아·유럽정상회의(ASEM)가 서울에서 성공적으로 개최되었다. 2001년 한국방문의 해, 2002년은 세계 축구인들의 잔치인 월드컵 대회를 일본과 공동으로 개최하였으며, 2002년 한·일월드컵축구대회와 부산아시안게임 등의 성공적인 개최 등은 대규모 인바운드 관광객의 유치와 함께 우리나라 관광의 대외 이미지 제고에도 한몫을 하였다. 외적으로는 2003년 사스(SARS) 및 신종플루, 이라크 전쟁 등 국제정세는 여행업계의 악재로 작용하였고, 2003년 4월은 사스(SARS) 사태가 최고조에 달했던 시기였다. 중국·홍콩 간의 항공 운항은 두 달 가까이 중단되었고 여행사들도 여행취소 문의에 혼신의 힘을 쏟았다. 또한 2004년에는 2000년대 초기부터 본격적으로 불기 시작한 신한류열풍과 4월 고속철도 KTX(Korea Train eXpress)의 개통, 대규모 국제회의 유치, 주 5일제 근무제 실시 등으로 다양한 형태의 여행이 각광받기 시작했으며 여러 기회요인을 맞이하였다.

2008년은 미국발 리먼브라더스의 금융위기로 인한 경기악화와 환율급등에 따라 여행업계는 전반적으로 아웃바운드의 침체 등, 내국인 출국자 수는 2009년 급감하여 여행업계는 침체기를 겪었다. 그러나 인바운드 관광객 700만 명을 유치하여 국내관광이 회복되었으며, 외국인관광객이 크게 늘어나 국내관광에 긍정적인 영향을 미쳐 국내관광이 재성장하는 계기를 마련하였으며, 관광수지는 흑자로 전환되었다.

2010년 이후에는 여행사에서도 MICE, 의료관광, 공영관광 등 고부가가치 관광사업을 집중적으로 육성하고, 사업유치 등 여행도매업을 표방하고 대리점 영업에 주력하는 여행업체와 인터넷의 개발 및 확대에 따라 전자상거래를 이용한 온라인여행사(OTA : Online Travel Agency)가 등장하는 등 오랜 전통의 역사를 가진 일반적인 여행사(Travel Agency) 보다는 참신한 기획력과 과감한 투자를 하는 여행사가 시장을 주도하고 있다.

2014년 세월호로 인한 수학여행 중지 조치로 여행업계가 직격탄을 맞았으며, 추모분위기로 해외여행의 위축을 가져왔다. 2015년 메르스(MERS, 중동호흡기증후군)는 중동에서 발생했지만 국내에서 빠르게 확산되며 인바운드와 국내 여행 시장에 타격을 안겼다. 특히 당시 내국인들의 국내 여행 심리가 크게 위축된 탓에 국내 곳곳의 여러 행사와 축제가 줄줄이 취소되거나 무기한 연기됐다. 이때도 인바운드(Inbound : 외국인의 한국여행) 시장의 타격이 더 컸다. 특히 안전에 민감한 일본과 미주, 유럽 지역 여행객들의 감소가 두드러졌다. 당시 입국자 수도 6월부터 9월까지 연속 마이너스를 기록했다.

2020년 2분기 주요국 한국인 출국 현황 (단위: 명, %)

구분	2020년 2분기	전년동기	성장률	구분	2020년 2분기	전년동기	성장률
미국	8,865	545,365	-98.4	오스트리아	122	91,255	-99.9
몽골	4,843	49,184	-90.2	싱가포르	65	128,730	-99.9
멕시코	1,266	28,324	-95.5	피지	13	2,008	-99.4
인도네시아	608	83,397	-99.3	마카오	5	188,089	-100
일본	419	1,781,885	-100	괌	3	174,850	-100
타이완	405	229,257	-99.8	태국	0	370,299	-100
터키	334	53,728	-99.4	이스라엘	0	12,600	-100
홍콩	154	295,956	-99.9				

*한국관광공사가 상대국이 집계한 한국인 입국자 수를 제공받은 자료임
*2020년 6월까지 한국인 입국자 수가 집계된 국가 및 지역을 위주로 도출함
*승무원 포함 여부 등 외국인 입국자 수 집계방식이 한국과 다를 수 있음

2016년 한국의 사드(THADD : 고고도미사일방어체계)배치문제 등으로 여행업계의 위축을 가져왔다. 사드 갈등으로 중국의 반한 감정이 노골적으로 드러나자 항공뿐만 아니라 배편을 이용하던 여행객들 역시 방향을 바꾸어 중국을 대체할 수 있는 다른 목적지를 찾아 나선 것이다. 2017년 중국의 한국여행상품 판매 제한의 영향으로 중국인 인바운드 관광객의 감소와 북핵 관련 한반도 위기감을 이유로 일본정부가 한국여행에 대해 유의할 것을 촉구하면서 일본 인바운드 부문에 암운이 드리워졌다. 2018년 다시 해외여행도 증가세를 보이며 중국의 입국이 늘어났다. 출국자 수는 2,780만 명에 사상 최고치를 기록했다.

(주) 탑 항 공

2018년 항공권 전문 판매업을 해오던 탑항공의 부도로 여행업계는 큰 충격에 빠졌다. 1991년 우리나라에 BSP 제도가 도입된 이래 20여 년 동안 대표적인 항공권 판매 전문여행사로 확고한 영역을 구축했던 탑항공이 BSP대금 미입금으로 8월 24일 항공권 정산 시스템(BSP)에 부도처리됐다. 과거의 숱한 위기들, IMF 외환위기, 미국 9 · 11테러, 사스(SARS), 글로벌금융위기, 동일본대지진, 세월호 사고, 메르스, 돌이켜보면 위기와 악재는 언제나 여행업계를 덮쳤다.

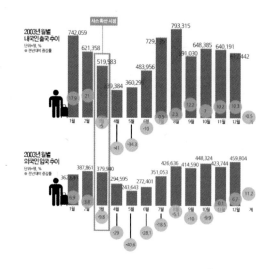

2019년은 강제징용 배상에 대한 판결로 한일갈등이 최고조로 달하고 있으며, 홍콩 시위가 장기화되면서 아웃바운드(Outbound : 한국인의 외국여행) 시장은 많은 어려움을 겪고 있다. 특히 한일 갈등 속 일본 제품과 여행 불매운동이 장기화되고 홍콩시위 격화로 전반적인 여행경기가 얼어붙었다. 7월부터 불거진 일본여행 불매운동 효과는 하반기에 감소폭이 더욱 커졌다. 외국인 관광객 4,000만 명을 유치해 '관광대국'으로 거듭나겠다는 일본 정부의 계획도 차질을 빚게 되었다.

2020년은 1월 20일 국내의 신종 코로나 바이러스 감염증(코로나19) 첫 확진자 발생 이후 코로나 유행이 심각하게 진행되거나 장기전으로 흐를 것이라는 예상은 없었다. 2, 3월 1차 코로나 대규모 유행을 기점으로 코로나 대응은 완전히 다른 양상으로 진행됐다. 코로나가 장기화되면서 여행업계의 침체도 길어지고 있다. 사실상 여행업계의 위기는 2019년 7월부터 시작되었다고 할 수 있다. 당시 일본이 한국을 백색국가(White List)에서 제외하기로 결정하면서 국내에서는 'NO저팬'(일본여행 안 가기 운동) 캠페인이 여행업계로 번졌다. 한국인에 대해 2023년 이전에 입국하는 관광객들에게는 백신접종증명서 또는 출국 전 72시간 이내 PCR검사 음성증명서가 필요했으나 2023년 이후 일본 입국 시 백신접종증명서 및 PCR검사 음성증명서가 불필요하게 되었다.

Case 사례 1 토마스 쿡(Thomas Cook)의 사소한 경고   여행신문

2019년 9월 23일 토마스 쿡(Thomas Cook)이 178년 역사 속으로 사라졌다. 1841년 영국에서 설립된 세계 최초의 여행사이자 보유하고 있는 항공기만 100대 이상이고, 190여 개의 호텔을 운영하는 세계적인 여행사의 파산소식은 해외뿐만 아니라 국내까지 술렁이게 만들었다. 이날 한 기업의 파산으로 전 세계 여행객 15만 명의 발이 묶였다.

지난해 토마스 쿡의 매출액은 10억 파운드(한화 약 1조 5,000억 원)를 돌파했지만 부채는 12억 파운드에 달했다. 브렉시트 이후 파운드화 가치가 20% 이상 급락하면서 많은 부채로 곪아 있던 재정상태에 기름을 부은 것도 부채를 늘리는 데 한몫했다. 올해 토마스 쿡은 이런 경영난에 따라 항공사업을 매각하고 대대적인 인력 감축 계획을 밝혔다. 주가는 지난해 대비 90% 이상 폭락했다.

토마스 쿡은 패키지 여행사로 시작해 항공사와 호텔, 금융, 보험 등 다양한 여행 관련 사업으로 사세를 확장해 왔다. 여행사로서 큰 무기인 항공과 호텔을 직접 운영하면서도 토마스 쿡은 실패했다. 여행업계에서는 토마스 쿡이 시장 변화의 흐름에 대응하지 못한 것이 사업 실패의 가장 큰 이유였다고 말한다. 주요 사업 영역이었던 패키지 여행의 수요가 감소하는 추세에도 패키지 여행 사업에만 집중했다는 것이다. 자유여행 상품이나 대리점을 대체하는 온라인 플랫폼 개발 등에 뒤처지면서 과거 운영 방식을 고집한 결과는 이렇게나 컸다.

토마스 쿡 항공기

토마스 쿡의 파산을 알리는 홈페이지화면
출처: 위키미디어 커먼스

하인리히의 법칙이라는 게 있다. 산업재해 통계를 통해 발견한 법칙인데, 큰 사고 1건이 발생하기 전에는 그보다 작은 사고가 29번, 그보다도 더 사소한 사고가 300번 발생한다는 이야기다. 큰 사고를 막으라는 경종이다. 세계적으로도 거대한 여행기업이 이렇게 하루아침에 무너졌다. 이는 어쩌면 한국 여행업계에 보내는 사소한 경고의 메시지일지도 모른다.

Case 사례 2 위기와 극복의 순간들, 여행업의 지난 30년

여행신문

9 · 11 테러 - 미주지역에 불어닥친 '삭풍'

■ 2001년 9·11테러 '전대 미문의 사건'

미국에서 일어난 9·11테러는 다시 한 번 여행업계에 긴장감을 불러 일으켰다. 당시 미국행
/발 항공편이 모두 결항됐으며 미주지역 랜드사는 영업활동이 거의 정지됐다. 피해 지역
인 미국 본토는 물론 하와이 지역의 여행상품은 평균 90~95%에 달하는 예약 취소율을
보였고, 미국 거주 한국교포들의 방한이 대거 취소되는 등 시장은 급속히 얼어붙었다.
또 테러의 시발점인 중동지역은 미국의 대테러 전쟁 등으로 모객이 급하락했고, 인바운드
시장의 최대 고객 일본의 경우에도 여행객의 심리 위축으로 기존 예약분에도 취소사태가
일어나는 등 피해가 커졌다. 이처럼 한 번 지펴진 불안 심리와 여행객들의 항공기 탑승에
대한 공포는 어떠한 처방도 해결책이 될 수 없었다. 한 인터넷 여행사는 테러 다음날인
12일 오전 9시부터 단 1시간 동안 취소된 예약 건의 액수가 1억 원이 넘었다고 하소연하는
등 제2의 IMF 수준이 될 것이라는 우려가 팽배했다. 항공업계에도 2001년의 가장 큰
이슈는 바로 이 9·11테러였다. 대한항공은 미주노선에 대해 노선감편 계획을 발표했고,
추후 국내지점은 32개에서 21개로, 해외지점은 73개에서 63개로 통폐합하고, 직원구조
조정 등의 대책안을 내놓았다. 아시아나항공은 노선 및 기자재 조정, 인력 및 조직 조정
등을 내용으로 하는 구조조정안을 시행했다. 이 구조조정에는 하반기 신규채용 동결 및
희망자 명예퇴직, 인력 재배치 등을 통한 약 360명에 대한 인력조정안도 포함됐다.

■ '사스'의 악몽, 사스(SARS) 충격파

2003년 3월부터 시작해 6월까지 4개월간 여행업계를 강타한 사스(SARS·중증급성호흡
기증후군)는 가히 악몽이라 할 수 있었다. 당시 한 여행사 관계자는 "걸프전쟁, IMF, 9·11
테러사건이 동시에 엄습한 것 같다"고 표현했다. 사스에 겹쳐 미국과 이라크의 전쟁이
임박해 있었고, 경기침체와 더불어 여행업은 삼중고에 시달려야 했다. 세계보건기구
(WHO)가 괴질관련 경계령을 내린 3월 17일부터는 예약취소 사태가 대거 발생했고, 사스
발생 지역으로 보도된 중국, 홍콩, 베트남 등과 유럽과 미주 지역도 사스 확산 영향권에
들어가는 등 예상보다 심각한 상황에 여행업계는 당혹감을 감추지 못했다. 21일에는 미국
의 이라크 공습이 시작되면서 여행심리가 더욱 얼어붙으며 예약취소율만 50%에 이르게
된다. 특히 사스의 발생지로 알려진 중국의 여행예약률은 거의 '100% 취소'에 이를 정도
로 심각했다. 이 파장으로 항공사들은 중국 노선에 대해 한시적인 운항중단을 황급히 발
표하며 자구책 마련에 나섰다.

■ 잠잠해지는 사스… 회복되는 여행시장

끝없는 추락을 할 것만 같았던 시장은 사스가 주춤하면서 가격이 대폭 할인된 상품을
중심으로 예약이 서서히 증가했다. 5월 캐나다 토론토 여행제한지역 해제를 비롯, 싱가포
르, 필리핀 등이 사스 위험지역에서 제외됐다. 5월 23일에는 홍콩도 여행자제권고지역에
서 해제됐고, 6월 2일 중국은 사스 발생 이후 처음으로 중국 전역에서 사스로 인한 신규환
자가 발생하지 않았다고 발표하는 등 대다수 감염 지역들이 꾸준히 진정세를 보이며 성수

기를 맞은 여행업계에 희소식을 던졌다. 또 6월초 태국, 필리핀, 베트남 등에 대해 전세기 운항재개가 속속 이뤄졌고, 여름 성수기를 맞아 해외여행수요가 확대될 것이라는 판단 아래 6월말에는 중국 등 전 지역에서 운항이 중단됐던 노선의 복항 및 증편까지 이어졌다. 이러한 분위기에 힘입어 6월 전체적으로 수요가 회복기조에 접어들었다는 평가를 받았고, 대부분 7월을 기점으로 사스의 악몽이 걷혀나갔다.

■ 사스가 남긴 것

그러나 사스가 남긴 상처는 컸다. 일본 인바운드의 경우 사스 발생과 더불어 수학여행 단체들이 무더기 취소됐고, 중국은 자국민에 대한 해외여행 금지령을 내리는 등 시장 침체가 계속 돼 2003년 외래객 숫자는 총 475만 2762명으로 전년대비 11.1% 감소했다. 아웃바운드는 악재에 비해 크게 선방, 출국자 수 708만 6133명으로 지난 해 대비 0.5% 감소에 그쳤다. 사스로 대부분의 여행사들은 수익보다 매출을 우선시 하면서 가격하락을 큰 폭으로 단행했다. 비수기 때 대만의 15만 원 이하의 항공요금을 비롯, 20만 원 이하의 필리핀과 태국 상품도 줄을 이었다. 항공료도 크게 하락해 항공권 판매 전문업체들의 경우, 전년대비 판매실적 하락률에 비해 수익하락률이 훨씬 높았고, 터무니없이 추락한 '사스금' 대신 '성수기 요금'으로 어떻게 끌어올릴 것인가에 대한 걱정이 태산이었다. 비록 인원수 면에서는 빠른 회복세를 보였지만 초저가 상품 난립과 사스 이후 업체 간 경쟁 강화로 수익률 측면에서는 오히려 후퇴한 것이다.

눈여겨볼 만한 것은 악재에도 불구하고 온라인 업체들의 약진이 두드러졌다는 점이다. KATA 연말통계에 따르면 2002년 17위였던 넥스투어의 경우 모객실적이 전년 동기 대비 58% 증가하면서 9위로 올라섰으며, 지난해 30위 안에 들지 못했던 투어익스프레스도 202%라는 높은 성장률을 기록하면서 26위로 진입하는 등 강세를 보였다. 온라인여행사의 선전은 젊은 네티즌들이 상대적으로 사스에 둔감했기 때문이기도 하지만, 온라인여행사가 서서히 자리를 잡으면서 오프라인 여행사들이 숨죽인 가운데 포털사이트와 제휴를 늘리는 등, 오히려 폭을 넓힌 것이 성장폭을 키운 원인으로 분석됐다.

■ 금융위기, 환율급등… 랜드사 '치명타'

2008년 미국발 금융위기 사태 때 여행업계는 IMF 때보다 심각한 경영위기를 겪었다. 다시금 이런 일이 반복돼서는 안 될 것이고 현실에 안주하고 눈앞의 이익만을 위해 달려온 결과가 좋지 않다는 것이 우리에게 일깨워준 학습효과라고 생각한다. 미국발 금융위기에 더해 환율도 급등하면서 외부 요인에 따른 어려움이 여행업에 직격탄이 되고 있다. 특히 랜드사는 금융위기, 환율뿐만 아니라 고질병이라 할 수 있는 여행사와의 관계로 인한 손실마저 입고 있어 타격이 크다. 지난 8월 1일 미국 달러의 매매기준율은 1,014원, 유로화는 1,579원, 엔화는 942원대였으나, 두 달이 겨우 지난 9월 30일 달러는 1,207원, 유로화는 1,734원, 엔화는 1,157원으로 마감되는 등 큰 폭으로 올랐다. 이처럼 하루가 다르게 뛰는 환율은 항공사, 여행사를 막론하고 여행업 전체를 어렵게 하고 있지만 랜드사에는 특히 치명적인 영향을 주고 있다. 환율 때문에 일부 여행사는 환율 50원 상승시마다 상품가에 4~5만 원가량 추가 요금을 적용 중이지만 대부분의 여행사들은 모객을 위해 상품가 동결을 통한 수익 감소를 택하고 있고, 지상비 지급도 미루고 있다. A여행사 관계자는 "우선 지상비 결제를 묶어 환율이 떨어질 때까지 버텨볼 것"이라고 말했다.

이로 인해 랜드사가 감당해야 하는 부담이 더 커지고 있는 실정이다. 동남아의 B랜드사 관계자는 "여행사들이 어려운 지금 도와주면 나중에 물량을 몰아줄 테니 정산을 늦추자는 말을 많이 한다"며 "안 그래도 랜드사 입장에서는 여행사와 늘 고통분담을 하는 것과 다름 없지만, 울며 겨자 먹기로 따르고 있다"고 하소연했다.

불과 9개월 만에 여행산업 사실상 전면 중단
출입국자 3~4% 수준으로 급락, 벼랑 끝 위기
방역+여행 해법 절실, 제한적 교류재개 필요

2020년 1월 20일 한국에서 첫 코로나19 확진자가 발생한 이후 꼬박 9개월이 흘렀다. 불과 9개월 만에 여행 산업은 전대미문의 극심한 침체에 빠졌고, 여전히 터널의 끝은 보이지 않고 있다. 코로나19 9개월이 남긴 상처와 향후 전망을 살폈다.

아웃바운드와 인바운드 부문은 코로나19로 인해 한마디로 초토화됐다. 전체 출입국자 규모가 지난해의 3~4% 수준으로 위축돼 사실상 중단됐다고 봐도 무방하다. 1~8월 한국인 출국자 수는 397만 5,579명으로 전년 동기 대비 80.2% 하락했으며, 외국인 입국자 수는 226만 8,385명으로 전년 동기 대비 80.2% 감소했다. 코로나19 여파가 본격화한 3월 이후만 보면 하락 폭은 90%대에 이른다. 한국 양대 여행사인 하나투어와 모두투어의 해외 송객 실적은 4월 이후 9월까지 연속 6개월 −90% 후반대 행진을 이어갔다. 지난해 각각 매월 20~30명의 송출 실적을 올렸지만 올해는 두 회사의 월간 송출객을 합해도 1만 명을 넘지 못한다. 4월부터 9월까지 6개월 동안 하나투어와 모두투어의 실적은 전년 대비 약 98% 사라졌다.

여행 산업 생태계 근간도 무너졌다. 여행사 휴업과 폐업이 급증했으며, 여행사 종사자들도 대부분 유·무급 휴직·휴업에 이어 최근 들어서는 희망퇴직으로 내몰리고 있다. 정부는 고용유지를 위해 여행업을 내년 3월말까지 특별고용유지지원업종으로 지정하고 유·무급 휴직·휴업에 대해 기업이 지불한 비용의 최대 90%를 지원하고 있지만, 4대 보험과 임대료, 퇴직금 등 사업주가 부담해야 하는 일부 비용도 고용유지의 큰 부담으로 작용하고 있다. 정부 지원금 지원기간도 연간 240일로 기존보다 60일 연장되기는 했지만 당장 10월부터 지원기간이 종료되는 업체들이 많아 대량실직 사태가 일어날 가능성이 높다. 한국관광협회중앙회(KTA)가 7월 30일 발표한 '2020년 2분기 관광사업체 현황(2020년 6월 30일 기준)'에 따르면, 여행업 등록건수는 총 2만 1,671건으로 전분기(2만 2,115건)보다 444건이나 줄었다. 여행업 등록건수가 전분기와 비교해 400건 이상 하락한 것은 최근 몇 년 새 처음 있는 일이다. 국내 및 국외여행업을 겸업하는 업체(4,743곳)를 여행사 1곳으로 반영해 도출한 실제 여행사 수는 1만 6,928개사로 전분기(1만 7,285곳)보다 357개사 줄었다. 2018년 3분기 이후 유지됐던 여행사 수 1만 7,000개 선이 2년 만에 무너졌다. 10월 중순 현재까지 코로나19가 여행업계에 심각한 피해를 안기고 있다는 점을 감안하면 여행사 수 하락세는 3분기 들어 더 가팔라졌을 가능성이 높다.

토론주제	여행의 역사적 흐름을 학습하고, 주요 토론주제를 가지고 토론하는 시간을 가집니다.

1) 토마스 쿡(Thomas Cook)의 사소한 경고

2) 위기와 극복의 순간들, 여행업의 지난 30년

3) 코로나19에 대처하면서 각 여행사의 위기탈출은?

4) 여행의 역사적 흐름과 관련된 역사 중 가장 인상 깊은 사건을 이야기해 보고 그 이유는 무엇인지 토론해 보자.

CHAPTER

2

여행의 개념

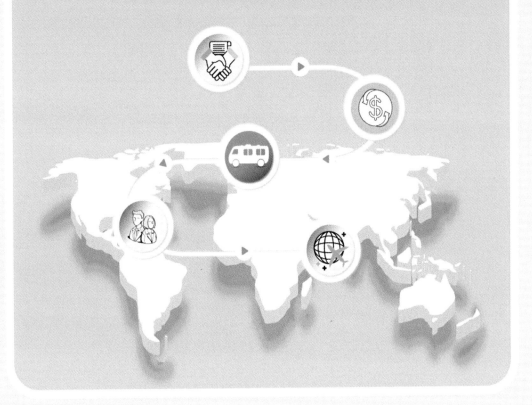

CHAPTER

2

여행의 개념

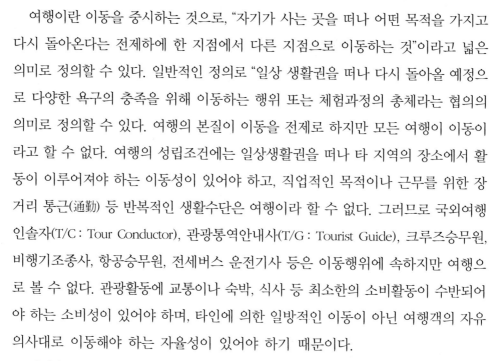

제1절 ◦ 여행의 정의

　여행이란 이동을 중시하는 것으로, "자기가 사는 곳을 떠나 어떤 목적을 가지고
다시 돌아온다는 전제하에 한 지점에서 다른 지점으로 이동하는 것"이라고 넓은
의미로 정의할 수 있다. 일반적인 정의로 "일상 생활권을 떠나 다시 돌아올 예정으
로 다양한 욕구의 충족을 위해 이동하는 행위 또는 체험과정의 총체라는 협의의
의미로 정의할 수 있다. 여행의 본질이 이동을 전제로 하지만 모든 여행이 이동이
라고 할 수 없다. 여행의 성립조건에는 일상생활권을 떠나 타 지역의 장소에서 활
동이 이루어져야 하는 이동성이 있어야 하고, 직업적인 목적이나 근무를 위한 장
거리 통근(通勤) 등 반복적인 생활수단은 여행이라 할 수 없다. 그러므로 국외여행
인솔자(T/C : Tour Conductor), 관광통역안내사(T/G : Tourist Guide), 크루즈승무원,
비행기조종사, 항공승무원, 전세버스 운전기사 등은 이동행위에 속하지만 여행으
로 볼 수 없다. 관광활동에 교통이나 숙박, 식사 등 최소한의 소비활동이 수반되어
야 하는 소비성이 있어야 하며, 타인에 의한 일방적인 이동이 아닌 여행객의 자유
의사대로 이동해야 하는 자율성이 있어야 하기 때문이다.
　하인수(2012)는 자기의 역량개발을 위해 타 지역으로 이동하여 자신의 감각과

관련한 체험들을 활동으로 하는 여가 활동 중의 하나로 정의했으며, 이선희(2014)
는 여행은 인간이 일상적으로 생활하는 거주지를 떠나 다시 되돌아올 목적으로
일정한 기간 동안 이동하는 소비행위라고 정의하였다. 다양한 여행의 개념으로 첫
째, 여행은 '공간적으로 사람들이 자기가 거주하는 일상생활권을 떠나 일시적으로
다른 지역에 체재할 목적을 가지고 이동하는 행위' 둘째, '일상생활권을 떠나 다시
돌아올 예정으로 다양한 욕구 충족을 위한 이동행위' 셋째, '일상생활과 관련 없이
거주지를 떠나 다시 거주지를 돌아오는 동안의 모든 체험과정의 행위, 넷째, 개인
적인 자유의사와 시간으로 타 지역의 주민들과 접촉되며, 사회적 문화적 교류가
있어야 하는 것'이라고 볼 수 있다. 따라서 여러 관광학자들의 의견을 종합해 보면,
일상의 생활권을 떠나서 다시 돌아올 예정으로 생활환경의 변화를 바라는 인간의
기본적 욕구충족을 위하여 타 지역을 여행하는 사회, 문화적 행위를 말한다고 정
의한다.

〈표 2-1〉 여행의 동양적 유사용어

용어	정의
여행	일이나 유람을 목적으로 다른 고장이나 외국에 나가는 일
관광	다른 지방이나 다른 나라에 가서 그곳의 풍경, 풍습, 문물을 구경
기행	여행하는 동안 보고, 듣고, 느끼고, 겪은 것을 적은 것
답사	여행목적지에 실제로 가서 보고 자세히 조사함
탐방	어떤 사실을 알아내기 위하여 사람이나 장소를 찾아감
탐험	위험을 무릅쓰고 어떤 곳을 찾아가서 살펴보고 조사함
순례	종교적인 의미가 있는 곳을 찾아다니며 여행 또는 방문하는 일
유람	돌아다니면 구경하는 것
휴양	편안히 쉬면서 몸과 마음을 보양함
피서	더위를 피하여 시원한 곳으로 여행가는 것 예 대양주, 북해도
피한	추위를 피하여 따뜻한 곳으로 여행가는 것 예 동남아

〈표 2-2〉 여행의 서양적 유사용어

용어	정의
Tour	일정한 계획에 의해 의도적으로 여행하는 관광여행이다. 각지를 여행하는 것을 의미하며, Travel보다는 짧게, Trip보다는 길게 하는 여행을 의미한다.
Trip	일반 관광이나 상용 출장여행 및 현장학습(Field Trip)의 비교적 짧은 여행을 의미하고, 'Travel'은 장거리 또는 미지의 곳으로 떠나는 여행을 말하며, 영어에서 말하는 '여행의 공식 용어이기도 하다.
Journey	목적, 기간, 수단 따위에 관계없이 여러 지역의 여행을 의미하며, 주로 장거리여행의 육지여행에 사용된다.
Sightseeing	경치, 풍경 등 가벼운 구경을 일컬을 때 사용된다.
Tourism	주로 학술적인 용어로 사용되고 있으며, 여행상품 등 여행과 관련된 현상이나 사업활동, 넓게는 관광이란 의미로 사용된다.
Cruise	배를 호텔 삼아 각지에 기항하며 관광하는 항해여행을 말한다.
Voyage	장거리의 선박여행, 항공여행의 긴 여행을 의미한다.
Excursion	당일의 짧은 유람여행으로 단체할인의 주유여행에 주로 사용된다.

제2절 관광의 정의

여행이 목적지로의 도달이라는 이동을 중시하는 말에 비해 관광은 풍경이나 유적 등을 본다는 경험을 중시하는 점이 차이점이라 할 수 있을 것이다. 관광이라는 정의에 대하여서는 학자들마다 다양한 의견이 있다. 일본의 津田昇은 "관광이란 사람이 일상 생활권을 떠나서 다시 돌아올 예정 아래 다른 나라 또는 다른 지역의 문물, 제도 등을 시찰하거나 풍광(風光)을 관광(觀賞)·유람(遊覽)할 목적으로 여행하는 것"이라고 정의하였다. 관광의 사전적 의미는 첫째, 타 지방이나 그 고장의 명승·고적 및 사적·풍속의 문화적관광자원 등을 돌아다니며 구경하는 것 둘째, 타 지방이나 그 고장의 풍광(風光)·풍속(風俗)·사적(史蹟)의 사회적 관광자원 등을 유람하는 것 셋째, 기분전환이나 여가의 목적으로 일상적인 거주지를 일시적으로 떠나 타 지방의 다른 장소를 방문하여 그 지역의 자연환경과 풍습을 경험하며 유람하는 일로 정의하고 있다.

관광이란 말은 1911년 독일의 슐레른(H. Schulrn)이 처음 사용한 것으로 "관광이란 일정한 지역으로 여행하여 다시 돌아오는 외래객의 유입 및 유출이라는 형태를 취하는 모든 현상과 그 현상에 직접 결부되는 소비를 수반하기 때문에 특히 경제적인 모든 일을 나타내는 개념"이라고 정의하고 있다. 1931년 독일의 보르만(Artur Bormann)은 "정착하지 않은 지역에서 일시적인 체재를 목적으로 거리를 이동하는 인간의 활동이다." 즉 "일시적 체재"와 이동(Movement)이라고 하였고, 1935년 독일의 글뤽스만(Robert Glucksmann)은 "거주지를 떠나서 일시적으로 체재하는 외래관광객과 그 지역주민들과의 사이에서 파생되는 모든 관계의 총체"라 하여 지역 주민들과의 관계를 중시하였다.

〈표 2-3〉 관광의 개념정의

구분	개념정의
힐링 여행을 취하는 행위	내 자신의 삶에 동기부여와 삶의 의미를 한 번 더 생각하는 기회와 자신의 감정이나 마음을 다스리기 위한 행위
여가시간을 이용한 일탈적 여행이 이루어지는 행위	일상적인 업무에서 벗어나 가족, 친구, 동료와 함께 추억을 쌓으며 친목을 도모하고 즐거운 시간을 보내기 위한 행위
즐거움과 흥미를 얻기 위한 행위	심신의 건강 및 원기회복에 도움이 되며 재미와 호기심으로 독특한 관광체험을 만들어내기 위한 행위
가족적인 친목 도모와 추억을 쌓기 위한 행위	가족, 친구, 동료와 함께 추억을 쌓으며 친목을 도모하고 즐거운 시간을 보내기 위한 행위
자연을 접하기 위한 행위	자연을 접하고 교감하며, 친환경적인 가치관을 가지는 행위
견문을 넓히기 위한 행위	여행을 통하여 일상적인 생활에서 얻지 못하는 지혜를 얻고자 하는 행위
관광자원을 방문하는 행위	자연자원, 사회자원, 문화자원, 산업자원, 위락자원 등
관광시설을 방문하는 행위	숙박·교통·음식시설을 활용하여 관광을 가능하게 하기 위한 행위
여행의 일반적인 행위	자기의 일상적인 삶의 터전을 떠나 다시 돌아올 예정으로 일정한 목적을 달성한 후 일상적 삶의 장소로 복귀하는 행위

1. 여행업의 정의

우리나라는 1960년대 외래관광객의 유치를 통한 외화획득의 목적으로 여행사가 등장하게 되었으며, 일본여행사의 용어나 업무를 받아들여 여행알선업이란 용어를 사용하다가 1986년 관광진흥법이 개정되면서 여행업으로 개정되었다. 초기의 관광진흥법에서는 '여행사'의 법률적 정의를 "관광객의 여행알선과 숙박시설 기타 여행시설의 이용에 관하여 알선하는 업"이라 규정하고 있으며, 법규가 개정된 '관광진흥법'상의 여행업 정의는 "여행자 또는 운송시설, 숙박시설, 기타 여행에 부수되는 시설의 경영자 등을 위하여 당해 시설이용의 알선이나 여행에 관한 안내, 계약체결의 대리, 여행의 편의를 제공하는 업"으로 정의하고 있다. 여행업은 여행에 필요한 여행소재를 이용하여 여행자가 필요로 하는 여행상품을 기획·생산하며 판매하여 수익을 창출하고, 또한 여행자들이 필요로 하는 여행소재를 예약, 공급하여 여행자들에게 일정한 수수료를 받고 대행을 하는 사업이라고 할 수 있다. 즉 여행상품에 필요한 관광관련 사업자들의 여러 가지 여행소재를 여행자들에게 알선하기도 하고, 관광관련 사업자의 사용권(Principle)을 예매, 이를 조합하여 상품을 만들어 판매하여 수익을 창출하고 기타 관광에 필요한 업무를 수행하는 업이다. 결론적으로 여행업이란 "여행을 가능하게 하는 여러 가지 서비스 제공자와 여행객의 사이에서 수수료(Commission)를 얻도록 양자를 연결시켜 주는 기능을 달성하는 사업"이라고 정의할 수 있을 것이다.

여행업의 특성

　여행업은 유형재를 대량생산하는 제조업과 달리 무형의 서비스 상품을 판매하는 기업이다. 그러므로 여행사의 다양한 측면에서 이해하고, 고유의 특성을 가지고 있는데, 이러한 것을 바탕으로 하여 경영적 특성과 산업적 특성으로 구분하여 설명하고자 한다.

1. 경영적 특성

1) 높은 인적자원 의존도

　여행사는 일반 제조업에 비해 인적 의존도가 특히 높은 편이다. 여행상품의 기획에서부터 고객에 대한 개별상담 및 판매, 비자업무, 항공예약, 발권업무, 여행의 인솔과 안내, 사후 관리에 이르기까지 전 과정이 사람에 의해 이루어진다. 이러한 서비스의 인적 비중이 높기 때문에 인적자원의 서비스 품질에 따라 여행상품의 질이 결정되고, 고객만족과 기업의 이윤창출과 직결된다. 특히 최근에는 고객의 욕구와 여행형태 및 정보의 다양성으로 여행관련 업무 유경험자의 확보가 중요하며 그에 따른 여행의 트렌드 변화에 따라 경험에서 만들어지는 다양한 상품이 출시된다.

2) 신용의 중요성

　여행사에서 가장 중요한 특성 중 하나가 신용이다. 여행 상품은 무형의 상품으로 고객은 구입할 상품을 눈으로 확인하지 못한 상태에서 여행요금을 지불해야 한다. 이에 따라 여행사에 대한 신용은 여행상품의 구매를 결정하는 데 매우 중요한 부분이다. 여행사를 신용하기 때문에 여행경비를 출발 전에 지불하며, 여행시설업자도 여행사에 대한 신용을 바탕으로 시설 또는 여행을 제공해 준다. 따라서 여행사는 신용을 높이기 위해 고객과 약속한 계약조건을 충실히 이행하고, 서비스의 품질을 높일 수 있도록 노력하여야 하며, 기업이미지와 여행상품의 가치를 높일 수 있도록 적극 노력해야 한다.

3) 입지의 중요성

인터넷의 발달로 온라인을 통한 상담 및 구매로 이어지는 경우도 있지만 아직도 여행사는 유동인구가 많고 눈에 잘 띄는 곳에 위치해야 한다. 대형 인센티브 여행을 의뢰할 경우 여행사를 직접 방문해 상담 및 구매로 연결될 시, 여행사의 위치 및 사업장의 내부 등이 신용도의 평가에 중요한 요소로 작용하여 여행 계약에 많은 영향을 미친다. 즉, 여행사의 입지적 특성이 여행사의 신뢰도에 많은 영향을 미친다고 이야기할 수 있다. 하지만 최근 다양한 광고매체를 활용한 온라인 상품 구매가 일반화되고 과거 오프라인 시대보다는 여행사를 방문하는 고객이 감소하고 있으며, 상용여행사 및 개별여행사의 특성 및 영업 전략에 따라 여행사의 위치는 필수가 아닌 선택사항으로 바뀌었다.

4) 계절적 요인

주 5일 근무로 인한 주말과 연휴 등에 여행수요가 아직도 많다. 여행사는 계절적인 수요 탄력성이 아주 큰 산업이다. 아직까지 계절이나 요일 등의 요소가 크게 좌우되는 경우가 많다. 우리나라의 해외여행은 아직도 집중휴가제로 인한 방학과 휴가철인 여름과 방학이 있는 겨울철이 성수기이며, 주말과 연휴 및 방학에 여행의 수요가 많다. 비수기에는 항공좌석

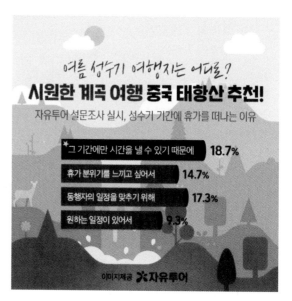

출처: 뉴스에이, 이미향, 2019.07.09. 자유투어

의 소진을 위하여 상품가격의 할인이 대체로 이루어진다. 신종 코로나바이러스 감염증(코로나19)으로 계절적 요인도 많이 변할 것이라 생각한다.

5) 공익적 특성과 책임성

여행업에 종사하는 인솔자 및 여행자는 '민간외교관'으로서의 역할을 한다. 행동 하나하나가 우리나라의 대표성을 띠고 있어 타국이나 지역으로 여행할 때 특히 민간외교관이라는 역할을 잊어서는 안 된다. 여행상품은 항공·교통·숙박·식사·현지관광 등 다양한 서비스로 구성하고 있으며, 다른 공급자에 의해 서비스를 제공받게 된다. 여행상품 하나에 다양한 서비스주체가 관여함에 따라 원하는 수준에 맞는 여행상품의 품질이 안 되는 경우가 많으며, 예기치 못한 문제가 여행 중에 발생하는 경우가 있다. 여행사는 여행상품의 전 과정에 관여하기 때문에 여행 중에 발생한 모든 문제에 대해 책임을 져야 하는 책임성이 뒤따른다.

6) 낮은 상품차별성(모방 용이성)

무형의 여행상품에는 지적재산권이 인정되지 않기 때문에 기존의 여행상품을 손쉽게 모방하여 유사한 상품으로 만들어 사용한다. TV 프로그램에서 소개되는 여행상품이나 홈쇼핑에서 판매되는 여행코스가 그대로 카피(Copy)되어 여행상품화되는 사례가 많다. 여행상품을 만들어내는 여행도매업체(Whole Sale)나 현지에서 여행을 진행하는 지상수배업자(랜드사)의 수가 한정되고, 복수거래 유통구조상의 특성으로 여행사 간 상품의 차별성은 힘들어 보인다. 모방의 용이성으로 인하여 요금경쟁 및 덤핑과 같은 문제점을 유발하는 과당경쟁의 요인이 되고 있다. 시장에서 살아남으려면 상품의 장단점을 면밀히 분석하여 특별한 여행상품(SIT)을 만들어내야 할 것이다.

7) 외부환경의 영향성

여행사는 서비스업이 갖는 특성뿐만 아니라 국내의 내부 환경 및 국외의 외부환경에도 많은 영향을 받는다. 국내의 사회적 문제나 국외의 정치·경제·사회·문

화·보건요인에 큰 영향을 받으며, 전쟁, 테러, 천재지
변은 여행객 감소로 이어져 여행사 경영에 직접적인
영향을 미친다. 세계적인 전염병인 신종플루, 사스
(Sars), 메르스(Mers), 코로나19 등은 전 세계 여행왕래
를 불가능하게 해 여행업을 운영하는 기업은 큰 피해
를 입는다.

8) 창업의 용이성

소규모 자본으로도 창업이 가능하며, 1982년 이후 여행업 등록이 허가제에서 등
록제로 변경되어 타 산업에 비해 진입장벽이 낮으며, 여행사 간 과당경쟁이 있으
나, 비교적 위험부담이 적고, 폐업이 용이하기 때문에 여행업 등록요건만 갖추면
회사를 설립할 수 있다.

제5절 · 여행업의 역할과 기능

1. 여행객관점에서 본 여행업의 역할

1) 여행요금의 염가성

항공료 및 교통, 호텔 등의 숙박비, 식사비용, 주요 관광지의 입장료 등 여행사
할인을 통한 단체요금이 적용되어 비교적 저렴하다. 즉 여행사에서 기획하는 패키
지 여행상품은 제휴업체로부터 안정된 가격에 대량으로 매입하기 때문에 여행자
개인이 직접 구매하는 개별여행에 비해 비용절감 측면에서 이점이 있다.

2) 신뢰성 및 안정성

여행사를 이용하면 항공 및 교통의 운송시설과 호텔예약 등의 숙박시설의 수배
및 신체에 대한 안정성이 어느 정도 해소될 수 있다. 여행사는 여행전문가를 통해

정확한 정보를 제공받을 수 있기 때문에 신뢰하고 안심하고 여행을 떠날 수 있으며, 여행객이 여행사를 통하여 사전에 예약·수배함으로써 출발 전 심리적 불안감을 해소할 수 있다. 여행의 트렌드 변화에 따라 인터넷을 통한 예약이 점점 늘어나는 추세이다.

3) 편리성과 시간절감

여행사를 통해 예약, 발권을 이용하는 대기업 및 중견, 중소기업의 해외출장 예약은 출장자가 직접 개별 예약하는 것보다 발생할 수 있는 실수를 줄일 수 있는 편리성과 여행의 노하우에 따른 시간절감에 있다. 여행사를 통한 안정된 시스템 안에서 예약과 정보수집이 이루어진다면 시간절약과 여행상품 및 항공권 등의 예약·변경이 자유로워 개인이 대처하기 힘든 문제도 여행사를 통해 신속한 처리가 가능하여 여행객 및 상용 업무로 해외출장을 가는 사람들의 시간과 수고를 아낄 수 있다.

4) 정보판단력 제공 및 부대서비스 제공

여행객은 여행에 대한 각종 다양한 정보선택 즉 비자발급 안내 및 지상수배업체를 통한 각종 여행에 관한 최신정보를 얻을 수 있다. 또한 여행사는 전문인솔자나 현지 가이드를 통한 전문지식·경험 등의 축적된 노하우의 설명을 들을 수 있어, 여행자에게 유용하고 다양한 정보를 제공해 줄 수 있다.

2. 공급업자 관점에서 본 여행업 업무(기능)

1) 대리기능

항공사, 국내·외 철도, 전세차량버스 등 교통 관련 회사와 호텔·리조트 등의 숙박기관 및 기타 여행 관련 업자를 대리하고 여행자를 대신하여 여행 시설업자 및 관련업자의 상품의 시설이용 예약을 대행해 주는 대리기능이다.

2) 상담기능

여행사의 상담기능은 가장 기본적이고 여행사에서 중요한 기능이자 여행사 이미지와 전문성을 나타내는 데 큰 영향을 미친다. 여행자가 여행사에 방문하여 상담을 요청할 경우 여행자는 여행 형태에 따른 여행코스, 여행비용, 여행목적지에서의 활동 등 모든 상담이 가

능하다. 여행을 떠나기 전에 여행에 관련한 정보제공 등 각종 여행서비스를 제공하는 기능이다.

3) 판매기능

여행요소(항공권, 호텔)들을 대량 구매하여 여행상품으로 완성한 다음 여행상품의 판매에 대한 조사 · 분석을 하여 판매하는 기능으로 여행상품 판매는 카운터판매, 방문판매, 온라인판매 등이 있으며, 여행상품의 완성도와 판매직원의 상담 능력에 따라 여행상품 판매에 영향을 미친다.

4) 예약 · 수배기능

여행상품과 관련된 여행목적지의 항공권, 교통수단 · 숙박 · 관광지 · 식사 · 가이드 등 여행에 필요한 모든 제반 구성요소들을 구매 · 확보하여 고객에게 제공해 주는 기능이다.

5) 수속대행기능

여행에 필요한 각종 서류, 해외여행 또는 출장 입국 시 비자가 필요한 나라의 비자, ESTA(Electronic System for Travel Authorization) 등에 대한 정보제공 및 수속대행 기능을 말한다.

6) 발권기능

항공권, 철도승차권, 선박권, 호텔숙박권 등의 판매업무를 위탁받아 각종 티켓을 발권하는 기능을 말하며, 일반적으로 판매업무를 위탁받아 티켓을 발권한다.

7) 여행안내기능

공항에서부터 인솔자가 동반하여 안내하는 기능. 즉, 여행상품의 일정대로 행사를 원활히 안내하여 진행하고 여행자의 편의를 제공하며, 여행 목적지에 현지 가이드가 공항에서부터 마중 나와 여행 종료 후 공항 귀국수속까지 안내해 주는 기능이다.

8) 정산기능

일반적으로 행사가 종료된 시점에 귀국보고서를 작성하여 결산 처리하는 정산기능으로. 여행비용의 견적·청구·지불·정산 등에 필요한 기능을 종합하여 여행상품의 원가계산서를 토대로 전체 여행상품에 소요된 총지출경비와 지불받은 여행경비 및 쇼핑. 옵션으로 발생한 수익금 등의 비용과 수익을 근거로 서류를 첨부하여 회계상으로 결산하는 기능을 말한다.

제6절 ◦ 여행업의 분류

1. 법규상의 분류

우리나라는 관광사업진흥법이 1961년에 제정되어 여행업은 등록제로 '일반여행업'과 '국내여행알선업'으로 분류되었다. 1971년 관광사업진흥법 개정 시 허가제로 전환되어 '국제여행알선업'과 '국내여행알선업'으로 명칭이 변경되었다. 1975년 관광사업진흥법을 관광기본법과 관광사업법으로 분리하여 여행업의 정의를 구체적으로 명시하게 되었다. 1982년에는 여행업이 다시 등록제로 바뀌어 여행업의 분류를 '국제여행알선업', '여행대리점업', '국내여행알선업' 등으로 구분하였고, 1986년 관광진흥법이 제정되면서 '일반여행업', '국외여행업', '국내여행업'으로 분류하였다. 여행업은 관광진흥법 시행령 규정에 의거하여 일반여행업, 국외여행업, 국내여행업으로 분류해 오다가 2019년 영업범위의 제한 없이 종합적으로 여행상품을 제공하는 "일반여행업"의 명칭을 국민이 쉽게 이해할 수 있도록 "종합여행업"으로, 국외여행업과 국내여행업을 모두 할 수 있도록 "국내외여행업"과 국내여행업으로 구분하였다. 개별여행객 중심으로 변화하는 여행시장 환경에 대응하고, 기존 여행업과의 명확한 구분을 위하여 1일 일정 이내에 관광안내를 제공토록 하며 운송·숙박의 알선 또는 계약 체결 대리를 금지하는 업종인 "관광안내업"을 신설하려 하였으나 입법통과되지 않았다. 자본금은 개별여행 추세 및 개별관광객 맞춤형 여행상품에 대한 수요 증가에 맞춰 틈새 시장형 소규모 창업을 활성화하기 위한 진입규제 완화의 필요성으로 종합여행업의 자본금 등록요건을 1억 원에서 5천 만 원으로 인하하였다.

〈표 2-4〉 관광진흥법에 따른 우리나라 여행업의 분류

여행업의 구분	업무대상 분야	법적 자본금
종합여행업	내국인 대상의 국내여행 내국인 대상의 국외여행 외국인 대상의 국내여행	5천만 원 이상
국내외여행업	내국인 대상의 국내여행 내국인 대상의 국외여행	3천만 원 이상
국내여행업	내국인 대상의 국내여행	1천5백만 원 이상

1) 종합여행업

2020년 영업범위의 제한 없이 종합적으로 여행상품을 제공하는 "일반여행업"의 명칭을 국민이 쉽게 이해할 수 있도록 "종합여행업"으로 변경하였다. 종합여행업은 국내외를 여행하는 내국인 및 외국인을 대상으로 하는 여행업을 말하며, 각종

비자 등 여행업의 업무를 대행하는 행위를 포함하고 있다. 내국인 대상의 국내여행(Domestic Tour)업무와 국외여행(Outbound Tour)업무, 그리고 외국인대상 국내여행(Inbound Tour)업무로 여행상품의 개발과 판매가 가능하며, 이에 따른 지상수배 · 안내업무, 그리고 기타 필요한 제반 업무가 가능한 업이다.

2) 국내외여행업

국외 및 국내를 여행하는 내국인을 대상으로 여행업을 영위하고자 하는 경우 국외여행업과 국내여행업을 각각 등록하여야 하는 불편이 있었다. 여행업종의 통합과 개별여행 추세 및 소규모 창업을 활성화하기 위한 진입규제 완화 필요에 따라 자본금에 대한 부담이 생기는 불편함을 덜고자 3천만 원으로 완화했으며, 국내외여행업으로 명칭을 변경하였다. 국외를 여행하는 내국인을 대상으로 하는 여행업으로, 각종 사증발급, 항공권 예약 및 발권, 여행상품 기획 및 판매, 여행인솔자 서비스 등의 서비스를 제공하는 업이다.

3) 국내여행업

국내를 여행하는 내국인에게 국내선항공권, 철도승차권, 국내여행 상품기획 및 판매 등 전반적인 국내여행의 여행서비스를 제공한다. 내국인의 국내여행만 전담하도록 제한하고 있어 외국인을 대상으로 안내하거나 내국인의 국외여행은 취급할 수 없다. 주5일제 근무 및 관  광주간, 학생들의 현장실습 등 국내여행 수요는 증가하고 있다. 각 지방의 축제와 연계한 지역관광 상품의 개발과 문화해설사의 활약 등으로 내국인의 관광활성화와 관광객 유치로 이어지고 있다.

※ **관광안내업**: 국내를 여행하는 내국인 및 외국인을 대상으로 관광안내를 제공하는 여행업으로 개별여
행 중심으로 변화하는 여행시장 환경에 대응하고자 개별관광객 맞춤형 관광안내상품을 제공하는 "관
광안내업"을 개별여행화 추세에 대응한다는 취지였지만 기존 여행업과의 충돌 및 중복 등을 이유로
여행사들은 관광안내업 신설에 단호하게 반대하였다.

2. 유통형태에 따른 분류

여행업체들의 여행상품개발, 판매 및 유통경로와 영업방식을 기준으로 여행업
의 편리와 이익, 효과 등을 고려하여 분류한다.

1) 여행도매업자(Wholesaler)

여행도매업자가 개발한 여행상품을 계약 대리점을 통하여 여행객이 구매하도록 하는 유통형태로 개개인의 고객에게 영업하는 방식이 아닌 소매여행사를 상대로 영업하는 방식을 말한다. 소매여행사는 수수료를 받고, 알선을 하며, 여행도매업자는 소매업의 원활한 영업을 위해 여행상품 공급 및 항공권발권을 위한 영업지원, 서비스품질관리를 위한 피드백을 주고받으며 업무를 수행한다. 우리나라에서는 하나투어와 모두투어가 대표적인 도매여행사이다.

2) 직접판매여행사(Direct Seller)

자사가 개발한 여행상품을 TV, 신문광고, 잡지 및 기타 직접적인 판매유통망을 통해 여행상품을 유통시키는 형태로서 다양한 마케팅 촉진전략을 통하여 소비자에게 직접 판매하는 여행업체를 말한다. 소매여행사에게 주는 수수료를 줄이기 위한 것과 여행사의 인지도가 높은 여행사에서 직접 판매하는 경우가 많다. 대표적인 여행사로 롯데관광, 노랑풍선, 참좋은여행 등 우리나라의 다수의 대형 패키지전문여행사가 해당된다.

3) 소매여행사(Retailer)

소매여행사란 여행도매여행사 및 랜드사(Land Operator)에서 기획·개발된 여행상품을 판매하고 일정부분의 수수료(Commission)를 받는 여행사를 말한다. 대부분 여행사의 규모가 소규모여서 여행도매여행사의 상품을 받아 운영하고 있으나, 랜드사의 여행상품을 판매하고 수수료를 받는 경우도 많다.

4) 온라인여행업자(OTA : Online Travel Agency)

OTA는 고도화된 온라인시스템을 바탕으로 호텔, 항공권의 가격비교부터 예약대행 등의 서비스를 제공하는 온라인여행업체를 말한다. 기존의 중개 서비스업 개념의 여행사에서 정보기술(IT)업으로 트렌드가 변화하고 있다. 개별 자유여행객을 타깃으로 패키지보다 개별여행을 선호하는 소비자 트렌드에 맞물려 빠르게 개별여행객의 수요를 흡수했다. 대표적인 온라인여행사로 익스피디아, 트립닷컴, 트립어드바이저 등이 있다. 최근 국내시장에서 패키지 및 호텔예약 위주의 서비스만 제공해 오던 종합여행사 및 OTA들이 항공예약을 전문으로 하는 상용시장까지 영역을 확장하고 있다.

출처: 소비자경제 https://www.dailycnc.com/news/articleView.html?idxno=98767

5) 상용여행사(항공권 판매중심) TMC(Travel Management Company)

여행사 중에는 기업의 출장업무를 도맡아 상용서비스를 주로 하는 여행사들이 있다. 상용여행서비스는 특정기업소속 직원들의 해외출장 시 필요한 항공권과 호텔, 현지 필요 서비스 등을 전담한다. 즉, 여행사와 기업체(삼성, 현대, LG)가 계약을 체결하여 여행관련 서비스를 대행해 주는 형태를 말하며, 기업의 비즈니스관련 출장부터 직원 및 관계사 직원까지도 포괄하여 여행서비스를 제공한다. 일반적인 여행상품과 달리 가격경쟁할 필요가 없고 출장업무 특성상 일정변경이 많아, 예약변경이 가능한 항공권 구입으로 여행사의 수익창출에 크게 기여한다. 대표적인 상용여행사는 세중여행사, 레드캡투어, 현대드림투어, 일동여행사, 극동여행사, SM타운트래블 등이 있다. 항공권 판매가 항공사들의 인터넷 및 SNS를 활용한 자체적인 판매 역량 극대화와 다국적 여행사 등의 영업이 이루어지면서 중소 여행업계의 항공권 판매는 갈수록 자리를 잃어가는 실정이다.

아멕스 글로벌 비즈니스트래블(AMEX GBT), 칼슨와곤릿트래블(CWT), BCD 트래블 등 TMC가 모두 한국 시장에 진출, 서비스를 시작한 지 오래되었지만 패키지여행이 상당 부분을 차지하는 한국에서 TMC(Travel Management Company)는 꽤 생소한 글로벌기업이다. 인지하고 있더라도 상용 전문업체 혹은 MICE[Meeting(기업회의), Incentives(포상관광), Convention(국제회의), Exhibition(전시)] 전문업체 정도로만 이해하는 수준이다.

TMC는 글로벌 기업 여행 관리업체다. 대부분의 기업체에서 항공권 지출이 많은 부분을 차지하는 만큼 각 기업들의 출장 관리에 대한 니즈가 크다. 파트너사와의 계약은 대부분 글로벌 차원에서 진행한다. 체결된 거래처를 관리하는 것으로 비교적 안정적인 영업구도를 가지고 있다. TMC들은 기존에 가진 경쟁력에 서비스를 세분화하고 확장시키면서 시장을 주도하고 있다.

출처 : 세중여행사 홈페이지

출처: https://www.bcdtravel.com/get-to-know-us/affiliate-program/

6) 랜드사

랜드사를 랜드 오퍼레이터(Land Operator) 또는 지상수배업자라고도 한다. 랜드사는 목적지 관광국가의 관광자원과 지역의 여행소재공급업자의 공급물을 상품화하여 도매업자 또는 소매업자에게 상품을 제공하거나, 여행사의 의뢰를 받아 여행목적지의 호텔숙박, 교통, 관광, 식사, 가이드 등의 제반 활동을 예약·알선을 대행해 주는 기능을 가진 여행업체를 말한다. 여행사에서 항공권은 직접 예약하지만, 현지 국가의 숙박지나 교통, 식사 관광지 안내, 공항에서의 샌딩과 미팅 등은 랜드사를 통하여 수배하는 경우가 일반적이다. 그러나 요즘은 여행사에서 현지국가에 직접 수배하는 경우, 랜드사에서 여행상품을 손님들에게 직접 판매하는 경우도 있다.

3. 특성에 따른 분류

각 분야별로 1가지 이상 상품을 전문적으로 판매하며, 해당회사의 환경과 경쟁력에 따른 임의의 분류로, 세분화되어 있는 기업체 및 고객층의 욕구를 충족시킬 수 있는 차별화 전략에 따른 분류라고 이야기할 수 있다.

1) 인센티브 여행(Incentive Tour) 전문

인센티브 여행은 인센티브에 여행의 의미를 더해 포상여행이라고도 한다. 일반 기업체나 단체에서 실적이 우수한 개인들에게 여행의 기회를 제공한다는 뜻이다. 여행목적이 뚜렷하고 여행일정도 특별한 여행, 이벤트를 포함하여, 패키지 여행상품과 차별화되고, 여행상품 가격도 일반 패키지상품보다 높다. 그리고 특정 고객집단을 대상으로 하기 때문에 전문화된 장점을 지니고 있다. 일반 기업체의 보상여행 및 친목단체가 주관하는 목적여행을 의뢰받아 이를 중심으로 영업활동을 하는 여행사들이다. 대체로 중견 여행사에서 특별목적여행상품을 판매하는 경우가 많다.

2) 전시회, 박람회 전문

비즈니스 여행을 축으로 해외박람회 참가단 및 참관단을 위주로 항공권 및 호텔

예약, 비자수속 등 각종 여행서비스를 제공하는 전문여행사이다. 세계 3대 IT전시회인 국제전자제품박람회(CES), 국가가전박람회(IFA), 모바일 월드 콩그레스(MWC) 등의 주요 전시회, 박람회의 상품을 전문적으로 취급하는 여행사이다.

3) SIT(Special Interest Tourism) 전문

대부분의 여행상품이 목적지의 주요 관광지와 볼거리 위주로 여행일정이 만들어진 단순관광 상품에서 여행을 더 특별하게 만들어주는 특정관심 분야여행으로 일반화되고 있다. 특수목적관광은 비교적 한정된 시장을 대상으로 영업하는 한계를 지니고 있으나 여행의 양보다는 질적인 면이 강조되고 여행자의 관심도 높은 관계로 여행상품 가격이 높게 책정되어 선진국에서 일반화된 상품이다. 수익적인 면에서 타 여행상품과는 차별성을 가지고 있다. 또한 여행객이 전문지식과 다양한 정보를 가지고 있기 때문에 여행상품에 대한 만족도가 높았다면, 재이용 비율이 높은 편이다.

SIT(Special Interest Tourism) 전문 여행사는 세계의 오지 등 독특한 문화를 체험하는 것을 주요 상품으로 취급하는 여행사로 온라인을 통해 상품을 홍보하고 관광객을 모집하는 시스템으로 꾸려가는 중, 소규모 여행사들이 많다.

화려한 도시보다 소박하고 순수한 사람을 만나는 오지 쪽을 선호하는 여행철학을 상품에 녹여 넣고, 획일적이고 단조로운 상품보다는 독특한 각국 문화의 향기를 경험하기 위해 여행자과 상의해 코스를 정하는 경우도 있다.

대표적인 SIT상품으로는 오지탐험, 미술, 영화, 문화, 교육, 건강, 와인, 스포츠, 회의, 여행의 또 다른 의미를 찾는 공정여행상품, 지식습득을 위한 스터디 여행 등 여행객들의 다양한 관심 분야와 관련된 특수목적여행 상품이다.

4) 크루즈 여행 전문

크루즈 여행은 값비싼 초호화 여행으로 인식돼 우리의 여행문화와는 거리가 있었지만, 일반인들의 해외여행 경험증가, 다양한 욕구 및 여행의 고급화 추세에 따라 크루즈를 이용한 여행상품이 매력있는 상품으로 점차 선호되고 있다. 이전의 여행에서는 경험하지 못한 럭셔리한 여행으로 기억되는 크루즈 여행은 유럽 및 미주 여러 선진국에서는 오래전부터 보편화되어 있으며, 고급 유람선에서 숙박하며 유람선 내의 다양한 시설과 프로그램(댄스, 요리, 아이스 쇼, 인공 파도타기, 암벽등반)을 즐기며, 일정 또한 여유롭게 보내면서 여행에 좀 더 특별함을 더한 여행하는 형태로 진행된다.

5) 배낭여행 전문

대학생 및 젊은 직장인들을 중심으로 계절로는 방학기간 동안에 대학생의 수요가 많으며, 직장인의 경우 주말을 이용, 수요의 발생이 많은 배낭여행은 유럽지역으로 편중된 배낭여행시장이 점차 중국, 일본, 동남아, 오세아니아, 미주 등의 지역으로 확대되고 있다. 직장인들의 경우 휴가를 이용한 단기배낭여행의 수요가 증가 추세에 있다.

6) 허니문상품 전문

신혼여행 상품을 전문적으로 판매하는 여행사로 대형(大型) 여행사보다는 중소 여행사에서 전문적으로 판매하는 여행상품이다. 허니문 여행객의 수요창출을 위하여 웨딩박람회, 온라인 판매중심의 마케팅을 강화하고 있다. 또한 신혼여행객들의 취향을 고려하여 이동하는 장소의 관광보다는 힐링하고 휴식할 수 있는 리조트 휴양 위주의 허니문 상품을 개발하여 판매하고 있다. 허니문 상품은 주로 봄과 가을시즌의 주말이 성수기인 경향을 보이고 있으나, 현재는 평일에 결혼하는 주중 허니문 수요도 발생되고 있다.

Case 사례 1 [유독 비싼 허니문상품] 허니문 여행은 왜 비싼가? 비즈한국

주말 항공권에 비싼 특급호텔 이용 '비싼 이유 있네'

결혼의 계절, 봄, 가을. 여행시즌으로는 비수기이지만, 결혼시즌으로는 성수기이다. 요즘 여행은 성, 비수기 구분이 거의 없지만, 신혼여행으로 가는 패키지상품은 왜 일반여행 상품보다 늘 더 비싼 것일까? 우리나라 신혼 허니문 여행지만큼은 10년 전이나 지금이나 크게 달라지지 않았다. 태국, 발리, 괌, 사이판, 하와이, 몰디브, 호주 등 전통적인 허니문 여행지에 최근에는 멕시코 칸쿤과 유럽이 추가되어 이용자가 많은 편이다. 여행 패턴도 개별 자유여행이 대세지만 신혼여행은 패키지가 건재하다.

비즈한국 이송이 기자의 기사에 따르면, 신혼여행의 유형을 보면, 결혼하는 커플의 90%가 허니문 패키지를 선택한다. 결혼 준비하면서 지칠 대로 지친 터라 신혼여행만큼은 대부분 신경 쓰지 않아도 되는 패키지로 예약한다는 것. 허니문 패키지는 그 특수성을 반영해 일반 패키지와는 다른 프리미엄 서비스를 추가하기 때문에 갓 결혼한 커플들에게 더 매력적으로 다가온다. 그런데 이런 신혼여행 패키지 상품은 타 여행상품보다 훨씬 비싸다. 대체 왜 그럴까? 첫 번째 이유는 항공료. 주말에 예식을 하고 출발하기 때문에 항공료가 비싸다. 일반 패키지여행과 달리 단 한 쌍이라도 출발시키기 때문에 항공료에서부터 차이가 난다. 비싼 항공료를 지불해야 하기 때문이다.

두 번째 이유는 호텔이다. 일반 패키지보다 신혼여행 패키지는 호텔이 업그레이드된다. 보통 일반 패키지상품은 1등급의 호텔을 사용하지만, 허니문여행은 특급 호텔을 이용한다. 룸타입도 풀빌라 또는 오션뷰 테라스룸, 디럭스급 등으로 선택하는 경우가 많다. 룸타입이 좋은 객실은 축하 샴페인과 과일바구니, 스파 이용권 등이 놓이기도 한다. 본인들이 따로 준비하기에는 번거로운 소소한 서비스가 많이 추가되어 있다.

일반패키지는 목적지 관광지의 옵션투어와 쇼핑투어를 통해 모자란 비용과 마진을 채운다. 그러다 보니 원치 않는 빡빡한 일정과 쇼핑투어 및 옵션투어 강요가 빈번하다. 자유 시간은 거의 없고, 호텔이나 식사 수준도 광고와 달리 형편없는 수준일 때가 많다.

그러나 허니문여행상품은 일반 패키지의 단점을 모두 없애고 여행상품을 정상화한 것이 허니문 패키지라고 볼 수 있다. 내가 원하는 항공사와 좋은 호텔에서 머물면서 질 좋은 서비스를 받고, 쇼핑이나 옵션투어 강요 없이 자유시간을 누리는 여행으로 구성된다. 여행경비를 아끼려면 온라인 여행사(OTA ; Online Travel Agencies) 앱이나 스카이스캐너 또는 마이리얼트립과 같은 인터넷사이트에서 항공권 요금을 비교하여 구매하고, 호텔 가격 비교 앱으로 호텔 예약을 따로 하면 된다. 여전히 많은 커플이 비싼 신혼여행 패키지 상품을 구입하는 이유가 여기에 있다. 결혼 준비하면서 집 구하고 살림 장만하고 예식 준비하고, 이 모든 것이 시간과 노력을 들여야 가능하기 때문이다.

Case 사례 2 관광산업과 외부환경변수

여행신문

사상 최악의 지진 중 하나로 집계되는 일본 동북부 쓰나미 여파로 일본열도를 넘어 전 세계가 그 가공할 만한 파괴력과 피해를 직시하며 큰 충격에 휩싸이고 있다. 게다가 이번 자연재해는 해당 지역사회에 미친 피해와 동요뿐만 아니라 일본 전체의 정치, 경제, 사회문화, 환경적 영향까지도 파급되고 있다. 이러한 상황을 볼 때, '자연의 힘' 앞에서의 인간은 한낱 나약한 존재라는 생각과 함께 그들이 일궈놓은 문명과 고도산업 또한 하루아침에 허무하게 무너질 수 있다는 가혹함을 느낄 수 있다. 이렇듯 인간으로서는 예측하거나 통제하기 힘든 외부환경 변수가 발생했을 때, 현대사회의 다양한 많은 산업들은 직간접적인 영향과 피해를 입게 되는데, 여러 산업 중에서 아마도 가장 먼저 직접적인 피해를 받는 산업이 여행, 항공산업을 필두로 하는 관광산업이라 말할 수 있다. 이는 천재지변, 경기침체, 금융불안, 유가, 환율, 테러, 질병의 창궐과 같은 통제할 수 없는 외부환경변수가 비즈니스 혹은 관광 목적의 여행을 계획했던 사람들의 목적지로의 이동 행위를 가로막으며, 본질적으로 '떠나고 싶다'는 관광심리 및 동기 유발 자체를 얼어붙게 만들기 때문일 것이다.

이번 재해를 계기로 필자도 냉혹했던 외부상황들로 폭풍이 휘몰아쳤던 항공사 재직 시절을 떠올리게 됐다. 멀리 보면 IMF 외환위기를 시작으로, 9.11 미국테러, 사스(SARS), 조류독감, 고유가, 미국발 국제금융대란, 경기침체, 고환율, 신종플루(H1N1), 2003년 사스(SARS) 및 신종플루, 이라크 전쟁 등 국제정세는 여행업계의 악재로 작용하였다. 2003년 4월은 사스(SARS)사태가 최고조로 이르던 시기였다. 중국·홍콩 간의 항공 운항은 두 달 가까이 중단됐고 여행사들도 빗발치는 취소 문의에 혼신을 쏟았다. 2008년은 미국발 리먼브라더스의 금융위기로 인한 경기악화와 환율급등에 따른 전반적인 여행업계의 아웃바운드 즉, 내국인 출국자 수는 2009년 급감하여 여행업계의 침체기를 겪었다.

2014년 세월호로 인하여 수학여행 전문중지 조치로 여행업계가 직격탄을 맞았으며, 추모분위기로 해외여행의 위축을 가져왔다. 2015년 메르스(MERS, 중동호흡기증후군)는 중동에서 발생했지만 국내에서 빠르게 확산되며 인바운드와 국내 여행 시장에 타격을 안겼다. 특히 당시 내국인들의 국내 여행 심리가 크게 위축된 탓에 국내 곳곳의 여러 행사와 축제가 줄줄이 취소되거나 무기한 연기됐다. 이때도 인바운드 시장의 타격이 더 컸다. 특히 안전에 민감한 일본과 미주, 유럽 쪽의 여행객들의 감소가 두드러졌다. 당시 입국자 수도 6월부터 9월까지 연속 마이너스를 기록했다.

2016년 한국의 사드(THADD·고고도미사일방어체계) 배치문제 등으로 여행업계의 위축을 가져왔다. 사드 갈등으로 중국의 반한 감정이 노골적으로 드러나자 항공뿐만 아니라 배편을 이용하던 여행객들 역시 방향을 바꾸어 중국을 대체할 수 있는 다른 목적지를 찾아 나선 것이다. 2020년 1월 20일 국내 코로나 바이러스 감염증(COVID-19) 첫 확진자 발생 이후 코로나 유행이 심각하게 진행되거나 장기전으로 흐를 것이라는 예상은 없었다. 1차 코로나 대규모 유행을 기점으로 코로나 대응은 완전히 다른 양상으로 진행됐다. 마치 주기적으로 터져버리는 듯한 대처하기 힘든 '외생변수'에 고민하며, 리스크(Risk) 극복을 위해 안간힘을 썼던 기억이 난다.

관광산업은 다른 산업에 비해 외부환경 변화에 매우 민감하게 반응하고, 영향의 정도도 크게 받는 산업 중 하나다. 또한 관광산업은 관광의 주체인 관광객과의 상호작용을 통해 지역사회와 나아가 국가 전체의 경제, 사회 문화, 환경적 측면에 지대한 영향을 미친다. 특히 오늘날의 관광기업은 비즈니스 수행 과정에서 외부 환경을 간과하지 말고, 최대한 예측해야 한다. 결국 예측과 통제가 불가능한 부분임에도 불구하고 이러한 역기능적 외부환경변화에 미리 대비하고 동향을 앞서 파악하는 역량이 위기를 극복하고 비즈니스를 지속적으로 성장시킬 수 있는 힘이 될 수 있을 것이다.

우리가 살고 있는 현대 산업사회는 불안전하고 변화무쌍하며, 전략적인 이합집산의 연속이다. 그렇기 때문에 인간은 이러한 불안감을 해소하거나 최대한 감소시키기 위해 눈앞의 현실을 검증하며 확인하려 하고, 더 나아가 앞으로 다가올 미래에 대비하려는 성향을 보인다. 따라서 관광산업의 경영주체인 관광기업의 입장에서 보면, 예상치도 못했던 외부환경 변수로 인해 큰 리스크에 부딪혔을 때, 그동안의 경험을 바탕으로 외부 리스크에 대처하는 위기극복 능력이 요구되며, 동시에 얼만큼 그 역량을 발휘할 수 있는가를 가늠하고 생각해야 한다. 물론 리스크에 대한 사전 대비를 철저히 하더라도 인간의 힘으로는 어쩔 수 없는 상황과 외부환경에 순발력 있게 대응하는 것은 쉽지 않다. 그러나 미래에 다가올 예상치 못한 외부 위협 요인과 충격에 대한 위기의식을 갖고 일하는 것과 그렇지 않은 것의 결과는 상이하게 나타나기 마련이다. 수요의 편재성과 높은 고정비용이라는 과제와 고민을 늘 갖고 있는 관광 서비스산업은 이러한 스스로의 구조적 한계 속에서 언제 나타날지 모르는 외부환경변수에 대한 대비와 위기극복을 위한 전략적인 마인드를 함양하는 동시에, 그 흐름에 대한 분석과 정확한 파악이 경영성과와 직결된다고 할 수 있다.

Case 사례 3   여행업종 개편 이후 여행사 수 하락세 지속

2021
여행신문

2022년 1사분기 관광사업체 통계
여행사 수 2만 197개로 또 감소해

올해 들어서도 여행사 수 감소세가 지속됐다. 여행업 분류체계가 변경되면서 국내여행업 등록업체 수가 크게 줄어든 게 가장 큰 여파를 미쳤다.

한국관광협회중앙회(KTA)가 4월 말 발표한 '2022년 1분기 전국 관광사업체 현황'에 따르면, 2022년 3월 31일 기준 여행업 등록건수는 2만 197건으로 전년동기대비 1,638건, 전분기대비 709건 줄었다. 2021년 4분기에 이어 이번에도 감소세가 지속됐다.

여행업 등록건수 감소는 2021년 9월 여행업 세부 분류체계가 기존 '일반여행업, 국외여행업, 국내여행업'에서 '종합여행업, 국내외여행업, 국내여행업'으로 개편된 데 따른 결과로 볼 수 있다. 국내여행업 등록건수가 크게 감소하며 전체 하락세를 이끌었다. 여행업 업종별로 살펴보면, 국내·국외·인바운드 부문을 모두 취급할 수 있는 종합여행업은 6,026건으로 전년동기대비 96건 증가했으며, 전분기대비로는 113개 감소했다. 국내 및 국외 여행을 다룰 수 있는 국내외여행업은 8,871건으로 전년동기대비 155건 줄었지만, 전분기대비로는 109건 늘었다. 반면 국내여행업 등록건수는 전년동기 및 전분기 대비 모두 크게 하락했다. 국내외여행업에만 등록하면 국외 및 국내여행업을 모두 영위할 수 있기 때문에 많은 업체들이 국내여행업 등록을 취소한 결과라고 할 수 있다. 국내여행업 등록건수는 5,300건으로 전년동기대비 1,579건, 전분기대비 705건 감소했다.

여행업 등록건수와 실제 여행사 수 간 차이도 사실상 사라졌다. 기존에는 여행사 한 곳이 사업범위에 따라 국내여행업과 국외여행업에 각각 등록하는 경우가 많아 여행업 등록건수와 실제 여행사 수가 차이를 보였었다. 하지만 새 분류체계에서는 2개 종류에 중복 등록할 필요가 없어졌기 때문에 여행업 등록건수가 사실상 여행사 수라고 할 수 있다.

관광숙박업은 '호스텔업' 증가에 힘입어 전체적으로 전년동기 및 전분기 대비 모두 증가한 2,447건을 기록했으며, 회의업도 1,237건으로 전년동기대비 106건, 전분기대비 31건 늘었다. 그 외 관광객이용시설업, 유원시설업, 관광편의시설업도 증가세를 보였지만, 여행업 하락세가 워낙 커서 관광업종 전체 등록건수는 하락을 피하지 못했다. 7개 관광업종의 전체 등록건수는 3만 6,489건으로 전년동기대비 873건, 전분기대비 538건 감소했다.

| 토론주제 | 여행의 개념을 학습하고, 주요 토론주제를 가지고 토론하는 시간을 가집니다. |

1) 관광산업과 외부환경 변수에 대하여 토론해 보자.

2) 항공사와 여행사의 관계에 대하여 이야기해 보자.

3) 공휴일 및 주말에는 비교적 여행요금이 높은 이유에 대하여 토론해 보자.

4) 여행사의 역할 및 기능 중에 인터넷으로 대체되는 것으로 어떤 것이 있는지 토론해 보자.

5) 상용여행사와 여행도매업자(하나투어, 모두투어)의 영업형태에 대하여 토론해 보자.

6) 상용여행사와 MCT여행사에 대하여 논의해 보자.

여행상품의 이해

CHAPTER

3 여행상품의 이해

제1절 여행상품의 개념

    여행상품은 여행사에서 판매하는 모든 상품을 의미한다. 기업에서 생산하는 상품과는 다른 여러 가지 특성을 가진 여행상품은 넓은 의미의 개념과 좁은 의미의 개념으로 정리할 수 있다. 유엔세계관광기구(UNWTO)에 의하면, 여행상품은 "여행목적지, 숙박, 보조 서비스와 관광매력을 결합시킨 것"으로 정의하고 있는 것을 광의의 개념으로 이야기한다. 좁은 의미의 여행상품은 여행공급업자로부터 공급받는 각각의 단일상품(항공, 호텔, 교통, 현지투어)을 이용하여 여행사의 아이디어를 통해 결합하여 판매하는 상품으로 기획여행상품 또는 패키지상품을 말한다.

    여행상품이란 "여행사에서 판매하는 모든 상품으로서 여행사의 아이디어에 의하여 여행자가 여행 활동 중에 이용하게 되는 시설 및 제반서비스, 무형의 서비스를 가미하여 조합한 후 상품화한 것"으로 정의할 수 있다.

여행상품의 특성

여행상품은 일반적으로 기업에서 판매하는 유형의 상품과는 다른 몇 가지 특성을 가지고 있다. 타 상품과는 달리 시간의 경과에 따라 가치가 없어지는 시간형의 특성을 가지고 있으며, 무형적인 성격이 강하며, 일반 상품과는 달리 생산과 소비 과정이 동시에 이루어지고, 계절집중성과 저장불가능성이라는 성격을 띠고 있어 타 상품 판매와 다른 차이점을 보여주고 있다. 이러한 관점에서 여행상품의 특성을 살펴보면 다음과 같다.

1. 무형성(Intangibility)

여행상품은 눈에 보이지 않는 무형상품으로 만져볼 수도 없고, 사전에 시험해 볼 수도 없다. 어떻게 작용하는가를 알려면 경험하는 수밖에 없다. 이러한 무형성의 특성 때문에 여행상품의 판매에 어려움이 많다. 여행 상품의 선택에 있어서 기준은 여러 개가 있다. 가장 보편적인 방법이 가격을 보고 선택하는 것, 이 선택법은 여행지에서의 바가지 쇼핑이나 과다한 옵션 등의 문제를 초래한다. 또 다른 방법으로는 여행사의 크기를 보고 결정하는 방법, 대형 여행사라면 아무래도 책임감이나 행사 진행에 있어서 안전할 것이라는 믿음에 선택하게 되는데 이 방법 역시 IMF 때나 코로나19로 통하여 무더기 도산으로 현명한 방법이 아니라는 사실을 알게 되었다. 가장 좋은 방법 중에 하나가 다녀온 사람의 추천에 의하여 구매를 결정하는 방법이다. 브랜드는 무형적인 요소로 인하여 상품구매 전에 느끼는 불안 요소를 줄이는 데 도움이 된다. 요즘은 여행 후기를 통해 구매를 결정하는 경우가 많다.

2. 소멸성(Perishability)(비저장성)

여행상품은 일반 상품과는 달리 해당시간이 경과하면 상품가치가 소멸한다. 이러한 소멸성(Perishability) 때문에 항공좌석이 비행기 출발시간까지 판매되지 않거나 호텔의 객실이 당일 판매되지 않으면 그 상품의 판매기회가 상실되어서 소멸되어 버린다. 대표적으로 전세기 항공권의 판매 시 땡처리 항공권 판매가 소멸성으로 인하여 판매하는 방법 중의 하나다.

여행사에서는 이러한 여행상품의 소멸성을 극복하기 위하여 예약을 중시하고, 여행프로모션을 실시하여 사전예약 시 각종 혜택을 제공하거나 할인판매를 하며, 때로는 항공사에서 초과예약(Over Booking)을 받아 손실을 줄이려 노력하고 있다.

3. 모방성

여행사가 여행상품을 신규 개발하여 패키지상품으로 내놓으면 다른 경쟁사에서도 곧바로 유사한 상품을 모방하여 여행상품을 출시한다. 즉, 패키지 여행상품은 모방이 용이하여 독창성을 발휘하기 힘든 상품이다. 그 이유는 여행사가 항공, 호텔, 교통, 관광 등 여행관련 제공업자로부터 제공받은 여행소재를 조립하여 만들기 때문이다. 또한 지적재산권 및 여행상품 특허에 대한 법률적 보호를 기대하기 어렵다.

4. 유사성

여행상품을 제공하는 지상수배업자 즉 랜드사가 제한되어 있고, 많은 여행사와 복수로 거래하는 경우가 많아 타사 제품과 구별되는 상품을 만들기 어렵다. 여행상품을 구성하는 항공좌석이나 호텔등급의 룸 타입, 식당의 선정 등이 거의 유사하기 때문에 여행상품은 각 여행사마다 차별성을 두기 어렵다. 타사상품과 차별화를 실현하기가 곤란하다는 특성인, 이러한 유사성(Parity)의 특성 때문에 소비자의 관점에서도 각기 다른 여행사의 브랜드 상품이라도 동일한 내용의 상품인 경우가 많아 상품선택의 어려움이 따르게 된다. 그렇지만 동일한 여행상품이지만 가이드와 같은 인적서비스나 여행준비 과정의 디테일한 부분이 차이가 날 수는 있다.

5. 생산과 소비의 동시성

여행상품은 항공좌석, 호텔객실과 같은 여행소재를 여행객이 먼저 구매하고, 여행과 동시에 소비한다. 생산에서 소비까지 시간적·공간적 거리가 있는 일반상품과는 다르다. 여행상품은 먼저 판매가 이루어진 후에 생산과 소비가 같은 장소에서 동시에 발생하며, 여행상품의 생산에 여행객이 직접 참여도 한다. 직접적으로 여행상품이 있는 장소에 방문하지 않으면 여행의 소비가 일어나지 않기 때문이다. 이것이 생산과 소비의 동시성(Simultaneous Production and Consumption)이다. 따라서 여행상품은 공급과 수요, 생산과 소비가 같은 장소가 이루어지므로 재고판매가 불가능하다.

6. 수요의 계절성

여행상품은 주말이나 연휴 등 계절에 따라 성수기와 비수기로 구분된다. 여행상품의 계절성은 특정 계절, 주말이나 연휴 등 연중 특정 시기의 편중성을 의미한다. 계절과 기후적인 요인에 따라 여행지의 선호도가 달라질 수 있다. 여행의 수요가 증가하는 성수기에는 관광객의 수가 증가하고 비수기에는 감소하는 현상이 두드러짐을 알 수 있고, 여행수요가 많은 성수기에는 항공좌석이나 호텔객실의 예약이 쉽지 않으며 요금도 비수기에 비해 높은 편이다. 반면 비수기에는 항공좌석을 소진하기 위해 가격할인이나 각종 이벤트를 개최하여 계절에 따른 비수기 수요의 변화에 적극적으로 대응해야 한다. 주말 연휴나 계절적 요인, 학생들의 방학 등에 따라 수요의 편차가 심하게 나타난다.

7. 주관성

여행상품의 효용과 가치는 여행객의 주관적인 기준에 따라 결정된다. 여행상품을 구성하고 있는 항공, 호텔, 차량, 식사, 관광지, 가이드 안내 등에 따라 상품의 만족도가 달라질 수 있다. 동일한 상품 및 가격을 이용한 경우라도 고객의 여행욕구와 감정상태 및 개인의 여행 성향 등에 따라 여행의 만족도가 다르기 때문에 여행상품의 가치와 효용을 객관적 기준으로 평가하기가 어려우므로 상품의 차별화가 어렵다. 무형의 여행상품 서비스 제공이 각 개인에게 다르게 받아들여져 만족도가 서로 다르게 나타나는 경우가 많다. 이에 대응하기 위하여 상품 서비스품질의 일관성을 유지하는 것이 매우 중요하다.

8. 완전환불의 불가능성

여행객은 여행 전에는 여행상품의 좋고 나쁨을 파악하기 어려우므로 여행사는 여행상품을 여행객에게 성실히 제공한다는 차원에서 여행안내 및 여행알선, 기획, 수배 등 서비스 향상을 위해 최선의 노력을 다할 뿐이다.

여행 후 여행상품에 대해 불만족하였거나 문제가 발생하였을 경우, 일반 상품과 달리 반품이나 대체·완전환불 등이 불가능하다. 여행상품은 효용가치 및 만족감에 대해 매우 주관적이기 때문에 여행에 참여한 상품에 대하여 조건불이행을 제외하고는 전액환불 및 교환이 불가능하다는 특징이 있다.

9. 유통의 용이성

이티켓(E-ticket)의 사용으로 항공권의 전달 및 여행상품 전달도 메일이나 팩스 또는 SNS로 주고받아 편리성을 더하고 있다. 이러한 상품전달의 편리성은 시간 및 거리의 제약성을 극복하고 원거리 지역에서도 여행상품의 판매가 가능하기 때문에 여행사와 여행객 모두에게 편리함을 가져다주었다. 고객 본인이 직접 정보 검색에 따른 정보시스템의 발달로 유통이 간소화되었고 상담의 편리성 및 상품 유통

구조가 단순화되어 있다. 특히 최근에는 인터넷을 이용한 항공권 판매 및 여행상품 판매율이 매우 높게 나나타고 있다.

제3절 **여행상품의 구성요소**

여행소재란 여행상품을 구성하고 있는 요소를 이야기하며, 여행사는 여행소재를 조합하여 여행상품을 생산하고 있다. 여행상품은 여행자의 만족을 위해 서비스 요소들의 구성체로 결합되어 있으며, 구성요소의 결합에 따라 상품의 품질, 여행의 만족도 등이 차이가 난다. 여행상품의 구성요소는 여행객을 만족시킬 수 있는 유형·무형의 상품으로써 상품의 판매요금을 결정하는 중요한 요소이기도 하며, 그 주요 부분들은 고객이 관광하는 데 필요한 제반 시설로 이루어진다. 구성요소에는 기본적으로는 교통·숙박·음식·쇼핑 등의 4요소와 부가적으로 목적지의 관광대상 관광자원·안내원·여행수속서비스·여행보험 등을 포함시키고 있다.

1. 교통수단

항공운송, 육상교통, 해상교통 등 다양한 이동수단인 교통시설로 교통수단은 한 지점에서 다른 지점으로 이동시키는 모든 교통수단을 말한다. 교통이동수단으로는 항공기·크루즈(선박)·기차·버스·렌터카 등의 모든 이용 가능한 교통수단을 포함한다. 관광목적지까지의 대표적인 항공교통수단은 대형항공사(FSC)와 저비용항공사(LCC)로 구분되며, 현지 목적지의 전용버스, 렌터카 등의 육상교통과 크루즈, 여객선, 선박 등의 해상교통 등으로 구분할 수 있다.

2. 숙박기관

숙박이란 호텔, 모텔, 여관, 민박 등에서 잠을 자고 머무르는 행위를 말한다. 하루 이상 집을 떠나 여행하는 사람들은 수면, 휴식, 음식, 안전, 그리고 추운 기온이나 비를 피하기 위한 주거 공간, 짐의 보관, 일반 가정 기능의 접근이 필요하다. 즉, 관광객이 체류하면서 숙박할 수 있도록 적정한 설비나 시설 등을 갖추고 있는 시설을 말한다. 호텔·게스트하우스·휴양콘도미니엄·모텔 등 잠을 잘 수 있는 모든 숙박기관을 포함한다. 해외여행에서 숙박시설의 선택에는 호텔의 부대시설·서비스·요금·위치 등 4가지가 중요하다.

3. 여행목적지

여행객을 끌어들이는 매력적인 관광자원, 유적지·위락시설·주제공원 등 여행의 목적이 될 수 있는 유·무형의 관광자원을 말하며, 매력물·편의시설·하부구조 등을 포함하는 개념이다.

4. 음식

여행에 있어 가장 기본적인 욕구를 충족하는 것으로 음식을 들 수 있다. 여행상품의 차별화를 강조할 수 있는 구성요소인 음식은 여행 중의 즐거움은 식사에 있다고 할 수 있을 만큼 그 비중이 매우 크다. 식사시설로 이용하는 식당의 등급과 메뉴에 따라 여행비용에는 큰 차이가 있어, 여행상품요금의 결정에 영향을 미친다.

〈표 3-1〉 국가별 대표음식

대한민국	김치, 불고기, 비빔밥, 갈비	
프랑스	푸아그라, 크로와상	
이탈리아	파스타, 리조또, 나폴리 피자, 라자냐, 젤라또	

일본	스시, 우동, 오코노미야키, 라멘	
태국	똠얌꿍, 팟타이, 쏨땀, 무남톡, 그린커리	
인도네시아	나시고렝, 렌당, 사테	
중국	베이징덕	
베트남	쌀국수, 월남쌈	
미국	아이스크림, 감자칩, 핫케이크	
독일	햄버거	
캐나다	메이플 시럽	
인도	탄두리치킨, 커리, 마살라 도사, 난	
스위스	퐁뒤	
터키 (튀르키예)	케밥	

스페인	빠에야, 가스파초	
벨기에	와플	
멕시코	타코, 파히타	
영국	피쉬 앤 칩스	
싱가포르	차킨라이스, 칠리 크랩	
홍콩	에그타르트, 돼지바비큐, 딤섬	
말레이시아	페낭 아삼 락사	
필리핀	레촌	

자료: CNN이 선정한 세계에서 가장 맛있는 음식 Best 50

5. 여행수속 서비스

여행을 구성하는 요소 중 여행출발 이전에 이루어지는 비자수속 · 여행보험수속으로 가장 중요한 서비스이다. 여행출국 전에 서류를 준비하여 비자를 받아야 하는 특수국가의 비자 및 현지에 도착하여 받는 도착비자(중국 등 기타), 미리 웹사이트에서 받는 전자비자와 미국의 ESTA, 캐나다의 ETA 등 방문목적에 따라 필수적으로 받아야 하는 비자는 여행사를 대행하여 처리하는 경우가 많다. 또한 여행 중에 발생하는 출입국수속 · 세관수속 등으로 구성한다.

6. 쇼핑

해외여행 시 쇼핑은 또 하나의 즐거움으로 관광활동에 필요한 것으로 백화점 · 면세점 · 재래시장 등 쇼핑시설 등을 들 수 있다. 여행사 측면에서의 쇼핑은 여행사의 주요 수익원이기도 하나, 동남아의 경우 여행경비의 원가를 낮추기 위해 쇼핑센터의 차량을 지원받는 경우가 있다. 최근에는 쇼핑센터를 방문하지 않는 노쇼핑(No Shopping)의 상품이 판매되고 있다.

7. 인솔자 및 가이드

해외인솔자(T/C)와 여행목적지의 현지가이드는 회사를 대표하여 여행객의 안전과 여행만족을 책임지는 고객 접점 서비스 제공 종사자로 여행객들의 여행만족도에 가장 많은 영향을 미치는 사람들이다. 인솔자 및 가이드는 여행의 가치를 증진시키는 데 큰 몫을 하며, 여행의 만족도에 크게 좌우될 수 있는 중요한 역할을 수행하는 자로 여행의 구성요소에 포함된다. 우리나라 여행안내사의 유형에는 관광통역안내사 · 국외여행안내사, 국내여행안내사 및 여행목적지의 현지 가이드 등이 있다.

〈표 3-2〉 여행상품의 구성요소

구성요소	세부내용
교통수단	항공기, 크루즈(선박), 기차, 버스, 렌터카 및 각종 교통기관
숙박기관	호텔, 게스트하우스, 콘도미니엄 등 각종 숙박시설
여행목적지	유적지, 위락시설, 공원 등 관광객 이용시설
음식	식당, 레스토랑의 식음료시설업체
여행수속서비스	비자. 여행자보험 등의 제반수속
쇼핑	백화점, 면세점, 재래시장 등
인솔자 및 가이드	Tour Conducror(T/C), Tour Guide

〈표 3-3〉 여행상품 구성에 대한 학자들의 견해

Medlik & Middleton	여행경험의 구성인 활동, 서비스 및 편익의 여행상품의 개념을 강조하였으며, 관광자원, 시설, 접근성, 이미지, 가격 등 5개의 구성요소를 강조하였다.
Stephen	물리적 환경, 서비스시설, 환대성, 여행지활동, 편익의 5가지 요소로 여행상품이 구성된다고 보고 설명
한국관광공사(1979)	여행상품은 관광지, 교통수단, 숙박시설, 서비스와 매력물의 결합이다.
조송빈(1991)	여행상품의 구성요소를 교통수단, 숙박시설, 편의시설, 관광대상 목적물, 지원시설(미디어), 기념품, 여행서비스, 여행용품 취급업체
정익준(1994)	여행상품의 구성요소를 교통수단, 숙박시설, 요식시설, 관광대상 목적물, 지원시설(미디어), 기념품, 여행서비스
정찬종(1994)	여행상품의 구성요소를 교통수단, 숙박시설, 음식, 쇼핑, 목적지 매력물, 편의시설, 하부구조, 여행안내원, 여행보험, 연결체제(마케팅믹스상의 모든 연결체계)

제4절 **여행상품의 분류**

여행사에서는 다양한 여행상품을 신규개발하여 판매하고 있다. 여행상품의 분류는 매우 다양하여 일정한 체계에 따라 분류하기 어려우나 여행의 목적, 여행규모, 여행기획자, 여행경비, 교통기관, 판매형태, 여행형태 등의 기준에 의하여 분류될 수 있다.

현재 일반적으로 통용되고 있는 여행상품의 분류체계는 다음과 같다.

〈표 3-4〉 여행상품의 분류

분류 방법	분류 내용
기본 분류	국내여행, 국외여행, 외국인여행
참가형태에 따른 분류	단체조직형, 개인참가형, 개인여행형
참가규모에 따른 분류	개인여행(FIT), 단체여행(GIT)
판매시장에 따른 분류	일반모집형, 인센티브형, 단체조직형, 경로모집형
기획주최자에 따른 분류	기획여행, 공동주최, 주문여행
여행목적지에 따른 분류	순수여행 겸 목적여행
여행형태에 따른 분류	주유형, 체재형, DIY형, SIT형, 모험형
참가계층에 따른 분류	수학여행, 신혼여행, 연수여행, 실버여행 등

1. 기본분류

기본적인 여행상품의 분류로는 국내여행, 국외여행, 외국인여행으로 볼 수 있다. 국내여행은 내국인의 국내여행이며, Domestic Tour라고 부른다. 국외여행은 내국인의 외국여행이며, Outbound Tour라고 부른다. 외국인여행은 외국인의 국내여행이며, Inbound Tour라고 부른다.

2. 참가형태에 의한 분류

기업이나 법인, 각종 단체에서 조직된 여행형태인 단체조직형, 여행사가 기획한 여행상품에 개인 또는 소수의 그룹이 참가하여 단체형태를 구성하는 개인참가형, 개인이 직접 여행을 기획하고 현지에서의 행동도 개인단위로 이루어지는 개인여행형으로 구분할 수 있다.

3. 참가규모에 의한 분류

참가규모에 따른 여행상품 분류는 개인여행(FIT), 단체여행으로 구분한다.

4. 판매형태에 의한 분류

판매형태에 따른 여행상품을 분류하면 불특정 다수를 대상으로 모객하는 일반모집형, 여행을 포상수단으로 해서 판매촉진용과 직원들의 사기진작을 위한 인센티브형, 지인 간의 친목 유대 및 회원조직을 모체로 하는 단체조직형, 각종 판매채널을 통해 모집하는 경로모집형(판매채널형) 등으로 분류할 수 있다.

5. 기획여행에 따른 분류

기획여행에 따른 분류는 여행상품을 여행사가 사전에 특별 기획하고 판매하는 기획여행, 2개 이상의 단체나 기업이 주최하는 공동주최여행, 여행객의 주문에 따라 기획되는 주문여행, 주최자가 여행객 및 여행사의 관계자를 초대하는 초대여행으로 분류할 수 있다.

6. 여행의 목적에 따른 분류

여행의 목적에 따른 여행상품은 여행을 통한 휴양과 위락을 주목적으로 하는 관광여행상품의 순수여행, 국제회의 참가 및 상담이나 영업 등 업무출장을 목적으로 하는 겸목적여행, 선진국의 선진화된 현지의 산업시찰을 목적으로 떠나는 시찰여행, 관광이 아닌 교육이 가장 큰 목적이 되는 연수여행으로 분류할 수 있다.

7. 여행형태에 따른 분류

여행형태에 따른 여행상품은 일반 불특정 상대를 모객하여 진행하는 패키지여행(시리즈투어), 기업체 등에서 직원들의 성과에 보상하는 차원으로 떠나는 보상여행(인센티브), 회의여행, 전세여행, 이벤트여행, 선택여행, 크루즈여행, 여행사 관계자 등을 초대하여 관광지를 홍보하는 Fam Tour로 분류할 수 있다.

8. 체류형태에 따른 분류

체류형태에 따른 여행상품은 단기간 일정으로 많은 나라의 도시를 방문하는 주요형, 일정한 장소에 장기간 체재하는 체재형, 현지에서의 이동과 숙박예약을 여행객 스스로 진행하는 개별여행의 DIY(Do‐It Yourself Tour)형, 일반적인 여행형태에 비하여 특별히 관심있는 분야에 대한 기획여행의 형태인 SIT(Special Interest Tour)형, 일반적으로 많이 알려지지 않은 곳을 여행하는 모험형으로 분류할 수 있다.

9. 참가계층에 따른 분류

여행상품을 참가자 계층으로 분류하면 학생들의 여행인 수학(졸업)여행, 신혼부부를 위한 신혼여행, 50~60대의 여행을 위한 부부여행, 시니어여행으로 구분된다.

Case 사례 1 중국인 관광객 한국 여행 만족도 비교적 낮아…   서울이데일리

서울이데일리 정미숙 기자의 중국의 인민망(人民网)에 따르면, 중국인 관광객들의 한국 여행 만족도가 비교적 낮으며, 가장 불만족한 부분은 '음식'인 것으로 나타났다고 보도했다. 한국 관광공사가 발표한 자료에 따르면 2018년 한국을 방문한 중국 관광객은 479만 명으로 2017년보다 14.9% 증가했다. 한국을 방문하는 중국인 관광객 수가 증가하면서 한국 관광산업의 문제점이 나타나고 있다. 이에 따라 관광 서비스의 품질과 여행 만족도를 높이는 것이 중요한 문제로 대두되고 있다. 인민망 한국지사는 2019년 5월 23일부터 7월 29일까지 중국인 관광객 2398명을 대상으로 한국 여행 만족도 조사를 실시했다. 조사 결과 한국 여행 만족도와 재방문율은 비교적 낮았으며 한국 여행 중 가장 불만족한 부분은 음식으로 나타났다.

■ 젊어진 중국 관광객, 고학력자 늘어… 응답자 90% 자유여행 선호
   인민망 한국지사 조사 결과에 따르면 응답자의 64%가 90허우(90년대생)였으며 4년제 대학 및 석·박사 이상의 학력자 비율이 71%를 넘었다. 또한 응답자의 90% 이상이 단체 여행보다는 자유여행을 선호했다. 이는 중국 경제가 발전하면서 양질의 여행에 대한 수요가 증가했고 20대 여행객이 증가함에 따라 여행 트렌드 또한 자유여행과 개성화 위주로 변화하고 있다는 것을 말한다.

■ 재방문율, 만족도 비교적 낮아… 가장 불만족한 부분 '음식'
   한국을 2번 이상 방문한 여행객은 전체 응답자 중 42%로 절반에도 미치지 못했다. 또한 '한국 여행에 만족한다'는 43.95%에 불과했다. 여행 만족도 평가 7개 항목 중 치안, 위생, 쇼핑 부분이 가장 높은 평가를 받았고 음식, 숙소, 언어 서비스 부분은 만족도가 낮은 경향을 보였다. 특히 음식 부분에서 '음식 선택지가 좁다'라는 평을 가장 많이 내놓았다. 가성비 있는 숙박업소와 문화, 공연 활동 등의 다양성을 개선해야 한다고 응답했다.

■ 여행 목적 '쇼핑', 한국 기념품 특색 부족해
   중국 관광객의 방한 목적은 쇼핑이 70% 이상으로 가장 많았고 관광, 공연 관람, 의료, 미용 등이 뒤를 이었다. 이는 중국 관광객에게 한국 여행이 일명 '쇼핑 여행'으로 비춰지고 있음을 알 수 있다. 또한 응답자 중 26.4%가 여행 중 기념품을 구입하지 않았다고 답했으며 주요 원인으로는 특색 부족(60.7%), 높은 가격(25.1%)을 꼽았다.

■ 서울 가장 많이 방문, 지방 도시 홍보 부족
   응답자의 78.77%가 서울을 방문했고 이어 부산(10.8%), 경기도(9.41%), 강원도(8.24%), 제주도(7.72%) 순으로 조사됐다. 수도권과 주요 관광 도시는 지방 도시와 현저한 차이를 보였다. 지방 도시 여행 만족도 설문에서 응답자 중 40.18%가 중국어 안내 및 표지판에 대해 불만족을 표했다. 다음으로는 교통(28.86%), 쇼핑(20.76%), 음식(10.2%)이 뒤를 이었다.

■ 중국 관광객 선호 여행지 1위 일본, 한국 관광 개선 필요해
   한국 관광시장에서 중국 관광객의 비율은 1위를 차지하고 있는 반면 중국인이 선호하는 아시아 여행지에서 한국은 주변 국가 중 가장 낮았다. 중국 관광객이 선호하는 아시아 지역 및 국가 여행지는 일본이 63.43%로 1위를 차지했고 태국(51.81%), 홍콩(36.52%),

싱가포르(28.98%), 타이완(24.31%)이 뒤를 이었다. 응답자는 한국 관광을 기타 아시아 지역 및 국가와 비교했을 때 공연, 외식, 문화 체험 등 부분의 개선이 필요하다고 답했다.

Case 사례 2   해외여행 가는 한국인 84%가 해외 온라인 여행사 통해 숙소 예약 조선일보

거래액 세계 1위, 씨트립 성공 비결
180도 변한 해외여행 트렌드

조선일보 2019년 9월 유진우 기자의 여행트렌드 변화에 의한 해외여행 가는 우리나라 사람들의 84%가 온라인 여행사를 통하여 숙소를 예약한다는 흥미로운 기사를 요약해 본다. 1989년 1월 1일부터 해외여행 전면 자유화를 한 이후 30년 동안 해외로 나가는 여행자 수가 매년 급격하게 늘었다. 불과 10년 전까지만 해도 국내에서 해외여행이라면 깃발 든 여행사 가이드를 따라 명승지를 다니는 단체 여행이 대부분이었다. 그러나 10여년 새 국내 여행 시장은 완전히 뒤바뀌었다.

상대적으로 편안하고 안전한 대신 덜 자유로운 단체 여행에 대한 여행자 선호도는 매년 떨어지고 있다. 대신 이 자리는 발길 닿는 대로 움직이는 '개인 해외여행(FIT ; Foreign Independent Travel)'이 메웠다. 이들은 골목 깊숙이 자리 잡은 오래된 가게나 중고 서점을 찾아 소도시를 헤매거나 수백년 전통을 자랑하는 카페에 자리를 잡고 앉아 유명 문인들처럼 일기를 끄적이는 개인 맞춤형 경험을 원한다. 이들은 이전처럼 오프라인 여행사에서 여행 상품을 사지 않는다. 씨트립, 익스피디아, 스카이스캐너 같은 글로벌 온라인 여행사(OTA ; Online Travel Agency)를 통해 제 손으로 여행 계획을 세우고 항공권과 숙박, 현지 투어까지 앉아서 예약한다.

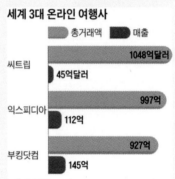

세계 3대 온라인 여행사

■ 총거래액 ■ 매출

씨트립 1048억달러 / 45억달러
익스피디아 997억 / 112억
부킹닷컴 927억 / 145억

※총거래액(GMV·Gross Merchandise Volume)은 해당 사이트에서 팔린 여행 상품 전체 액수. 수수료 등으로 이뤄지는 회사 매출과 구별

■ '맞춤 여행' 쉬운 온라인 여행사 급성장

세종대 관광산업연구소가 지난해 국내 여행자를 분석한 자료에 따르면 작년 상반기 해외 여행자 가운데 84%가 숙소 예약 시 글로벌 OTA를 이용했다. 국내 여행사(Travel Agency)를 이용한 비중은 7.4%에 불과했다. 항공권도 마찬가지. 국내 여행사를 찾지 않고 글로벌 OTA를 이용해 비행기 표를 끊은 여행자 비중은 67%에 달했다. 우리나라 여행 시장의 중심이 단체 여행자에서 개인 여행자로 옮겨오기까지는 20년이 걸렸지만, 중국을 포함한 신흥 시장에서 이 기간은 훨씬 짧아지는 추세다. 호텔을 대신할 현지인 가정을 주선해주는 에어비앤비 같은 서비스나 여행지에서 일일 가이드를 고용할 수 있는 마이리얼트립 같은 새로운 여행 서비스가 널리 퍼진 덕분이다.

중국의 신흥 부자들 사이에서는 파르마나 모데나 같은 이탈리아 북부 소도시 농장에서 팜스테이(Farm Stay)를 하거나 파리의 유명 레스토랑을 순례하는 '파리 미식 기행'에 나선 후 이를 인스타그램과 같은 소셜네트워킹서비스(SNS ; Social Networking Service)

에 올리는 붐이 일고 있다. 글로벌 여행 관련 스타트업 설립자들의 모임 '보이저HQ'는 올해 뉴욕에서 연 트래블 서밋에서 "SNS가 발전하면서 남들과 다른 나만의 맞춤 여행에 대한 수요가 늘고 있고, 더 정교하고 독창적인 경험을 위해 독특한 부티크 호텔이나 오지에서 묵는 여행객이 급증하고 있다."고 설명했다.

저비용 항공사(LCC ; Low Cost Carrie)가 아시아권과 유럽권을 중심으로 점점 노선을 촘촘히 펼치면서 '새로운 곳으로 부담 없이 떠나는 나만의 여행' 열기는 계속 이어질 전망이다. 단순히 유흥이나 관광지를 섭렵하는 형태에서 벗어나 새로운 기술을 배우거나 현지인들과 재능을 나누는 여행도 나타나고 있다. 유럽에서는 최근 건강한 식습관이나 운동 같은 삶의 방식을 배우기 위한 명상 수련 여행이 새로운 문화로 자리 잡았다. 인도에서 요가를 배우거나, 중국에서 무술을 배우고 현지 식재료로 채식이나 유기농 식생활을 즐기는 웰빙 여행이 주류로 부상하는 추세다. 여행의 트렌드는 급속히 변화한다.

| 토론주제 | 여행상품의 이해를 학습하고, 주요 토론주제를 가지고 토론하는 시간을 가집니다. |

1) 허니문 여행상품은 왜 비싼가?

2) 해외여행 가는 한국인 84%가 해외 온라인 여행사 통해 숙소 예약

3) 중국인관광객 한국 여행 만족도 매우 낮다.

4) 욜로여행은 무엇인가?

5) 욜로여행을 통해 본 트렌드의 변화는?

6) 여행상품 기획자는 어떤 업무를 하는가?

7) 6년 만의 유커 귀환, K관광 경쟁력은 어떻게 살릴까?

여행상품의 일정표

CHAPTER

4   여행상품의 일정표

제1절 • **여행일정표의 의의**

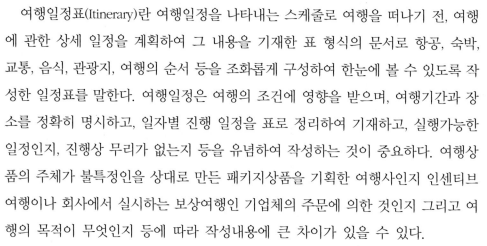

여행일정표(Itinerary)란 여행일정을 나타내는 스케줄로 여행을 떠나기 전, 여행에 관한 상세 일정을 계획하여 그 내용을 기재한 표 형식의 문서로 항공, 숙박, 교통, 음식, 관광지, 여행의 순서 등을 조화롭게 구성하여 한눈에 볼 수 있도록 작성한 일정표를 말한다. 여행일정은 여행의 조건에 영향을 받으며, 여행기간과 장소를 정확히 명시하고, 일자별 진행 일정을 표로 정리하여 기재하고, 실행가능한 일정인지, 진행상 무리가 없는지 등을 유념하여 작성하는 것이 중요하다. 여행상품의 주체가 불특정인을 상대로 만든 패키지상품을 기획한 여행사인지 인센티브 여행이나 회사에서 실시하는 보상여행인 기업체의 주문에 의한 것인지 그리고 여행의 목적이 무엇인지 등에 따라 작성내용에 큰 차이가 있을 수 있다.

여행일정표 작성은 여행업무 가운데 기본적이면서 중요한 업무 중 하나이다. 여행객이 여행상품을 구매할 때 가격과 함께 제일 먼저 비교하는 대상이므로 여행상품 선택의 중요 자료가 된다. 여행객이 희망하는 여행의 조건과 일정을 감안하여 여행객의 욕구를 충족시키고 만족감이 극대화되도록 장점, 특징, 가치, 우수성 등이 잘 나타나도록 작성해야 한다.

여행일정표는 여행사의 이미지와 직결됨에 따라서 여행사는 여행일정표를 통해 여행객에게 여행에 대한 기대를 불러일으키고 여행의 가치와 의미를 부여해야 한다. 여행일정표는 여행사별로 양식의 폼(Form)이 있어 다소 차이가 날 수 있으나 일반적으로 비슷한 형식과 양식으로 구성된다.

여행일정표는 랜드사를 통하여 상품을 공급받아 현지 행사를 진행하므로 여행상품 계약에 대한 확인서이자 증명서이다. 현지 여행 시 일정과 다르게 진행될 경우 고객과 다툼이 생길 소지가 있으므로 정확하고 세밀하게 작성해야 하며, 최종일정표가 변경되지 않도록 해야 한다.

89

www.sejoong.com

◆2023, 동아시아 해양교류 역사탐방-히라도·이마리·미카와치◆

단체명	여행과 인문학의 만남	출발일: 03월22일(수)~03월25일(토)			인원	30명
특이사항	*카멜리아 선편 왕복이용 조건입니다. *히라도 호텔 *면세점 1회 방문 기준입니다.					
여행경비	₩599,000(1인당)					
포함 사항	호텔요금, 전용버스, 관광지입장료, 일정상의 포함 식사, 선박요금 및 유류할증료, 도시락1회, 여행자보험,					
불포함사항	개인경비					

일자	지역	교통편	시간	여 행 일 정	식사
제1일 03/22 (수)	부 산	카멜리아	17:30 19:00	부산 국제 여객선 터미널 3층 카멜리아 카운터 앞 집결 출국수속 후 승선. 부산항 및 **부산대교 야경 관광** 선내식사는 불포함(코로나19이후 저녁식사 불가능) 자유롭게 휴식을 취한다. 숙박 및 자유휴식 (개인세면도구 지참 要) **HTL : 뉴카멜리아 (다인실)**	석:불포함
제2일 03/23 (목)	후쿠오카 이마리 (伊万里) 히라도 (平戸)	전용버스	07:30 08:30 10:00 12:00 13:30 14:30 15:30 16:30 18:00 18:30	하카타항 도착, 조식 후 하선 ▶ 후쿠오카 출발 ▶ 이마리로 이동 (소요시간:1시간10분) ◆ 도공무연탑, 고려비 ◆ 400여년 전 역사와 전통을 자랑하는 오카와치야마 도자기마을 견학 ◆ 중식(?) ◆ 고려비 방문-1994년 망국의 한을 달래기 위해 세운 고려비 방문 ◆ 대항해 시대의 로망과 역사를 한눈에 <히라도성 천수각> ▶ 히라도 최고의 경관 <가와치고개> *일정변경 가능 ◆일본 최초의 천주교 선교사 자비에르 신부를 기념한 <자비에르 기념성당> ◆<마츠우라 사료박물관>, 일본 최초의 서양식 건물 <네덜란드 상관> ◆ 역사의 거리(史の道) ◆ <400년소철> <6각우물> <왕직> <윌리엄 아담스(미우라 안진)> <리차드 콕스> <프란치스코 사비에르> <작스 스펙스> 호텔 이동 호텔 석식 후 휴식 및 온천욕 **HTL :**	조:선내식 (도시락) 중: 석:호텔식 <뷔페식>

제3일
03/24
(금)
	히라도
	
	미카와치
	(三川内)
	
	타케오
	(武雄)
	
	히라도
		전용버스	07:00
			08:30
			10:00
			
			11:30
			1300
			15:00
			16:00
			16:30
			18:30
				호텔 조식 후
				▶ 미카와치로 이동(1시간30분 소요)
				◆ 정유재란 때 끌려와 히라도 도조를 모시는 <도조신사, 부산신사>
				  *도자기마을 걸어서 2시간 투어 진행 -
				◆ 아리타에서 중식
				◆ 이삼평 도공을 모신 <도잔신사> 및 <이즈미야마 채석장>(일정조정)
				◆ 꼭 한번 가봐야 할 이색도서관으로 유명한 <타케오도서관>
				◆ 정적 속, 찬 기운의 공기를 마시면서 수령 3000년 녹나무와 그것을
				  둘러싼 대나무 숲의 풍경을 보는 <타케오의 큰 녹나무(武雄の大楠)>
				▶ 히라도 이동
				호텔 석식 후
				HTL :
					조:호텔식
					
					중:
					
					석:호텔식
					<뷔페식>

제4일 03/25 (토)	후쿠오카 부 산	전용버스 카멜리아	06:30 07:45 11:00 12:30 18:00	호텔 조식 후 ▶ 후쿠오카 이동 ◆ 일본 3대 송림 중 하나인 100만 그루의 소나무 숲길 <니지노 마츠바라> (차중) --면세점 쇼핑 및 자유시간-- 하카타항으로 이동하여 수속 및 탑승 하카타항 출발 부산항 도착 후 해산	조:호텔식 중:도시락

*** 상기 일정은 선박 및 현지 사정으로 인하여 변경 될 수도 있습니다. ***

여행일정표 작성을 위한 기본사항

1. 여행목적

유명관광지를 보기 위해, 다양한 경험을 하기 위해, 일상에서 벗어나 휴양을 하기 위해 떠나는 등 여행의 목적은 다양할 것이다. 여행지를 선정할 때 볼거리가 많은지, 여행조건은 어떠한지 여행목적에 맞는 여행일정을 작성해야 한다. 여행일정을 작성하는 사람은 여행에 관한 폭넓은 정보와 지식 및 경험을 가지고 여행객에게 여행의 목적에 적합한 목적지를 추천할 수 있다.

2. 여행기간과 시기

여행일시가 연휴 및 주말과 주중, 성수기인지 비수기인지에 따라 항공요금과 호텔의 요금이 달라지기 때문에 여행기간 및 시기는 여행경비의 원가 산출 및 여행의 목적지와 일정을 결정하는 데 중요한 요소가 된다.

3. 여행경험

일반적으로 여행의 재미를 느낄 수 있는 여러 가지 볼거리, 먹거리가 있는 지역은 여행경험이 적은 사람들이 선호하며, 여행경험이 많은 사람은 한곳에 오랫동안 머물면서 목적여행이나 특별한 지역 또는 다른 사람이 가보지 않은 여행지를 선호하는 경향이 있다. 여행상품의 가격이 비싸도 아깝지 않은 경험을 주는 여행상품이 많아야 한다. 취향 및 체험을 중시하는 최근의 여행트렌드를 감안하여 여행의 경험에 따라 여행에 대한 선호도가 달라지므로 여행일정 작성 시 여행객의 여행경험을 염두에 두고 작성해야 한다.

4. 여행경비

여행경비는 여행의 목적지, 여행기간과 시기, 여행의 조건 등에 따라 다양한 요금으로 산출이 가능하기 때문에 여행객의 경제력은 최종 여행결정의 중요한 요소 중 하나이다. 패키지상품의 경우 다른 여행사와 비교하여 여행상품을 선택하는 경우가 많으니 고객의 마음을 사려면 가치 있는 정교한 여행상품이 필요하며, 이유 있는 고가(高價)에 지갑을 열 준비가 되어 있는 고객들이 많으므로 여행의 트렌드 변화에 맞는 여행객의 선택을 받을 수 있도록 경쟁력 있는 상품과 여행경비를 산출해야 한다.

| 제3절 | 여행일정표 작성 시 고려사항 |

1. 여행객과 여행사의 입장

여행객의 입장에서 꼭 관광해야 하는 일정은 반드시 포함해야 하며, 일정 작성 시 고객의 입장도 이해하면서, 회사의 이익에도 부합한다는 사실을 인식하고 작성한다. 또한 여행소비자가 불편한 점을 해결할 수 있는 여행의 기획력 및 여행소비자가 실제로 원하는 여행의 테마를 상품에 반영할 수 있도록 해야 한다. 여행일정표 작성 시 유적이나 관광명소뿐만 아니라 소비자가 꼭 가보고 싶은 장소를 취향과 테마별로 만든 일정표를 코로나19 이후의 트렌드에 맞게 준비해야 한다.

2. 여유 있는 일정

여행목적지의 각 나라에 따라 항공출발시간으로 인하여 조기출발이나 심야도착의 일정이 있으나, 여행의 만족도를 높이기 위해 가급적 피하는 것이 좋다. 유럽여행 상품구성의 경우 하루의 대부분을 이동시간에 보내는 경우가 있으니 이것은 피해야 한다. 여행사 간의 경쟁으로 너무 많은 관광지 방문으로 인하여 주마간산 식의 여행이 되며, 만족도 역시 떨어져 재방문의 효과가 적어진다. 해외여행 자유화 이후 장소와 장소를 이동하는 여행이었다면 지금의 트렌드는 소소하게 떠나는 감성여행을 표방하면서, 한곳을 집중적으로 여유 있게 보고 즐길 수 있는 여행으로의 트렌드 변화에 맞는 여행일정 작성이 중요하다.

3. 다양한 여행정보 제공

지속적으로 늘어나는 여행 수요만큼이나 여행자들의 "니즈" 또한 늘어나고 있는 것이 현실이다. 현지의 유익한 정보를 안내하며, 여가시간을 이용한 다양한 경험이나 선택 관광 및 현지의 여행정보 제공을 지원한다. 여행을 직접 경험하면서 하나씩 배워 나가는 형태의 여행을 즐기는 여행고객들도 있겠지만 여행사의 패키지 여행상품 같은 경우에는 최소한의 시간으로 최대한의 효율을 내기 위하여 해당 지역에 꼭 가봐야 하는 여행의 명소들만 일정표에 넣기 때문에 여행지와 관련한 다양한 정보를 알 수 있도록 한다.

4. 교통기관

국내 및 해외여행 시 차량을 이용할 때는 차량연식 및 자격을 갖춘 적격업체인지를 파악하고, 특히 국내차량 예약의 경우 차량운행확인증 등 차량 정비와 운전기사 교육이 제대로 운영되고 있는지, 특정 보험에 가입되어 있는지 등을 세심히 고려하여 선정한다. 여행은 지역과 지역 간의 이동이 중심이 되므로 이동에 이용하는 각종 교통기관은 무엇보다 안전과 청결이 중요하다.

5. 숙박시설

관광목적지의 호텔 선정 시 신중하게 선정

숙박경험도 여행의 일부이며, 여행경험이 특별해질 수 있다. 여행의 즐거움을 배가시키는 숙박시설은 특별한 조건이 없는 경우 접근성, 이동성, 편리성 등을 고려하여 선정하면 좋다. 대부분의 소비자들은 숙박시설을 '잠만 자는 공간'으로 여기지 않고, 여행의 한 부분으로 생각하기 때문에 여행객은 호텔의 외형적인 고급화보다 내부의 실용적인 면을 더 선호하는 경향이 있기 때문에 이런 점도 수배 시에 고려해야 한다.

6. 식사메뉴

식사계획은 메뉴의 다양화와 동선을 고려하여 작성

여행지의 음식문화를 접할 수 있도록 다양한 메뉴와 쾌적한 식사장소를 선정해야 한다. 동일한 장소에서 중복된 음식은 피해야 하며, 차별화된 식사 선정으로 여행의 만족감을 줘야 한다.

7. 대안일정

관광일정 중 불가피한 일정변경에 대비해 대안일정을 준비

현지사정으로 인하여 관광지 입장 및 공연이 불가능할 경우 여행객의 사후불만에 대처할 대안일정을 준비한다. 특히 일본여행의 경우 운전사는 일정표상의 행사만 진행하기에 사전에 랜드사를 통해 조율하여 출발한다.

8. 관광일정

기본 관광일정과 선택 관광이 함께 제시될 수 있도록 작성

다양한 관광일정을 제시하여 고객 선택의 폭을 넓혀준다. 현재의 여행 트렌드는 기본일정 외에 선택관광을 모두 포함하여 판매하고 있으며, 현지에서 별도의 경비지불 없는 여행을 선호하고 있다.

여행일정표의 구성

여행일정표는 여행사별로 양식(Form)이 있어 다소 차이가 날 수 있으나 일반적으로 비슷한 형식과 양식으로 구성된다.

① **여행상품명** : 인센티브 여행상품의 경우 단체의 이름 및 지역을 병기하여 작성한다. 패키지의 경우 시리즈로 출발하는 관계로 별도의 상품코드를 만들어 활용하기도 하며, 날짜와 항공편을 이용한 상품코드를 사용한다.

② **여행요금** : 성인기준으로 표기하며, 어린이(2~12세 미만)는 어른요금의 80~90%를 적용하고, 유아(2세 미만)는 어른요금의 10~20%를 적용한다.

③ **최소출발** : 인센티브여행(단체포상여행)의 경우 요청하는 인원수에 맞는 견적으로 최소출발이 없으나 패키지의 경우 1~10명 이상 출발 등으로 표기하여 고객들에게 최소출발인원 정보를 안내한다.

④ **기본일정** : 여행 전체일정의 일수, 방문도시, 교통편, 방문도시명, 등급을 표시한 호텔명, 식사조건 등을 표기한다.

⑤ **인솔자 및 가이드 여부** : 패키지의 경우 인솔자를 동행하지 않는 경우가 많으나 출발인원에 따라 인솔자 동행 여부가 달라질 수 있음을 명시한다.

⑥ **여행상품의 특전** : 타 여행상품과의 차별화 및 혜택, 장점에 대하여 안내한다.

⑦ 공항미팅 일시 및 장소를 안내해야 한다.

⑧ **선택 관광과 쇼핑안내** : 여행목적지에서 여가시간에 할 수 있는 선택 관광(Option)에 대한 안내와 요금을 기재하여 다양한 선택을 할 수 있도록 정보를 제공한다. 여행 중에 주요 나라(도시)의 쇼핑처 및 횟수를 포함하여 기재한다. 중국 및 동남아는 패키지여행의 경우 쇼핑의 횟수에 따라 여행경비가 달라지니 특히 주의해야 하는 부분이다.

⑨ **포함 및 불포함 내역** : 여행객과 여행사 간에 포함사항과 불포함사항에 대한 오해가 발생할 수 있으니 여행상품이 가지고 있는 특징이 잘 나타나도록 가격에 포함되어 있는 내용을 잘 기재해야 한다. 무형의 서비스상품을 판매하

는 여행업은 신뢰의 중요성이 요구되어 여행상품은 고객이 구매하기 전에 눈으로 확인하지 못한 상태에서 비용을 지불해야 하기에 불필요한 마찰을 예방하는 차원에서 필요하다.

⑩ 주의사항 및 연락처 : '상기 여행일정은 천재지변 또는 현지사정에 따라 변경될 수 있습니다.' 등과 같이 여러 가지 조건에 따라 변화가 생길 수 있다. 여러 가지 사정으로 인하여 여행 일정이 변경될 가능성에 대비하여 변경가능성을 표기해야 하며, 여행 시 유의사항 및 준비물을 안내한다. 여행사의 대표 전화 및 가이드 이름 및 긴급연락처와 호텔의 연락처 등을 기재하여 만일의 경우에 대비할 수 있도록 한다.

제5절 ‧ 여행일정표의 예

여행일정표 구성과 작성 시 고려사항을 생각하여 고객의 요청에 의한 주문여행과 패키지여행상품을 구분하여 일정표를 준비한다.

부경대학교 태국연수 프로그램

해외여행 조건 및 견적서

1. 여행요금

상품명	항공	여행경비(1인)	조건
태국 방콕, 치앙마이 5일	타이항공 (TG)	₩1,490,000원	29명+1T/C(소위소텔1박, 두짓프린세스 호텔2박)

☒ 상기 요금은 환율 및 출발 인원의 변동에 따라 여행경비 변경됩니다.

[포함 사항]
- 국제선 전체 항공요금, TAX, 유류할증료, 호텔, 차량, 식사, 관광지 입장료, 기사 및 가이드팁, 해외여행자보험
[불포함 사항]
- 개인 경비, 전신마사지 팁 등 매너 팁
☒ 노쇼핑, 노옵션 행사입니다.

2. 여행조건

항 공	☒ 포 함 - 일반석 기준
숙 박	☒ 포 함 - (1인실) 기준
식 사	☒ 포 함 - 일정표에 명시
관 광	☒ 포 함 - 일정표에 명시
현 지 안 내 원	☒ 포 함 【한국어 사용】
교 통 편	☒ 전용 버스
팁(TIP)	☒ 포 함 【가이드/기사】
여행자 보험료	☒ 포 함
인 솔 자	☒ 포 함
기 타	☒ 상기조건은 항공 및 현지 사정에 의해 변동 될 수 있습니다. ☒ 현금 결제 기준으로 산출된 요금이며, 세금계산서 발행 시 VAT 별도입니다. ☒ 여권 유효기간은 출발일로부터 6개월 이상 남아있어야 합니다.

〈태국 방콕, 치앙마이 5일 - 일정표〉

날짜	여행지	교통편	시간	일정	식사
제1일 1/28 (월)	부산 방콕	TG 651 전용버스	06:30 08:30 12:20 18:00	김해 국제공항 국제선청사 2층 3번 GATE 집결 김해 국제공항 출발 방콕 수완나품 국제공항 공항 도착 후 가이드미팅 간단한 중식 (쌀국수 또는 스낵) **수안파카드 궁전관광** **아시아 티크 관광(일정조정 가능)** **호텔 이동, 투숙 및 휴식**	중:스낵OR 쌀국수 석:현지식
			HOTEL	스위소텔 라차다 동급 T. +66(0)2 694 2222 http://www.swissotel.com/hotels/bangkok-concorde/	
제2일 1/29 (화)	방 콕 치앙마이	전용버스 TG116	07:00 09:00 12:00 17:10 18:30	호텔 조식 후 **왕궁, 에메랄드사원, 수상시장, 새벽사원 관광** 중식 후 공항으로 이동 **방콕 출발** **치앙마이 도착 후 가이드 미팅** **석식 후 호텔 체크인 및 휴식 *전신맛사지 체험**	조:호텔식 중:현지식 석:현지식
			HOTEL	두짓 프린세스 호텔 T. +66-053 253 900 http://www.dusit.com/default-en.html	
제3일 1/30 (수)	치앙마이	전용버스	전 일	호텔 조식 후 치앙마이 대학교 학술회 참석(자체 일정 / 통역 불포함) **태국 최대크기의 사리탑이 있는 왓 체디루엉** **옛 난나 왕국의 수호사원 수안독 사원** **석식 후 나이트바자(야시장) 관광, 호텔 휴식**	조:호텔식 중:불포함 석:현지식
			HOTEL	두짓 프린세스 호텔 T. +66-053 253 900 http://www.dusit.com/default-en.html	
제4일 1/31 (목)	치앙마이 방 콕	전용버스 TG 121	오 전 20:50 22:10	호텔 조식 후 호텔 조식 후 체크 아웃 **도이스텝으로 이동** **왓 프라텟 도이스텝 관광** **옹아룬 유황 온천욕 체험** 싼캄펭 민예마을 탐방 타남에서 고급 현지식 석식 후 공항으로 이동 **석식 후 공항으로 이동** **치앙마이 출발** **방콕 도착 후 연결편을 이용**	조:호텔식 중:현지식 석:현지식
제5일 2/1 (금)	방 콕 부 산	TG 650	00:05 07:10	방콕 출발 부산 도착 후 해산	조:기내식

* 상기 일정은 항공 및 현지 사정에 따라 변경될 수 있습니다.

Case 사례 1 포스트 코로나 시대, 여행객은 장소 대신 시간을 산다! 여행신문

장소의 이동보다 경험의 질이 중요
로컬 체험활동은 단품화 및 전문화
여행욕구 충족은 여행사의 새 역할

■ 장소에서 장소로의 여행은 옛말

현지의 정보보다 현지인의 정보를 원한다. 코로나19를 기점으로 여행의 목적이 바뀌고 있다. 장소에서 장소로 이동하는 것이 기존의 여행이었다면, 이제는 여행지에서 보내는 시간과 경험의 질이 중요해졌다. 여행사들이 장소가 아닌 시간을 판매하기 시작했다는 얘기다. 지역의 분야별 전문가와 여행자를 이어주는 네덜란드 여행플랫폼 위드로컬스(Withlocals)가 대표적인 사례다. 예컨대 위드로컬스에서는 단순히 바르셀로나의 관광지를 둘러보는 것 대신, 그곳에 거주하는 인테리어 디자이너를 만나 함께 편집숍을 투어하고 인테리어에 대한 전문적인 조언을 얻을 수 있다.

국내에서도 로컬 체험활동이 점점 단품화 및 전문화되고 있다. 최근 한국자전거나라는 2시간 동안 안국역 주변 7~9개의 갤러리를 투어하는 '아트워킹투어'를 선보였다. 일반인들에게 잘 알려지지 않은 갤러리들을 방문하는 데다 전문가의 해설까지 곁들여져 오픈과 동시에 유료와 무료투어 전부 매진됐을 만큼 큰 인기를 끌었다. 소셜 다이닝 상품(셰프가 지역 특산품으로 만든 요리와 함께 스토리텔링을 제공하는 상품)이 급부상하게 된 것도 동일한 이유에서다.

여행 가이드 시장에서도 여행 명소 위주의 단순 정보 제공은 AI로 빠르게 대체되고 있다. 언택트 시대일수록 오디오투어 및 자동화투어의 발전이 가속화될 전망이다. 제주공항에서는 이미 자율주행 기반의 AI 제주관광안내로봇이 동행 해설사 서비스를 통해 제주도 관광 및 축제, 교통정보 등을 안내하고 있다. 여행자들의 새로운 취향을 만족시키기 위해서는 일반적인 정보 전달에서 벗어나 전문지식 해설이 가미된 특색 있는 로컬 체험활동을 개발하려는 움직임이 필요하다.

■ 스마트기술, 여행업에 어떻게 도입해야 할까 〈스마트관광의 이해와 트렌드 변화〉

남의 집 앞마당 구경이 인기?

활동반경이 현저히 좁아진 지금, 가상관광(Virtual Tour)의 관심도가 그 어느 때보다 높아지고 있다. 소비자들은 물리적으로 특정 장소에 가지는 못하더라도 심리적으로 만족감을 얻을 수 있는 여행상품에 열광하기 시작했다. 어스캠 라이브(EarthCam Live)는 뉴욕 타임스퀘어 거리를 실시간으로 보여주는 유튜브 채널이다. 이 채널은 특별한 이벤트 없이 거리를 비추는 영상만으로 10월 기준 약 18만 구독자들의 열렬한 사랑을 받고 있다. 수백 명의 실시간 시청자들은 댓글창을 통해 뉴욕여행에 대한 추억과 기대감을 표현하며 그리움을 달래고 있다. 전 세계의 주민들이 자신의 집 밖 풍경을 공유하는 윈도우 스왑(Window Swap) 사이트의 인기도 비슷한 맥락으로 이해할 수 있다. 일본의 가상항공시설 퍼스트 에어라인(First Airlines)은 한화 약 7만 원으로 지상에서 퍼스트 클래스의 서비스와 VR 가상관광지를 체험할 수 있는 상품을 출시하기도 했다. 스마트기술을 활용해 소비자들의 여행 욕구를 대리 충족시켜 주는 것은 이제 여행업의 중요한 역할 중 하나가 됐다.

■ 누구나 AI를 선호하는 건 아니다

여행업에서 스마트기술의 도입은 4차 산업혁명과 코로나19를 기점으로 가속화되고 있다. 특히 AI를 활용한 언택트 서비스가 새로운 고객 응대 방식으로 각광받으면서 세계 각국의 호텔에서도 AI 로봇을 적극 도입 중이다. 미국의 힐튼호텔에서는 IBM사의 슈퍼컴퓨터 왓슨이 탑재된 로봇 컨시어지가 다국어로 호텔 안내를 맡고 있고, 일본은 이미 스마트호텔화가 활성화된 상태. 스마트기술의 필요성은 점차 강조되고 있지만, 관광분야에서 AI 도입은 신중해야 한다. AI 서비스 과정에서 오류가 발생하면 책임소재가 불분명할뿐더러 기업 이미지에 부정적인 영향을 미칠 수 있다. 또 사람 간의 교류가 중요한 여행업 특성상 CS 과정에서 높은 수준의 유연성이 요구되는데, 지금의 AI 기술은 고도의 감정 소통 능력까지 처리하기엔 한계가 있다. 무엇보다 고객 중에서는 여전히 기존의 대면 서비스를 그리워하는 이들이 존재한다. 모든 고객이 AI 기술을 선호하는 것은 아니라는 얘기다. 여행업은 AI의 기술과 인간의 대면 서비스를 둘 다 갖추고 변화하는 환경에 대비할 필요가 있다.

■ 여행 예능도 사람이 중심

예능계의 전설이 전하는 스토리텔링 노하우

로망은 여행 프로그램이 담아야 할 가장 큰 요소다. 시청자들의 로망을 충족시키기 위해서는 출연진, 즉 사람의 역할이 가장 중요하다. 같은 여행지를 촬영하더라도 누가 가느냐가 프로그램의 재미와 감동을 좌우하기 때문이다. 〈1박 2일 시즌3〉의 CP를 맡았을 당시 출연진 선정에 고심을 거듭했던 이유이기도 하다. 코로나19 종식 후에는 해외여행 프로그램이 반드시 부활할 것이다. 그때가 되면 단순히 여행지의 풍경과 경험을 제공하는 것을 넘어서, 코로나19라는 악재를 함께 겪어낸 세계인들이 동질감을 갖고 친구가 되는 프로그램을 기획해 보고 싶다. 나와 동일한 성별과 나이대의 각국 사람들과 친분을 맺는 '사람 중심의 프로그램'을 연출하면 의미가 깊을 것 같다.

Case 사례 2 '랜선투어'[1] 비대면 시대 여행 콘텐츠로 자리 잡을까   여행신문

마이리얼트립 출시, 90분간 가이드 실시간 진행 방식…
고객 스킨십 지속해 미래 수요 확보

코로나19 여파로 여행이 중단된 가운데 여행업계에도 새로운 시도가 이어지고 있다. 마이리얼트립이 가이드라이브와 손잡고 출시한 '랜선투어' 상품이 대표적이다. 간접 여행을 통해 고객들의 억눌린 여행 욕구를 일깨운다는 점에서 관심이 모아지고 있다.

마이리얼트립이 지난 6월 출시한 랜선투어 상품이 비대면 시대 고객들에게 간접여행을 제공한다는 점에서 주목받고 있다. 사진은 '박재벌 가이드의 이탈리아 남부' 랜선투어

랜선투어는 가이드가 90분간 화상회의 방식을 통해 간접 여행을 제공하는 상품이다. 해외 여행지 또는 한국 실내 스튜디오에서 진행되는데, 상품에 따라 최소 3명에서 최대 50명까지 동시 참여가 가능하다. 차분한 전문지식 전달형부터 보다 즐거움에 집중한 예능형까지 가이드별 특징이 고스란히 담겨 있고, 홍콩 야경투어부터 스페인 피카소미술관 투어, 생활미술 드로잉까지 여행지와 테마도 다양하다. 마이리얼트립 관계자는 "코로나19로 여행에 대한 니즈는 있지만 실제로 떠나지 못하는 상황에서 가이드분들의 실제 경험이나 노하우를 바탕으로 간접 경험을 제공하기 위해 기획했다"며 "해외 가이드들의 생업이 완전히 중단된 상태에서 수익을 창출할 수 있도록 플랫폼으로서의 역할을 하는 데 중점을 뒀다"고 지난 3일 설명했다. 고객 반응도 나쁘지 않다. 후기를 살펴본 결과 여행지에 대한 지식을 알차게 얻을 수 있었다는 반응이 주를 이뤘다. '향후 상황이 진정된다면 이번에 랜선투어를 함께한 가이드 상품을 이용하겠다'는 의견도 종종 찾아볼 수 있었다. 여행시장이 올스톱된 상황에서도 신상품 출시로 고객과의 스킨십을 유지해 미래 고객을 확보하는 셈이다. 반면 아쉬운 목소리도 있었다. 한 고객은 "상품페이지에 짧게나마 미리보기 영상을 제공해 고객들이 결제 전에 참고할 수 있었으면 좋겠다"며 "가이드 설명 위주라고는 하지만 영상과 사진의 퀄리티가 조금 아쉬웠다"고 전했다. 앞으로는 현장감에 보다 집중할 예정이다. 마이리얼트립 관계자는 "랜선투어는

수익보다는 고객 만족도를 높이기 위한 서비스"라며 "지금은 기존 가이드분들이 갖고 있는 영상과 사진을 이용하는 상품이 다수지만, 앞으로 현지 상황이 진정되는 대로 여행지 실시간 라이브 방송 상품을 늘려가겠다"고 말했다.

　　[랜선투어]의 뜻 : SNS를 통해 다른 누군가가 여행지에 가서 찍은 영상과 사진을 즐기는 것을 랜선 여행이라고 함

1) 랜선투어란 무엇일까? 랜선이라는 말은 원래 LAN + 선(線, Cable)의 합성어로, 랜을 구성하는 데 쓰이는 연결선이다. 풀이하자면 인터넷 사용을 위해 PC에 꽂는 '랜 케이블'로 케이블을 우리말로 바꾼 것이다. 우리의 일상이 인터넷 세상과 연결된다는 뜻으로 쓰인다. 다시 말해서 랜선투어는 말 그대로 온라인상에서 즐기는 관광이다. (중부매일, http://www.jbnews.com)

토론주제 여행상품의 일정표를 학습하고, 주요 토론주제를 가지고 토론하는 시간을 가집니다.

1) 포스트 코로나 시대, 여행객은 장소 대신 시간을 산다!

2) 랜선투어, 비대면 시대 여행 콘텐츠로 자리 잡을까.

3) 여행 예능상품 여행업계의 약인가 독인가?

4) 공정여행은 무엇이며, 공정여행의 사례에 대하여 알아보자.

5) 로하스관광은 무엇인가요?

6) 신 여행상품의 개발은 왜 필요한가?

7) 주요 메이저 여행사의 사례를 토론해 보자.

CHAPTER

5

여행상품의 가격

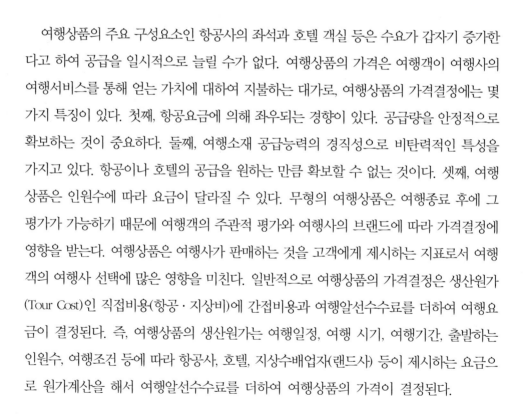

CHAPTER 5

여행상품의 가격

여행상품의 주요 구성요소인 항공사의 좌석과 호텔 객실 등은 수요가 갑자기 증가한 다고 하여 공급을 일시적으로 늘릴 수가 없다. 여행상품의 가격은 여행객이 여행사의 여행서비스를 통해 얻는 가치에 대하여 지불하는 대가로, 여행상품의 가격결정에는 몇 가지 특징이 있다. 첫째, 항공요금에 의해 좌우되는 경향이 있다. 공급량을 안정적으로 확보하는 것이 중요하다. 둘째, 여행소재 공급능력의 경직성으로 비탄력적인 특성을 가지고 있다. 항공이나 호텔의 공급을 원하는 만큼 확보할 수 없는 것이다. 셋째, 여행 상품은 인원수에 따라 요금이 달라질 수 있다. 무형의 여행상품은 여행종료 후에 그 평가가 가능하기 때문에 여행객의 주관적 평가와 여행사의 브랜드에 따라 가격결정에 영향을 받는다. 여행상품은 여행사가 판매하는 것을 고객에게 제시하는 지표로서 여행 객의 여행사 선택에 많은 영향을 미친다. 일반적으로 여행상품의 가격결정은 생산원가 (Tour Cost)인 직접비용(항공·지상비)에 간접비용과 여행알선수수료를 더하여 여행요 금이 결정된다. 즉, 여행상품의 생산원가는 여행일정, 여행 시기, 여행기간, 출발하는 인원수, 여행조건 등에 따라 항공사, 호텔, 지상수배업자(랜드사) 등이 제시하는 요금으 로 원가계산을 해서 여행알선수수료를 더하여 여행상품의 가격이 결정된다.

여행상품 가격결정의 중요성

여행사에서 상품가격의 결정은 상품담당자 입장에서는 가장 중요한 문제 중 하나이며, 여행사 경영의 수익에 직결되는 것이다. 가격 경쟁은 각 여행사마다 가장 민감한 특성을 가지고 있으며, 여행사의 입장에서는 즉각적인 효과가 나타난다. 특히 전세기 취항의 한정된 좌석의 공급과 공급량이 한정되어 있는 성수기, 항공좌석을 소진해야 하는 비수기의 특성을 가지고 있는 여행사에서는 가격결정이 더욱더 중요한 문제이다. 전세기 여행상품 판매의 경우, 주말 및 연휴에는 상품의 가격을 올려 판매하고, 비수기나 주중 출발의 경우 낮은 가격 정책을 유지하여 최대한 시장점유율을 유지하는 경우가 있다. 특히 항공좌석의 공급량이 한정되어 있고 성수기, 비수기, 주말 및 공휴일의 특성을 가지고 있는 여행사에서는 가격결정이 더욱 중요한 문제이다.

제3절 **여행상품 가격결정요소**

여행사의 가격정책 결정은 여행사에서 가장 중요한 수익과 관련되는 사항으로, 여행상품 가격 결정에 영향을 미치는 직접비 및 간접비의 다양한 요소들은 다음과 같다.

1. 여행시기와 기간

여행기간이 늘어날수록 숙박비·교통비·식사비 등의 모든 체재경비가 증가하기 때문에 여행 가격이 상승한다. 여행시기와 여행기간은 여행상품의 가격결정에 중요한 요소가 되며, 성수기의 경우에는 높은 여행가격, 비수기에는 낮은 여행가격으로 여행상품을 공급한다.

2. 여행목적지의 거리

여행상품을 구성하는 요소 중에서 유럽이나 미주구간은 대부분 항공료가 많은 부분을 차지하고 있다. 여행거리가 길어질수록 출발지에서 목적지까지의 항공을 비롯하여 목적지에서의 교통을 장시간 이용하는 것은 원가상승의 요인이 된다.

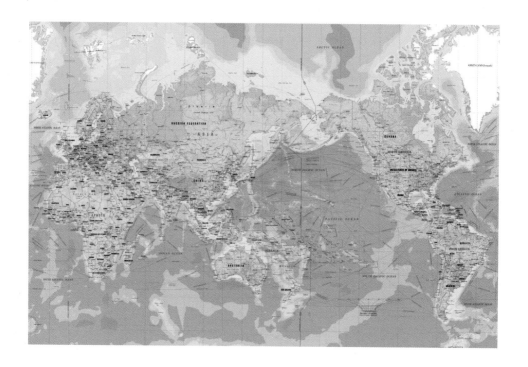

3. 수요의 유동성

여행인원의 수에 따라 가격의 영향을 받는데, 여행상품의 판매조건에는 출발 최소인원이 명시되어 있다. 이것은 여행상품요금이 최소인원을 기준으로 산출되었다는 것을 뜻한다. 여행인원의 모객에 따라 현지 관광지의 지상경비(숙박, 식사, 입장료, 가이드)가 변동되므로 여행객의 규모가 여행상품가격에 크게 영향을 미치게 된다.

4. 여행소재의 구성내용

여행상품의 가격은 여행소재의 구성내용에 따라 달라진다. 항공좌석의 Class(등급) 외에도 여행 중에 이용하는 호텔 숙박시설의 등급, 식사메뉴, 관광지 입장의 유료 방문 횟수, 인솔자의 동행여부 등이 여행상품의 가격결정을 위한 원가계산에 영향을 미치는 요소이다.

5. 여행사 인지도

여행상품을 선택하는 간접적인 요소로 여행사 직원들의 서비스수준, 공신력, 해외 여행 판매실적, 회사의 브랜드 이미지, 타 회사와의 경쟁력 등은 여행사를 선택하는 판단기준의 자료가 되므로 여행상품의 가격을 결정하는 데 중요한 영향을 미치는 요소이다.

6. 환율

환율이 상승하면(엔¥ · 달러$ · 유로€) 여행비용의 부담이 커진다. 짧은 기간의 여행일 경우 큰 부담은 없으나 미주나 유럽 장거리 여행의 경우 환차손으로 인한 여행비용의 부담이 크다. 2008년의 금융위기나 유로화의 상승 때는 각 여행사마다 어려움이 많았으며, 그 경우 여행요금을 올림으로 인해 수요가 감소된 경우도 있다. 달러나 엔화에 대한 원화 값이 떨어지면 외국인의 국내여행(Inbound)은 증가한다. 그러나 내국인이 외국으로 나가는 여행(Outbound)은 감소한다. 따라서 외환시장의 변동에 따른 환율도 여행상품의 가격에 영향을 미치는 중요한 요소이다.

7. 광고·홍보비

2019년 가장 많은 신문광고를 게재한 여행사는 ○○관광으로 여행사에서 대리점 여행상품의 판매촉진을 위해 불가피하게 광고·홍보가 필요하지만, 지나친 과열경쟁차원의 광고·홍보는 여행상품의 원가부담을 높이는 부정적인 영향을 미치기 때문에 철저한 사전기획과 분석이 필요하다.

다양한 광고매체가 존재하지만 대표적으로 TV, 홈쇼핑, 신문, 잡지, 배너광고, 검색광고 등 소비자에게 브랜드를 인식시킬 수 있는 광고를 진행한다. 코로나19 이전에는 홈쇼핑 여행상품은 중·대형 여행사들이 홈쇼핑 판매에 집중할 만큼 판매가 보장되는 매체였으나 방송에 고비용을 지불해야 하고 판매율이 미지수인 만큼 홈쇼핑에 대한 선호도가 낮아지고 있다. 수수료 부담이 적은 라이브 쇼핑을 통한 여행상품 판매 경로가 증대되고 있다.

〈표 5-1〉 여행상품 가격결정요소

직접적 요소	간접적 요소
• 여행소재(항공좌석, 숙박, 식사, 관광지 등) • 여행인원 • 여행의 시기와 기간 • 여행지역	• 여행의 인지도 • 광고 및 홍보비용 • 환율

8. 기타 요소

1) 1차적 요소(기본적 요인)

여행의 3요소(숙박·교통·식사)의 조건에 따라 가격결정요인이 달라진다.

① **호텔조건**: 호텔등급 및 룸타입에 따라 가격차가 크다.

② **교통조건** : 항공요금 및 CLASS에 따라 가격차가 크다.

③ **식사조건** : 호텔식 · 현지식 · 한식 및 특별식에 따라 가격차가 크다.

2) 2차적 요소(수급원칙요인)

여행시장의 수요와 공급 및 계절적 요인의 원칙에 따라 가격결정요인이 달라진다.

① **시간** : 여행상품은 재고판매가 불가능하다.

② **계절** : 여름 · 겨울 ⇒ 성수기, 봄 · 가을 ⇒ 비수기

③ **참가인원** : 4명 이상 ~ 10명 이하 ⇒ 소그룹요금, 15명 이상 ⇒ 그룹요금 등 항공사의 인원별 가격정책에 따라 달라진다.

3) 3차적 요소(간접적 척도요인)

이익의 목적보다 기업의 이미지를 위한 가격결정요인이다.

① **서비스** : 회사의 광고목적 · 여행고객 유치목적으로 한 가격결정

② **신뢰목적** : 고객과의 신뢰가 기본이 되어야 하며, 차기의 예정된 행사를 위해 부득이 마이너스 행사를 하는 경우도 있음

③ **실적목적** : 항공권 판매실적

Case 사례 1 "싼 가격에는 희생이" 여행사도 소비자도 저가 경쟁은 그만   여행신문

향후 여행시장 변화에 대해서는 '1인 여행을 많이 찾는다', '해외여행 대신 국내여행에 관심을 가지게 돼 국내 관광산업이 발전할 수 있는 계기가 마련된 것 같다', '자유여행이 늘며 여행만족도의 불안정성이 늘어난 것 같다', '산림 코스 등 사람이 없는 자연 관광 선호도가 늘었다' 등 다양한 의견이 나왔다.

여행사의 역할은 어떻게 달라질까? H투어에서는 공통모듈 영상을 통해 "기존에 여행사가 단순히 항공과 호텔 예약 대행에 머물렀다면, 앞으로는 고객들에게 현지에서 어떤 경험을 제공할 수 있을 것인가에 대한 고민이 다양해질 것"이라고 전했다. 이어 "인바운드, 아웃바운드, 국내관광 세 가지 패턴에서 벗어나 우리나라 여행사가 해외 여행객들을 또 다른 해외 국가로 보내는 방안도 생각해 볼 수 있다"고 덧붙였다.

출혈 경쟁이 난무하는 저가 패키지 시장 개선에 대한 기대도 많았다. 소비자들의 여행상품 구매 패턴이 싼 가격 중심에서 다소 비용을 부담하더라도 안전을 최우선시하는 방향으로 전환되리라는 예상에서다. 기존 패키지상품이 소비자, 여행사, 랜드사, 현지 가이드로 구성된 하청구조에서 마이너스를 메우는 형식이었다면, 앞으로는 원가를 공정하게 책정해 누구나 수익을 챙길 수 있는 패턴으로 변화할 것이라는 전망이다.

■ 여행도 경험과 취향의 중요성 증가 〈언택트 시대 여행 트렌드〉
'언택트'는 모두와의 단절이 아니라 특정인들과의 제한적 연결을 뜻한다. 팬데믹 여파로 가족과 지인은 믿을 수 있지만 처음 본 낯선 이들과의 대면 교류에서는 불편함을 느끼게 됐다. 김용섭 소장은 앞으로 여행욕구를 채우기 위해서 대면과 비대면 방식이 병행될 것으로 보았다. 대면에 대한 불안함으로 인해 여행 욕구가 억눌리고 있는 가운데 이를 해소하지 못하면 여행업의 위기는 더 길어질 수밖에 없다. 이어 소비는 갖고 싶다는 욕구가 생겨야 가능하다는 점을 지적하며, VR, 게임 등에 투자하는 다른 기업들처럼 여행업도 적극적으로 가상공간에 투자해 여행에 대한 욕망을 심어줘야 한다고 전했다.
여행콘텐츠에서 경험과 취향은 더욱 중요해질 전망이다. 에어비앤비는 숙박뿐만 아니라 전 세계적으로 다양한 체험활동을 제공해 왔는데, 코로나19 확산 이후 오프라인 체험을 중단하고 온라인으로 전환했다. 체험은 오프라인으로 직접 해야 한다는 고정관념에서 탈피해 역사, 미식, 예술 등 다양한 분야의 상품을 출시하고 있다. 김 소장은 체험 내용만큼이나 실시간으로 함께하는 이들과의 소통, 관계 형성도 중요하다며, 전 세계인들과의 교류를 통해 여행에 대한 욕구를 상기시킬 수 있다고 말했다.

마이리얼트립은 지난해 가이드가 패키지여행 상품 개발에 직접 참여하는 가이드라이브에 투자했다. 최근에는 가이드가 여행 콘텐츠를 바탕으로 실제로 여행을 다니듯이 실시간으로 소통하는 랜선투어 상품도 출시했다. 여행에 대한 욕구가 지속되면서 간접 여행 콘텐츠의 소비도 증가하고 있는 셈이다. 기존 여행 상품에 대한 점검도 필요하다는 지적이다. 김 소장은 "앞으로 여행사는 기존의 저가 패키지 상품에서 벗어나 보다 체험과 경험을 중심으로 하는 내실 있는 상품에 집중해야 할 것이고, 소비자들은 싼 가격에는 희생이 따른다는 점을 명심해야 할 것"이라고 전했다.

■ 여행사는 안전보장, 고객은 약관 확인 〈새롭게 알아야 하는 여행계약〉

여행사와 고객 간의 분쟁이 이어지면서 2015년 민법 제674조의 2 이하에 여행계약이 신설됐다. 여행계약이란 당사자 한쪽이 상대방에게 운송, 숙박, 관광 또는 그 밖의 여행 관련 용역을 결합해 제공하기로 약정하고, 상대방이 그 대금을 지급하기로 약정함으로써 효력이 발생하는 당사자 사이의 합의를 말한다. 공정거래위원회 여행표준약관에 따르면 여행계약은 여행계약서, 여행약관, 여행일정표를 계약내용으로 한다. 여기서 약관이란 그 명칭이나 형태 또는 범위에 상관없이 계약의 한쪽 당사자가 여러 명의 상대방과 계약을 체결하기 위하여 일정한 형식으로 미리 마련한 계약의 내용을 말하는 것으로서, 그 명칭이나 형태 또는 범위를 불문한다.

여행자는 여행을 시작하기 전에는 언제든지 계약을 해제할 수 있으며, 부득이한 사유가 있는 경우 각 당사자는 계약을 해지할 수 있다. 여기서 해제는 애초에 없던 계약으로 만든다는 의미이고, 해지는 유효한 계약의 효력을 현재부터 중단하겠다는 뜻이다. 다만 일방의 과실이 있는 경우 상대방에게 발생한 손해를 배상해야 한다. 계약이 해지된 경우에도 계약서상 귀환운송 의무를 명시했다면 여행주최자는 여행자를 귀환 운송해야 한다. 계약의 해지로 인해 발생하는 추가 비용은 그 해지 사유가 어느 당사자의 사정에 속하는 경우에는 당사자가 부담하고, 누구의 사정에도 속하지 아니하는 경우에는 각 당사자가 절반씩 부담한다.

여행 상품에 하자가 있는 경우 여행자는 여행주최자에게 하자의 시정 또는 대금의 감액을 청구할 수 있으며, 시정 청구, 감액 청구를 갈음하여 손해배상을 청구하거나 시정 청구, 감액 청구와 함께 손해배상을 청구할 수도 있다. 여행자의 계약해제권과 해지권 또는 여행주최자의 담보책임과 여행자의 계약해지권 및 담보책임의 존속기간에 관한 규정을 위반하는 약정으로서 여행자에게 불리한 것은 효력이 없다.

Case 사례 2 코로나19 이후의 여행, 소비자는 어떻게 달라질까? 여행신문

코로나19의 장기화는 여행의 근본적인 체질 변화를 일으키는 전환점이 되고 있다. 전 세계의 인류가 서로 이동하고 교류하는 행위가 원천적으로 불가능해진 지금, 여행 소비는 어떻게 변화하고 있을까? 여행 및 다양한 여가 산업으로 빠르게 분산되고 있는 여행 소비자의 변화와 뉴노멀(New Normal, 새로운 표준)시대에 대비하기 위한 진단을 세 가지 관점에서 살펴보고자 한다.

1. 작은 여행, 로컬 여행의 시대

   – 불편해소·테마 반영하는 기획력
   – 기획자이자 플랫폼으로서의 역할

코로나19 이후 사회적 거리두기가 표준 생활양식으로 자리 잡은 사회에서, 여행은 어떤 모습으로 변화하고 있을까? 최근에는 제한된 이동 거리 내에서 로컬 콘텐츠를 소비하는, 이른바 '작은 여행'이 계속해서 심화하고 발전하고 있다. 근거리 여행, 로컬 여행이 활성화되는 세상에서는 소비자도 특정 분야에 있어서는 '동네 전문가', 즉 생산자의 역할을 할 수 있다. 특히 소셜미디어를 통해 자신이 방문한 장소나 포토 스폿을 실시간으로 공유하는 밀레니얼 세대에게, 이미 소비자와 생산자의 경계는 희미해진 지 오래다. 여행 소비자들의 눈높이에 맞는 여행을 기획하기 위해서는 새로운 관점의 역량이 필요해질 것이다. 첫 번째로 필요한 역량은, 여행 소비자가 불편한 점을 콕 집어 해결해 주는 여행의 기획력이다. 예를 들면 블랭크케이의 국내여행 브랜드 '소소여행'은 '소소하게 떠나는 감성 여행'을 표방한다. 이들이 선보이는 여행은 20대 뚜벅이 여행자의 불편함을 해소해 주는 '당일치기 버스로 떠나는 양양 여행', 차가 있어도 운전으로 돌아볼 수 없는 맥주 양조장을 코스로 엮은 '강원도 브루어리 여행'이 대표적이다. 이렇게 여행자의 타깃을 명확하게 정하면, 그들의 여행에서 대신 해결해줄 수 있는 '불편함'이 보인다.

두 번째 역량은 여행 소비자가 실제로 원하는 여행의 테마를 상품에 반영할 수 있는 기획력이다. 앞서 사례를 든 여행상품의 공통점은 기존의 역사 유적이나 관광 명소가 아니라, 젊은 소비자들이 꼭 가보고 싶어 하는 장소를 취향과 테마별로 묶어서 만든 여행상품이라는 것이다. 20~40대의 강력한 여행 소비력을 갖춘 이들이 돈을 내고 꼭 가고 싶은 장소와 체험을 한데 묶어 여행상품으로 구성하는 역량이 필요한 시점이다. 특히 소비자 입장에서는 지역의 경험 상품을 일일이 찾아내어 구매하기가 여전히 어렵다. 따라서 여행사는 새롭게 탄생하는 로컬 투어와 교통수단 등을 결합하는 기획자이자 플랫폼의 역할을 수행하는 과정에서 새로운 돌파구를 찾을 수 있을 것으로 본다.

2. 빠르게 변화하는 여행 검색과 구매 절차

   – 해외 OTA조차 찾을 이유 없어져
   – 무형의 콘텐츠 경쟁력 갖출 시점

최근 여행에서 체험이 대세가 되고, 코로나로 해외여행이 억압되면서 나타난 눈에 띄는 변화가 있다. 코로나 이전에는 익스피디아 계열과 같은 글로벌 OTA가 한국의 해외여행

예약을 점령하다시피 했는데, 지금은 상황이 달라졌다는 것이다. 코로나 이후 빠르게 국내여행 시장에 대응한 업체는 해외 OTA도 아니고 대형 여행사도 아닌, 투어 액티비티 플랫폼이다.

3. 지속가능성을 중요시하는 여행 소비자의 등장

    – 환경·기후·평등 … '프로마드'
    – Z세대의 중요가치에도 주목

독일의 호텔 연합인 디자인호텔스(Design Hotels)는 2020~2030년의 여행 소비를 예측하는 1년간의 연구에서 프로마드(Promad)라는 미래 소비자를 도출해냈다. 프로마드라는 단어는 사전에는 없는 신조어로, 급진적인 유목민(Progressive Nomad)을 뜻한다. 프로마드는 무분별한 소비로서의 여행이 아니라 여행의 목적을 명확히 정립하고 사회 문제와 지속가능성에 관심이 높은 여행자를 뜻한다. 따라서 이들은 자신이 선택한 호텔이나 여행상품이 지역 사회에 기여를 하는지, 환경 파괴에 일조하는 건 아닌지 이전보다 더 깊은 관심을 갖게 될 것이다.

특히나 밀레니얼과 Z세대는 기후 변화와 성 평등, 채식, 오버 투어리즘 등 전 지구적인 사회 문제에 지속적으로 관심을 가지는 현상이 연령대가 낮으면 낮을수록 뚜렷해지는 경향을 보인다. 이미 세계 여행업계에서는 이러한 소비 변화에 대처하려는 움직임이 나타나고 있다. 2019년에 어드벤처 여행 회사인 인트러피드 트래블(Intrepid Travel)은 채식 여행상품을 선보였다. 태국과 인도, 이탈리아 등의 미식 여행지를 육류와 유제품이 배제된 채식 식당 중심으로만 여행하고, 숙박 역시 친환경 별장을 선택한다. 중국도 2019년부터 상하이의 모든 호텔에 일회용품 사용을 전면 금지하고 친환경 호텔을 건설하는 등 지속가능성에 눈을 돌리고 있다. 이러한 변화는 업계의 자정작용이기도 하지만, 소비자의 변화에 발맞추고 리드하기 위해서이기도 하다.

또한 비교적 환경 친화적인 웰니스 여행의 성장을 이끌고 있는 소비자 역시 Z세대(18~24세)라는 점에 주목할 필요가 있다. 정신적인 휴식을 돕는 웰니스 여행은 코로나 사태를 맞아 해외여행이 불가능해진 지금도 프립, 마이리얼트립 등의 여가 플랫폼에서 다양한 국내 프로그램을 선보이며 꾸준히 인기를 끌고 있다. 저서 〈여행의 미래〉에서 "몸과 마음의 건강을 중시하는 라이프스타일은 밀레니얼 세대를 지나 Z세대의 여행에도 중요한 가치로 작용할 것"이라고 전망한 바 있다. 에어비앤비에 따르면 Z세대에 속하는 18~24세의 웰니스 여행 예약은 2018년에 전년대비 800% 이상 증가했다고 밝혔다. 에어비앤비 트립이 선보인 웰니스 여행 상품은 요가와 명상, 산림욕, 온천 등 비교적 환경 친화적이며 탄소발자국을 최소화하는 여행에 속한다.

코로나 사태와 엄청난 기후 변화를 동시에 맞닥뜨린 지금, 지속가능성은 전 산업에 걸쳐 소비자의 중요한 선택 기준으로 떠오를 것이다. 이제부터라도 여행업계는 장기적인 관점에서 여행 소비의 변화를 면밀하게 관찰하며, 사회적으로 요구되는 새로운 기준을 여행 상품과 마케팅에 반영해야 할 시점이다. 소비자 역시 여행은 그 자체로 환경에 영향을 끼치는 행위라는 점을 인식하고, 환경 파괴를 최소화하는 여행 기업과 상품을 선택하고 소비하려는 노력을 꾸준히 이어간다면 여행업계 전체가 지금보다 좀 더 지속가능한 방향으로 발전할 수 있을 것이다.

토론주제   여행상품의 가격을 학습하고, 주요 토론주제를 가지고 토론하는 시간을 가집니다.

1) "싼 가격에는 희생이" 여행사도 소비자도 저가 경쟁은 그만

2) 엔데믹(Endemic)의 여행, 소비자는 어떻게 달라질까?

3) 나만의 여행을 계획해 보자.

4) 본인이 여행사를 직접 운영한다고 가정하고, 이론적인 내용과 관련 인터넷 사이트, 실제 현장 조사 등을 통해 국내 또는 각 나라별 시장 중 하나를 선택하여 특정 표적계층을 위한 3일, 4일 이상의 일정을 준비하고 독특하고 창의적인 교육관광상품을 준비해 보자.

5) 국내지역 및 특정 국가를 선정하여 의ㆍ식ㆍ주 문화와 축제문화를 넣어 상품을 구성해 보자.

6) 세계 각국별 유네스코 세계유산을 참고하여 해외상품을 구성해 보자.

여행상품의 원가계산

CHAPTER

6 여행상품의 원가계산

제1절 ◦ **여행상품의 원가구성**

1. 여행상품의 원가구성

여행상품의 판매는 고객과의 전화상담이나 방문상담 및 고객을 직접 방문하여 여행상담을 통하는 방법과 인터넷을 이용한 여행관련 정보자료와 고객의 관심 및 기대를 불러일으켜 여행상품을 판매하게 된다.

여행상품의 가격은 직접비(원가 : 항공운임, 지상비) 및 간접비(기타)에 수수료 (커미션 : 이윤)를 더한 것으로 수수료는 일률적으로 정하지 않고 가격결정전략에 따라 달라진다. 타 여행사와의 복수견적으로 인하여 요금을 조정해야 할 경우, 항공권의 판매량 증대로 인한 경우, 시장점유율로 인한 경우, 인지도 향상 등이 목적일 경우, 기대이익보다 낮게 책정하여 행사를 진행하는 경우도 있다.

2. 여행상품의 원가구성요소

1) 운임(Transportation Fee)

해외여행의 경우 항공을 이용하는 경우가 가장 많아 항공의 운임을 포함한 각종 교통기관의 이용료를 말하는데 선박, 철도, 버스의 이용대가로 여행객이 지불하는 요금이다. 해외여행은 단거리의 경우 항공요금의 비중이 적으나 유럽이나 미주의 경우 항공요금의 운임이 50% 이상을 차지하여 비중이 크다. 패키지여행의 경우 안정적인 항공요금으로 상품가를 낮춰 판매가 가능하지만 단발성 상품의 경우 패키지요금보다 항공요금이 높으므로 상품가가 높다. 2010년 이전까지 여행사는 항공사 발권에 대한 수수료(9%)가 주수입원이었으나 국적항공사를 시작으로 항공수수료가 폐지되고 대안으로 TASF(Travel Agent Service Fee : 여행업무취급수수료)제도가 도입되었으나, 여행사마다 과당경쟁으로 인하여 최대 항공발권수수료가 3~5%로 정착되지 못하는 실정이다. 그러나 항공사들은 항공권 발권실적에 따라 VI(Volume Incentive)정책을 시행하고 있으며, 여행사들의 실질적인 수익이 되고 있다.

2) 지상비(Land Fee)

랜드사는 목적지 여행국가의 관광자원과 지역의 여행소재공급업자의 공급물을 상품화하여 도매업자 또는 소매업자에게 상품을 제공하거나, 여행사의 의뢰를 받아 여행목적지의 호텔숙박, 교통, 관광, 식사, 가이드 등의 제반 활동, 예약·알선을 대행해 주는 기능을 가진 여행업체로 랜드사에서 서비스 이용에 따른 비용을 통틀어 지상비라고 한다.

① **숙박비** : 호텔객실의 예약으로 싱글이나 트윈으로 예약한다.
② **식사비** : 호텔식, 현지식, 한식 및 특별식 등으로 예약한다.
③ **교통비** : 현지의 전세버스, 기차, 유람선 등의 여행목적지 내에서의 교통경비이다.
④ **관광비용** : 가이드 안내비 및 관광지입장료 등이 포함된다.
⑤ **팁** : 가이드, 버스기사 등의 팁 포함, 불포함의 여부에 따라 가격 차이가 발생한다.

3) 기타 비용

항공운임이나 지상비 이외에 소요되는 여행경비이다. 여행경비에 포함되는 비용으로는 해외인솔자의 출장비, 해외여행자보험, 판촉비 등이며, 여행경비에 포함되지 않는 비용은 출발국가의 비자가 필요할 경우, 비자수속비, 인솔자(패키지의 경우), 현지가이드 팁, 기사 팁 및 개인비용 등이다. 패키지를 예를 들면 일본, 중국 및 동남아 지역은 팁을 포함하는 경우가 많으며, 유럽이나 미주의 패키지여행의 경우 팁은 불포함한다. 그러나 고품격 패키지상품은 팁을 포함하는 상품도 많이 있다. 인센티브 여행은 지역에 상관없이 팁을 포함하여 원가계산을 한다.

제2절 ▸ **여행상품의 원가계산**

1. 여행상품 원가계산방법

항공운임이나 선박운임이 확정되면, 지상수배업자(랜드사)에게 받은 지상비, 비자가 필요한 나라의 비자수속비, 여행자보험, 인솔자가 있을 경우 T/C출장비 등 소요경비를 합산하여 총가격을 산출한 후 행사인원으로 나누면 1인당 비용의 원가가 구성된다. 원가에서 수수료를 더한 금액이 1인당 판매금액이 된다. 1인당 비용을 경쟁사의 유사상품과 비교 후 최종적으로 전략적인 가격을 결정하게 된다.

항 목		산출근거	인원/일	환율	원화	비 고
국제선	에어캐나다	1,350,500	15		20,257,500	부산 김포 75300 인천 부산 115000
	TAX	217,200	15		3,258,000	
	국내선	190,300	15		2,854,500	
1) 지상비		$ 2,245	14	900	28,287,000	캐나다$
2) 호텔싱글료					0	
3) 설명회시 식사					0	
4) 출장비		$80	8	1,200	768,000	
5) 예비비					0	
6) 국내버스					0	
7) 인천공항버스					0	
8) 식사추가					0	
9) 마일리지 UP					0	
10) 식사 추가					0	
11) 비자료 대행					0	
12) 공동경비		$200		1,200	240,000	US $
13) 전자비자(ETA)		₩30,000	15		450,000	캐나다비자
14) 보험		₩15,000	15		225,000	
TOTAL					**56,340,000**	

2. 여행상품 원가계산서 실례

단체 요금 산출서(○○대학교 장보고형 인재양성 6일)

단체명	2024 ○○대 장보고형 인재양성	인원	33 + 1T/C
여행국	중국(심양, 하얼빈)	체재일수	5박 6일
여행기간	2024년 2월 14일(수) ~ 2월 19일(월)	조건	현지 가이드 및 기사팁 포함조건
스케줄	1개국 6일	판매금액	

1. 예상 여행 요금(1인당 비용 기준)

행사 비용	일정	1인 예상요금(성인)	조건
	5박 6일	₩1,390,000	단독행사

참고
사항
	• 상기 일정 및 요금은 유류할증요금 변동 및 환율 변동에 따라 다소 변동됩니다.
	• 항공 상태는 대기 중으로 예약 시 좌석 상황에 따라 요금 변동됩니다.
	  – 현재 가격은 일반 CLASS(그룹 적용가 / 출발 및 리턴 변경 불가 항공권)
	  – 유류세, TAX는 발권 시 요금 적용됩니다.
	• 포함사항 : 항공, 일정 중의 호텔, 식사, 대형버스, 문화탐방, 가이드 및 기사팁
	• 불포함사항 : 주류 및 음료, 개인소비비용, 에티켓팁
	• 참고 : (태양도빈도축제 $50/인)		

1) 예상 여행요금(1인당 비용 기준)

www.sejoong.com

단체 요금 산출서(봉사단)

단 체 명	2023. 동명대학교 봉사단	인원	27명+1T/C
여 행 국	우즈베키스탄(타쉬겐트)	체제일수	9박 11일
여행기간	23년 7월12일(수)~7월22일(토)	조 건	입찰로 진행된 상품
스 케 쥴	PUS/우즈베키스탄/부산		
판매금액	₩2,350,000		

환율 :$1 = 1.330

항 목		산출근거	인원/일	환율	원화	비 고
국제선-인솔자포함	1인항공요	31,837,600	1		31,837,600	세중 김수경과장
	택스	232,000	0		0	
	국내선	80,000	0		0	
1) 지상비		17,857	1	1330	23,345,170	29명-1명합류
2) 호텔싱글료						
3) 출발시 점심식사		10,000	28		275,500	덕풍휴게소
4) 출장비		1,310,000			1,310,000	80불/11박
5) 예비비					1,310,000	
6) 국내버스		1,210,000			1,100,000	부산-인천
7) 인천공항버스		500,000			500,000	인천-김포
8) 식사추가(현지)		10,000	28		130,000	현지추가
9) 마일리지 UP					0	
10) 식사 추가					0	
11) 비자료 대행					0	
12) 미국 ESTA					0	
13) 전자비자(ETA)					0	
14) 보험		30,000	28		544,690	2억
TOTAL					60,352,960	27명

지 출 총 액		60,352,960
1인 금액(27명기준)		2,197,000
수 익	판매 가격	2,350,000
	총수익(판매 - 1인원가)	
	항공 수익	
	TOTAL 수익	153,000

작성일자 : 2023년 7월11일 작 성 자 : 최 복 룡	담당	팀장	실장	사장

서비스품질 우수여행사 인증 / 코스닥상장 기업   부산광역시 부산진구 부전동 537-9 더샵센트럴스타 B동 2층   tel. (051)462-1911 fax. (051)464-2169

122 • Travel Agency Management

3. 여행상품 견적서 작성

1) 여행상품 견적서 개념

원가계산서는 여행상품의 가격을 책정한 여행사의 내부서류이나, 견적서는 원가계산서로 가격을 결정한 후 여행상품의 거래를 위해 고객에게 거래의 내용과 가격을 제시하기 위해 작성하는 제안서의 일종이다.

패키지여행상품의 경우 시리즈상품으로 출발날짜가 확정되어 동일요금으로 되어 있는 경우가 많으나 인센티브 여행의 주문여행일 경우 고객들의 요구사항에 따라 각종 경비를 포함시켜 가격이 상이(相異)한 경우가 많으며, 고객의 요청에 의한 여행상품이 만족도가 높게 나온다.

2) 여행상품 견적서 작성방법

고객이 쉽게 이해할 수 있는 항공료, 지상비(여행목적지에서의 호텔 및 차량, 식사 등), 보험료, 인솔자의 포함여부 등의 항목 위주로 표기되며, 인솔자의 FOC TKT(Free of Charge, Ticket)나 인솔자의 출장비 등 내부적인 항목은 나타나지 않도록 작성한다. 항공요금은 할인되지 않은 정상적인 요금으로 제시하며, 지상비는 전체적인 1인당 소요 경비를 명시하여 표기한다. 최근에는 세부일정표를 세부견적서로 만들어 견적서를 대신하는 경우가 많다.

3) 여행상품 견적서의 실례

여행견적서는 항공사의 선택, 여행기간 및 여행 인원수 등, 여행조건(Tour Condition)에 따라 여행자에게 여행서비스를 제공하기로 약속한 것이라 할 수 있다. 따라서 여행견적서는 여행의 세부적인 사항을 나타내는 행사지시서이다.

www.sejoong.com

해외여행조건 및 일정표

1. 여 행 경 비

2024학년도 학생리더 해외문화탐방			
출발(예정)일	2024년 6월 24일(월) ~29일(토), 5박6일	출발(예상) 인원	32명 + 1T/C(전문인솔자)
여 행 경 비	₩1,890,000원		

2. 여 행 조 건

포 함 사 항	¤ 전구간 항공료 (하바롭스크 – 블라디보스톡 구간 포함) ¤ 해외여행자 보험료(1억원) ¤ 전 일정 호텔(조식 포함) ¤ 45인승 대형버스	¤ 일정상에 포함된 입장료 ¤ 전 일정 식사(호텔식 · 현지식 · 한식) ¤ TIP포함 –가이드, 기사 TIP ¤ 시베리아 횡단열차(4인1실 침대칸)
불포함사항	¤ 기타 개인경비 ¤ 선택옵션	

REMARKS	¤ 노옵션, 노쇼핑 행사입니다.

항 목	세부 내용
항 공	⊠ 포 함 - 일반석 기준 – 항공기준
숙 박	⊠ 포 함 – 4성급호텔
차 량	⊠ 전용 버스 – 전용 차량(45인승)
현지안내원	⊠ 포 함 【한국어 사용】
식 사	⊠ 포 함 - 일정표에 명시
팁	⊠ 포 함 【가이드/기사】
관 광	⊠ 포 함 - 일정표에 명시
여행자보험	⊠ 포 함
비 자	⊠ 포 함
기 타	☞ 현금 결제 기준으로 산출된 요금이며, 세금 계산서 발행 시 VAT 별도입니다. ☞ 여권유효기간은 출발일로부터 6개월 이상 남아야 합니다.

2024학년도 학생리더 해외문화탐방 일정표

임시정부 수립 105주년 기념 "독립의 발자취를 찾아서"

날짜	지역	교통편	시간	내용	비고
1일차 6/24(월)	부산 블라디보스톡	항공 전용버스	16:30 18:40 21:30	부산 김해공항 국제선 미팅 및 수속 부산 김해공항 출발 블라디보스톡 공항 도착 후 입국수속 숙소 이동 및 숙박	비행편: 러시아항공
2일차 6/25(화)	블라디보스톡	전용버스	전일 19:00 20:00	★ 극동연방대학교 탐방 ★ 중앙광장(혁명광장) ★ 극동함대 사령부 투어 ☆ 학생자치기구별 분임토의(기구별 주제 선정) ☆ 리더십프로그램1 (진행 : 학생처장)	조:호텔식 중:현지식 석:현지식
3일차 6/26(수)	우수리스크 하바롭스크	전용버스 횡단열차	전일 20:45	우수리스크 이동 ★ 고려인 문화센터 ★ 한인이주 100주년 기념관 및 안중근의사 기념비 ★ 우수리스크 항일유적지 및 이상설선생 유허비 ★ 최재형선생 생가 방문 ★ 연해주 지역 발해 유적터 탐방 ★ 고려인 강제 이주 시발역인 라즈돌리노예역 방문 시베리아 횡단열차 탑승(12시간 소요) : 하바롭스크행	조:호텔식 중:현지식 석:현지식 열차 숙박
4일차 6/27(목)	하바롭스크	전용버스	08:21 19:00 20:00	하바롭스크 도착 ★ 우쩨스전망대 및 향토박물관 관람 ★ 전쟁용사 추모 기념 "영원의 불꽃" ★ 꼼소몰스크 광장(레닌동상) 방문 ★ 아무르강변 도보 탐방 ☆ 총학생회, 총대의원회, 동아리연합회 주제발표 ☆ 리더십프로그램2 (진행 : 학생처장)	조:호텔식 중:현지식 석:현지식
5일차 6/28(금)	블라디보스톡	국내선 전용버스	08:20 09:40 전일	하바롭스크 출발(국내선 항공) 블라디보스톡 도착 ★ 독립운동의 본거지 신한촌기념비 방문 ★ 아르바트거리(젊음의 거리) 투어 ★ 해양공원(지상요새) 방문 ★ 독수리전망대	조:호텔식 중:현지식 석:현지식
6일차 6/29(토)	블라디보스톡 부산	항공	17:25 18:20	★ 조식 후 재래시장 등 시내 투어 공항 이동 블라디보스톡 출발 부산 김해공항 도착	조:호텔식 중:현지식

Case 사례 1 앞으로의 여행은 어떤 모습일까?

전 세계 다양한 숙박 옵션을 제공하는 디지털 여행 선도 기업 부킹닷컴이 '여행의 미래'에
대한 9가지 모습을 소개했다. 이번 발표 내용은 여행 기업으로서 20년 이상 전문성을 쌓아온
부킹닷컴이 한국인 1,000여 명을 포함한 전 세계 28개국 2만 명 이상의 여행객을 대상으로
진행한 설문조사 결과와 유저 검색 패턴 및 선호 사항 관련 데이터를 심층 분석해 예측한
결과다.

1. 여행은 선택이 아닌 필수

   이번 조사에 따르면 전 세계 응답자의 절반 이상(53%)이 코로나19 백신이나 치료법이
   개발되기 전까지 여행을 떠나기가 불안하다고 답변한 와중에도 '여행 본능'은 쉬이 사라
   지지 않는 것으로 나타났다. 실제로 여행객의 3분의 2(65%)는 '다시 여행할 날을 손꼽아
   기다리고 있다'고 답변했으며, '여행의 소중함을 깨달았으며 앞으로 여행을 당연한 것으
   로 여기지 않을 것'이라고 답한 이도 61%에 달했다. 또한 응답자들은 현재 거주하고 있는
   국가의 여행 제한 조치가 해제되면 그로부터 12개월 동안 코로나19 팬데믹(세계적 대유
   행) 이전(2019년 3월~2020년 3월)과 비슷한 횟수로 국내 및 해외여행을 떠날 계획이라
   고 답하기도 했다.

   이외에도 응답자의 절반 이상(53%)이 '이전보다 더 넓은 세상을 경험하고 싶다'는 열망을
   강렬하게 드러냈으며, 응답자 중 42%는 '잃어버린 2020년을 보상받기 위해 향후 여행을
   더 많이 하고 싶다'는 뜻을 밝혔다. 나아가 '코로나19로 인해 취소했던 여행을 다시 예약
   할 계획'이라고 답변한 응답자도 40%에 달해 최근 늘어난 이른바 '집콕' 생활이 여행에
   대한 욕구를 강하게 불러일으킨 것으로 보여졌다.

2. 새로운 가치를 찾는 여행자들

   코로나19 여파로 인한 경제적 상황을 고려해 본다면 향후 여행에 있어서 '가성비'를 빼놓
   고 논하긴 어려울 것이다. 이를 입증하듯 응답자 중 62%가 '향후 여행을 검색하거나 계획
   할 때 가격에 더 신경을 쓸 것'이라고 답했으며, 절반 이상(55%)이 '프로모션이나 할인
   혜택 등을 적극적으로 찾아 이용할 것'이라고 밝혔다.

   앞서 말한 패턴과 가성비에 대한 니즈는 향후 수년간 지속될 것으로 추정되지만 소비자는
   단순히 저렴한 가격을 넘어 그 이상을 기대할 것으로 드러났다. 이를 증명하듯 4분의
   3(74%)에 이르는 응답자가 '여행 플랫폼에서 취소 정책과 환불 절차, 여행보험상품 등을
   보다 투명하게 제공하기를 바란다'고 답했다. 더 나아가 '다음 여행 예약 시 반드시 환불
   가능한 숙소를 예약할 생각'이라고 밝힌 응답자가 46%를 차지했으며, '별도의 비용 없이
   일정 변경이 가능한 옵션을 고려할 것'이라고 답한 응답자도 36%에 달했다.

3. 가깝고 익숙한 여행지의 매력

   코로나19 시대에 급부상한 여행 트렌드 중 하나인 국내여행의 인기에서 엿볼 수 있듯
   여행객들이 먼 곳보다는 가까운 혹은 익숙한 여행지에서 시간을 보내려는 추세가 지속될
   것으로 보인다. 실제로 전 세계 응답자의 절반가량(47%)이 '7개월에서 12개월 안에 국내

여행을 떠날 계획'이라고 밝혔으며, 38%는 '보다 장기적으로(1년 이상 후에) 국내여행을 계획 중'이라고 대답했다.

국내여행 관련 응답을 좀 더 자세히 살펴보면, 응답자의 43%는 '자신이 거주하는 지역/국가 내에서 아직 가본 적이 없는 여행지'로, 46%는 '아름다운 자연 경관을 즐길 수 있는 국내 여행지'로 떠날 것이라고 밝혔다. 또한 응답자 중 절반(50%)은 '국내외를 막론하고 이전에 가본 적이 있는 익숙한 여행지'를 선택하고자 한다고 답해 눈길을 끌었다.

4. 온라인에서 꿈꾸는 일상 탈출

향후에도 여행객들은 온라인상에서 다양한 여행 콘텐츠를 통해 영감을 얻고 창의적으로 여행 계획을 세울 뿐만 아니라, 자신이 꿈꾸는 여행을 다른 이들과 공유하려는 욕구가 계속해서 커질 것으로 전망된다. 조사에 따르면, 봉쇄령이 내려진 기간 동안 응답자 중 거의 대다수(95%)가 여행 관련 정보를 찾아보며 시간을 보낸 것으로 드러났다. 향후 여행을 위한 목적지를 일주일에 최소 한 번 이상 찾아본 경우도 3분의 1(38%)에 달했다. 이러한 트렌드에 따라 여러 인플루언서뿐만 아니라 여행지와 숙소에서는 사람들의 여행 욕구를 겨냥해 랜선여행 콘텐츠 등 다양한 방식으로 소통하기 시작했다.

여전히 여행에 많은 제약이 있고 상황이 시시각각 변하고 있는 만큼, '언제, 어디에서, 어떻게 나의 여행 경험을 공유하는 것이 바람직한가'에 대한 의식은 점점 높아짐과 동시에, 여행객 사이에 여행 추억, 관련 팁 등을 새롭게 소통하고 공유하는 방식이 자리 잡게 될 것으로 보인다.

5. 안전 제일

'뉴 노멀(New Normal)' 시대가 도래하면서 여행객 역시 보건 및 안전 조치를 중시하고 이를 준수하는 것이 점점 보편화될 것으로 보인다. 설문에 참여한 전 세계 여행객의 79%는 '코로나19 감염 예방을 위해 더 주의를 기울일 것'이라는 뜻을 밝혔고, 자연히 포스트 코로나 시대의 여행객 안전을 위한 업계의 행보에도 귀추가 주목될 것으로 예상된다. 응답자의 59%는 '방문을 피하고자 하는 여행지가 있다'고 답했으며, 70%는 '관광지에서 사회적 거리두기 조치가 시행되고 있기를 기대한다'고 밝혔다. 또한 '숙소에서 보건 및 위생 관련 정책을 명시한 경우에만 예약을 진행하겠다'고 답한 응답자도 70%에 달했으며, 응답자의 4분의 3(75%)이 '항균 및 살균 제품을 사용하는 숙소를 선호한다'고 밝혔다. 특히, '코로나19 감염에 대한 우려 때문에 대중교통 이용을 지양하겠다'는 응답자가 거의 절반(46%)에 이른 것으로 보아, 여행객의 교통수단 선호도와 교통편 제공 방식에도 변화가 있을 것으로 예상된다. 이외에도, 액체류를 기내에 반입하지 않고 공항 검색대에서 신발을 벗는 것에 익숙해진 것처럼, 설문 응답자의 3분의 2(67%)는 '도착 시 여행지에서 건강 상태를 검사하는 것'을, 62%는 '공공장소에서 마스크를 착용해야 한다는 사실을 받아들일 것'이라고 응답한 바 있다.

6. 의식 있는 여행

전 세계 응답자의 절반 이상(53%)은 '향후 보다 지속가능한 방식으로 여행을 하고 싶다'는 의사를 밝혀 코로나19 사태가 특히 환경 및 지역사회에 대한 인식을 한층 더 높이는 데 큰 역할을 했다고 볼 수 있다. 실제로 응답자의 3분의 2(69%)가량은 '여행업계가 보다 지속가능한 상품과 서비스를 제공하기를 바란다'고 했으며, 많은 여행객이 '성수기(51%)'

와 '사람이 몰리는 곳(48%)'을 피하기 위해 다른 여행지를 선택할 것으로 답했다. 이를 통해 향후 여행객 유치를 위해서는 밀집 현상을 해결할 수 있는 새로운 관리 시스템을 도입할 필요가 있음을 알 수 있었다.

이외에도 응답자들은 장기적으로 여행업계 전반에 걸쳐 지속가능한 여행 문화 조성을 위해 '매력적인 비수기 여행 패키지상품을 제공(46%)' 및 '일부 지역의 과잉 관광 현상을 막을 수 있도록 대안 여행지의 추천(36%)' 등이 필요하다고 답했다. 아울러, 응답자의 3분의 2(67%)는 '도시 재생에 도움이 되는 방식으로 여행을 하고자 한다'는 뜻을 밝히기도 했다.

7. '9 to 6' 근무환경 탈피

코로나19 장기화로 원격 근무가 보편화됨에 따라, 앞으로는 일과 여가시간을 적절하게 결합한 장기 여행이 증가할 것으로 보인다. 실제로, 3분의 1(37%) 이상의 응답자들이 '새로운 환경에서 업무를 하기 위해 숙소 예약을 고려해 본 적이 있다'고 답한 만큼, 장기간 여행지에 머무르며 원격으로 업무를 진행하는 '워크케이션'이 인기를 끌 전망이다. 여행 플랫폼과 숙박업체들은 디지털 노마드의 원활한 업무를 가능케 하는 와이파이 등의 시설이 구비된 청결한 비즈니스 프렌들리 숙소를 마련하는 데 집중할 것이다.

이에 더해, 응답자의 절반 이상(52%)이 '출장지에서의 체류기간을 연장해 여가시간을 즐길 수 있는 기회를 찾아보겠다'고 답해 직장인들의 여행 행태뿐 아니라, 회사와 관련된 출장 역시 변모할 것으로 예상된다.

8. '단확행(단순하지만 확실한 행복)' 여행

코로나19 이후 여행에 대한 우선순위가 달라지고 여행을 통해 세상을 경험하고자 하는 방식 또한 다소 단순해지면서 2021년부터는 '단확행(단순하지만 확실한 행복)' 여행이 늘어날 것으로 보인다. 설문결과에 따르면, 응답자의 절반 이상(56%)은 '사람의 발길이 닿지 않은 여행지에서 자연을 즐기는 여행'에 대한 니즈가 있는 것으로 드러났다. 실제로 부킹닷컴 플랫폼에서 '등산(94%)', '상쾌한 공기(50%)', '자연(44%)', '휴식(33%)' 등의 소박하고 단순한 즐거움을 찾아 숙소를 예약한 이들이 증가했다.

또한, 최근 프라이버시와 위생관리에 대한 니즈가 강화된 가운데 42%의 응답자들은 '호텔 대신 집 또는 아파트형 숙소'에 묵겠다고 답하며 더욱더 많은 글로벌 여행객들이 휴가지 하우스(펜션 등)나 아파트 등 집과 비슷한 공간을 찾고자 하는 것으로 드러났다.

9. 여행 속 기술의 가치

기술 혁신이 여행 심리 회복에 중요한 역할을 할 것은 물론, 새로운 유형의 여행객들의 니즈를 충족할 것으로 보인다. 실제로 64%의 응답자들은 '위생과 건강을 관리하는 데 기술이 큰 역할을 할 것'이라고 답했으며, 63%의 여행객들은 '숙박시설 역시 최신 기술을 접목해 더욱 안전한 여행을 보장해야 한다'고 밝혔다. 또, 절반 이상(53%)의 응답자들이 '기술을 활용해 막판에 레스토랑 예약을 원활히 하고 싶다'고 밝혔으며, 21%의 응답자들은 '티켓 데스크 대신 셀프 서비스 기계를 이용하는 것을 선호한다'고 답해 기술은 여행 경험을 풍부하게 하는 데에도 많은 영향을 끼칠 것으로 예상된다.

기술의 혁신은 보다 다양한 온라인 경험을 통해 여행 행태에 많은 변화를 불러일으킬 것으로 보인다. 이미 3분의 1(36%)에 해당하는 응답자들이 '완전히 새로운 여행지를 VR

기술을 통해 미리 둘러볼 수 있다면 더욱 안심할 수 있는 여행을 떠날 수 있을 것'이라고 답했으며, 30%의 응답자들은 'VR 기술을 접목한 현지 투어나 관광 명소 투어에 참여하겠다'고 밝혔다.

아르얀 다이크(Arjan Dijk) 부킹닷컴 부사장 및 CMO는 "코로나 19로 인해 여행이 이전 모습을 되찾기 까지는 시간이 걸리겠지만, 여행이 우리 모두의 삶에 미치는 영향에 대해 깨닫게 되는 계기였다"며, "모든 것이 불확실한 상황 속에서도 사람들은 여행을 꿈꾸고, 계획하고, 지난 여행의 추억을 되새기며 각자의 방식으로 즐거움을 느끼고 있다"고 말했다. 이어 그는 "부킹닷컴은 전 세계 여행객들이 보다 쉽게 세계를 경험할 수 있도록 한다는 목표 아래, 여행을 자유롭게 할 수 있는 그날까지 우리는 여행객들이 어디에서든 풍부한 경험을 할 수 있도록 끊임없이 노력할 것이다"고 밝혔다.

항공위키
여행신문

Case 사례 2

■ 유류할증료(Fuel Surcharge)

유류할증료는 항공사나 해운사들이 국제유가 상승에 따른 기름값 손실을 보전하기 위해 기본 운임료에 할증형태로 부과하는 요금으로, 1970년대에 해운업계가 도입했다. 국제유가는 매일 변동되기 때문에, 항공권을 예매한 유가와 실제로 비행기 탑승 시의 유가가 달라질 수 있다. 항공의 유가가 많이 상승했다면 항공사는 손해를 볼 수 있다. 항공업계는 걸프전쟁 이후, 1997년 국제항공운송협회(IATA)가 도입해 2001년부터 시행하고 있다. 우리나라에서 항공여객부문에 유류할증료가 도입된 것은 국제선의 경우 2005년 7월이고, 국내선의 경우 2008년부터 도입되었다.

우리나라 유류할증료 추이

미국, 유럽, 동남아, 중국, 일본 등 권역별로 책정되어 부과했던 유류할증료를 2016년 5월부터 거리에 따라 부과하는 방식으로 전환해, 항공사별로 설정된 기준에 따라 부과되고 있다. 같은 권역일지라도 거리에 따라 할증료가 차등 책정된다. 즉, '거리 비례 구간제'로 그 방식이 변경되었다.

■ 유류할증료 변동 추이

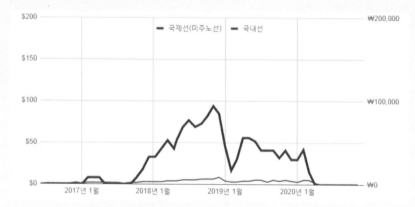

과거 미국의 리먼 금융위기 때(2009년 3월~8월)와 산유국 증산경쟁 시기(2015년 9월~2017년 1월, 5월~9월)에 벌어졌던 유류할증료 제로시대가 2020년 전 세계를 패닉으로 몰아넣은 코로나19 사태로 인해 유가가 급락하면서 2020년 4월에 유류할증료가 제로('0')상태가 되었던 적도 있다.

유류할증료는 1개월 단위로 사전 고지되며, 탑승일과 관계없이 발권일 기준으로 적용된다. 구매 후 탑승시점에 유류할증료가 인상되어도 차액을 징수하지 않으며 인하되어도 환급되지 않는다.

토론주제　여행상품의 원가계산을 학습하고, 주요 토론주제를 가지고 토론하는 시간을 가집니다.

1) 앞으로 디지털관광은 어떻게 변할까?

2) 유류할증료란, 무엇인가?

3) 유류할증료의 변동으로 여행상품의 원가에 미치는 영향에 대하여 비행거리가 가까운 중국, 일본, 동남아와 비행거리가 많은 미주, 유럽과 비교하여 토론해 보자.

4) 에어카텔의 상품구성을 어떻게 하는지, 기존 여행사의 사례를 통하여 비교하는 시간을 가져보자.

　　※ 에어카텔이란 에어(항공)+카(자동차렌트)+텔(모텔, 호텔, 펜션)의 가격을 패키지로 묶은 상품

5) 지상수배를 통한 수익은 어떻게 가져가는지 토론해 보자.

6) 환율의 큰 폭 변화에 따른 지난 여행업의 역사적 경험을 통한 여러 가지 사례를 이야기해 보자.

7) 인솔자의 출장비 및 예비비는 여행경비에 포함하여 원가를 산출한다. 예비비를 주로 사용하는 사례로는 어떤 것이 있을지 토론해 보자.

지상수배업무의 개념과 과정

CHAPTER

7 지상수배업무의 개념과 과정

제1절 ◦ **지상수배업무의 개념**

여행사에서 패키지상품이나 일반 기획여행상품은 여행객의 원활한 여행을 위하여 출발지의 랜드사나 관광목적지의 여행사를 통해 직접 지상수배를 한다. 지상수배란 '여행목적지의 호텔, 숙박, 식당, 현지교통, 가이드 등을 예약하고 쇼핑 및 기타 관광에 관련된 활동을 할 수 있도록 준비하는 업무'를 말

한다. 현지 관광목적지의 지상수배를 위탁받은 업체를 랜드(Land)사 또는 지상수배업체라 하며, 국외여행업자는 국가별로 여러 가지 여행업무를 위탁받아 수행하는 랜드사를 매년 공개적으로 심의 후 선정하여 여행 지상(Land)부문의 수배를 의뢰한다. 인터넷의 발달로 인해 현지의 SIT 및 목적여행을 전문으로 하는 여행사 및 일부 대형여행사는 현지의 지상수배 업무를 직접 관리하기도 한다.

시리즈로 출발하는 패키지의 경우 계약된 랜드사에 견적 및 수배를 하게 되는데 수배는 간략하고 정확하게 견적 및 의뢰를 해야, 향후 책임소재를 분명하게 밝힐 수 있다. 패키지의 수배 실수는 그다지 많지 않으나 인센티브 여행의 경우 수배의 실수로 인하여 여행객이 만족스런 여행을 못하는 경우가 있다. 수배의 실수는 여행사의 손실을 가져다주는 아주 중요한 사안이기도 하다. 여행사에서의 수배의뢰 과정을 간략하게 살펴보면 다음과 같다.

★ 동남아 전문 랜드사
　태국(푸켓, 코사무이, 크라비), 모리셔스, 베트남(다낭, 나트랑)
★ 패키지 (발리, 나트랑, 달랏)
★ 허니문&그룹 항공 블록 보유
★ 인센티브, 기업연수, 학회, 세미나 환영
★ 태국 무제한 명품골프, 베트남 나트랑 달랏 골프
　방콕 성수기 TG 블럭 확보

1. 랜드사에 지상수배 의뢰(여행내용의 확인 및 수배의뢰서 접수)

여행사에서 여행상품이 기획되거나 고객에게 여행상품을 의뢰받거나 하면 여행상품의 여러 가지 조건을 체크하여 간략한 수배의뢰서를 계약된 랜드사에 요청한다. 동일한 여행조건을 명확히 제시하여 최소 2~3개 업체에 지상비 견적을 요청한다. 일본, 중국, 동남아, 유럽 및 미주의 전문랜드사를 통해 지상비 견적 및 수배를 하게 된다. 대형 패키지여행사 및 SIT(Special Interest Tour) 전문여행사는 관광목적지 나라의 여행업체와 연간 계약을 통해 지상수배에 관한 업무를 직접 운영하기도 한다.

2. 견적 확인 후 랜드사 선정(지상비 견적의뢰)

시리즈로 출발하는 대형 패키지 여행사의 경우 기여행조건에 맞는 견적서를 받아 담당부서의 담당자가 확인하여 여행의 목적, 조건, 특성 등을 확인 후 견적금액의 조건에 따라 랜드사를 선정한다. 인센티브 여행의 경우 정확한 여행일자 및 기간, 예정항공편, 호텔의 등급, 인원수, 기타 주문사항을 기재하여 견적의뢰 후 여행의 목적 및 특성에 맞는 조건을 제시하는 랜드사를 선정하여야 하며, 여행 후 만족도 있는 여행은 충성고객을 만들어낸다.

3. 수배내용의 변경 및 조정

수배내용의 변경이 있으면 랜드사 또는 현지 여행사에 즉시 내용변경을 연락한다. 수배내용의 변경 및 조정단계에서 수배가 완성되기 때문에 수배담당자는 랜드사와 조정 역할을 원활하게 수행해야 한다.

랜드 수배 시 빈번하게 변경되는 내용
① 여행인원수의 변경 – 인원수에 따라 요금에 차이가 남(일본)
② 수배내용에 불포함되어 있는 것을 포함하는 경우(옵션 등)
③ 랜드사 수배내용의 확인과정에서의 변경
④ 수배내용의 변경에 따른 여행요금의 인상 및 인하에 따른 변경

4. 수배문서 확인과 수배확정(견적서 검토 및 수배확정)

현지 관광목적지의 호텔 및 차량 수배 등 정확한 수배가 될 때까지 여러 차례 확인과 변경 절차를 통해 서로 협의하고 검토한다. 여행사와 랜드사와의 책임소재를 위해 주고받은 문서는 반드시 보관하고 수배담당자는 랜드사와 정확한 행사인원, 현지의 행사일정, 확정된 항공편, 인솔자의 출발여부 및 기타 요구사항 등 여행조건의 세부사항까지 수배내용을 정확히 확정한다.

5. 지상비 지불청구

대형 패키지 회사는 연간계약에 따른 지상비 지불일자를 사전에 확정하여 후불지불조건으로 랜드사와 거래하며, 중·소형 여행사의 랜드 지상비 지급은 랜드사

가 지상경비를 청구하면 선지급하거나 행사 중 인솔자를 통한 현지 지급, 후결제 등의 방법을 상호 협의하여 결정한다. 소매여행사의 경우 랜드 지상비를 거의 선지급으로 현지 행사를 진행하고 있다.

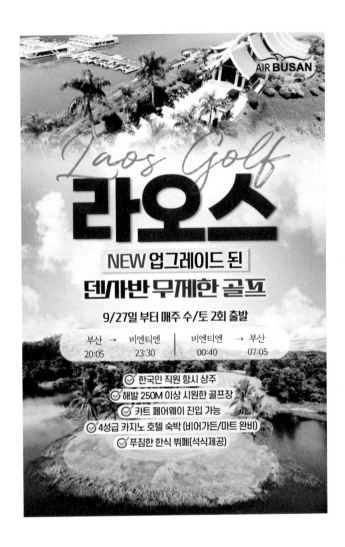

6. 정산서 작성

모든 일정을 마치면 출발 전에 예상경비와 실제 소요된 경비를 산출하여 최종적으로 정산을 하게 된다. 담당자와 인솔자의 확인 후 정산내용을 회계 처리한다.

Case 사례 1   여행사 · 랜드사 뭐가 다를까

매일경제

동남아 3개국 여행으로 패키지여행을 신청하고 여행목적지를 향하여 우리나라 공항을 출발한다. 패키지여행을 다녀온 사람들이 흔히 하는 질문 중 하나가 S여행사에서 상품을 예약하고 현지로 가보았더니 L여행사 직원이 나와 일정을 진행해 주더라는 것이다. 그리고 다음 여행 장소로 이동했더니, 이번에는 D여행사 직원이 등장해 일정을 진행해 주었다. 현지의 여행사에서 가이드가 친절히 안내하여, 여행하는 데 아무런 불편이 없었지만 여행자들로서는 여행의 형태에 대하여 궁금하게 마련이다. 가이드가 소속되어 있는 랜드사인 현지여행사와 여행을 신청한 여행사는 대체 뭐가 다른 걸까?

'랜드사(Land Operator)'란 지상수배업체로 쉽게 말해 '각 나라에 사업등록이 된 현지 여행사'를 말한다. 현장에서 여행일정을 진행해준 L여행사와 D여행사는 우리나라의 S여행사 소속이 아니라 각 여행사와 협력관계에 있는 현지 여행사인 것이다. 여행사가 여행에 관한 모든 것을 진행하기에는 현실적으로 어려운 점이 많다. 고객과 상담을 하고 상품을 판매한 후에 현지에서 여행과정을 직접 관리하고 일정을 진행해줄 담당자가 필요하기 때문이다. 지사를 두면 해결되는 문제지만 모든 여행지에 지사를 두는 것은 불가능하다. 그래서 여행사는 랜드사와 협력관계를 맺는다.

예를 들어 여행자가 한국에 있는 '세중여행' 여행사를 통해 '유럽일주 11일' 상품을 예약했다고 생각해보자. 그러면 프랑스 파리, 오스트리아 빈 등 각 여행지에서 관광지, 가이드, 차량, 레스토랑, 쇼핑숍, 숙소 등 상세 정보를 파악해 일정을 구성하고 각 사항들을 예약해 두는 담당자가 필요하다. 이 일을 바로 랜드사가 맡는다. 다양한 나라로 일정이 구성됐을 때는 둘 이상 랜드사가 참여한다. 비유하자면 여행사는 '백화점', 랜드사는 '제품 생산업체', 여행자는 '소비자'다. 여행사가 상품을 진열해 놓고 고객에게 홍보하고 상담한 후 예약받는 일을 맡는다면, 랜드사는 예약한 고객에게 물건을 직접 만들어 전달하는 일을 맡는다.

규모가 큰 여행사는 랜드사를 통하지 않고 직접 일정을 진행하기도 한다. 현지에 지사를 두고 회사 소속 담당자가 각 지역 정보를 파악한 후 모든 사항들을 진행한다. 항공사에서도 랜드사를 거치지 않고 '에어텔'처럼 호텔과 항공만이 포함된 자체 여행상품을 내놓기도 한다.

Case 사례 2 랜드 오퍼레이터(Land Operator)

여행신문

랜드 오퍼레이터(Land Operator)는 국가에 따라 그 운영방식이 다소 차이가 있으나 우리나라의 경우 일반적으로 패키지 또는 인센티브여행을 실시하는 데 있어 일반여행업 또는 국외여행업자들의 의뢰를 받아 현지 체재 중의 여행 일정과 가이드·관광버스·식당·방문기업 등의 수배를 전문으로 하는 업자를 말한다. 보통 항공·선박 등의 기간 운송부분은 의뢰자인 여행업자가 수배하고 랜드 오퍼레이터는 단지 현지의 관광·숙박 등의 지상 부분의 수배만을 수행한다는 점에서 랜드 오퍼레이터 또는 「지상수배업자, 랜드사」로 불려진다. 랜드 오퍼레이터는 의뢰 여행업자의 위탁에 의해 그의 수배 대행자(이행 보조자)로 여행 수배를 하는 일에 불과하며 여행자와의 관계는 채권·채무의 당사자로서는 되어 있지 않다. IMF 이후 1998년부터 랜드사에서 항공·선박 등의 기간 운송부분도 수배하여 상품을 구성하여 일반여행업체에 제공하고 있다.

일반적으로 현지 여행업무를 수행하면서 국내 여행업자의 의뢰를 받아 지상수배를 행하는 경우와 현지 사무소를 두고 지상수배업무만을 하는 경우가 있다. 랜드 오퍼레이터는 일반적으로 현지 사정에 정통하고 여행 중에 일어날 수 있는 안전사고 등에 대한 책임을 지기 때문에 해외여행의 수배는 거의 여행업자가 랜드 오퍼레이터에게 지상수배를 의뢰하는 것이 보통이다. 현재의 여행 수배형태는 여행도매업체에서 직접 랜드사를 운영하는 경우와 현지여행사와 직거래하는 경우도 많다.

Land Operator의 약자로 현지수배를 담당하는 여행사를 말한다. 랜드사의 고객은 여행사의 수배담당자나 상품기획담당자가 된다. 수배업무담당자(Tour Operator)를 OP라고 부른다. 투어 오퍼레이터(Tour Operator)는 지상수배업자(Land Operator)라고도 하는데, 이것은 현지의 수배를 전문으로 하는 여행회사이다. 다시 말하자면 여행사와 여행업자의 의뢰를 받아 여행목적지의 여행활동에 대해 여행알선을 대행해 주는 기능을 가진 지상수배업자이다. 인센티브투어를 기획하고 촉진하는 주최 여행사로서, 관광행사를 위주로 하는 여행사이며, 불특정 다수의 여행자를 대상으로 여행을 기획, 수배, 판매하는 여행업자로 지상수배업자의 경우는 그 해석이 동서양에 따라 약간씩 다르며 ASTA(미주지역 여행업협회)에서는 여행도매상 및 여행소매상 모두를 지칭하고 있으며, PATA(아시아 태평양 관광협회)에서는 투어 오퍼레이터에 의해 사전에 수배된 휴가여행의 기획과 운영을 전문적으로 하는 회사로, 이들의 여행은 여행업자를 통하여 일반대중에게 제공하는 것을 여행도매업자로 지칭하고 있다. 일본이나 우리나라의 여행업계에서 투어 오퍼레이터는 여행업자로부터 수배요청을 받아 세계 각국에 있는 자사의 지점망을 통해 여행 시 지상부분만의 수배를 전문으로 하는 회사를 지칭하는 것으로 이를 랜드 오퍼레이터 또는 지상수배업자로 호칭하고 있다.

토론주제	지상수배의 개념과 과정을 학습하고, 주요 토론주제를 가지고 토론하는 시간을 가집니다.

1) 제주여행 시 여행예약은 어떻게 진행하나요?

2) 국외여행표준약관에 대한 중요한 사항에 대하여 토론해 보자.

3) 여행사와 랜드사는 어떻게 다른가? 토론해 보자.

4) 랜드사를 통한 수배와 직접 수배형태에 대하여 논의해 보자.

5) 동남아 지역을 구분하며 토론해 보자.

6) 유럽지역을 구분하며 토론해 보자.

7) 대양주 및 미주지역을 구분하며 토론해 보자.

CHAPTER

8

수속업무(여권, 비자)

CHAPTER

8 수속업무(여권, 비자)

1983년부터 50세 이상에 한해 여행목적의 여권이 발급되었고, 1987년에는 45세, 1988년 1월에 40세, 7월에는 30세로 내려가는 과정을 거쳐 여권이 발급되었다. 1989년 1월 1일 이후 해외여행의 완전한 자유화 시행으로 인하여 대한민국 국민이면 누구나 여권을 발급받을 수 있게 되었다. 우리나라의 여권은 녹색의 일반여권, 황갈색의 관용여권, 남색의 외교관여권으로 구분되고, 일반여권은 유효기간 1년으로 1회에 한해 출국이 가능한 단수여권과 기간 내 횟수 제한이 없는 복수여권으로 구분된다. 그리고 국제민간항공기구(ICAO)의 권고에 의해 2008년 8월부터 전자여권을 도입하였다. 2021년 12월 21일부터 일반 국민을 대상으로 플라스틱 재질의 보완성이 강화된 차세대 전자여권을 발급하고 있다. 여행업의 국외여행업무 중 해외출국 시 가장 기초적인 업무는 사증이 필요한 국가의 사증(Visa) 발급을 위한 제반 수속업무와 여행객을 위한 부수적인 수속서비스 업무를 포함하고 있다.

제1절 **여권업무**

1. 여권의 개념

여권은 소지자의 국적 등 신분을 증명하고 국적국이 소지자에 대해 외교적 보호권을 행사할 수 있는 공문서의 일종으로, 자국민이 해외여행을 하는 동안 편의와 보호에 대한 협조를 받을 수 있도록 하기 위해 발급한다.

여권은 국외여행을 하고자 하는 국민은 소지할 의무가 있다(여권법 제2조). 여권이란, 외국을 여행하는 자국민에게 정부가 신분을 증명하여 발급하는 증명서로서 여행객의 국적이나 신분을 증명하고, 해외여행을 허가하며, 상대국에 보호를 요청하는 공문서이다. 즉, 해외여행을 할 때 반드시 필요한 것이며, 상대국 여행 시 여행자를 보호하고 어려운 점이 있을 경우 도움을 요청하는 공문서의 일종이다.

2. 여권업무

여권은 소지자의 국적과 인적사항 등 신분을 증명하는 신분증명서로서 해외에서 신원을 보증해 주고 여러 가지 용도로 사용된다. 우리나라 여권법에서는 외국을 여행하려는 국민은 여권법 제2조의 규정에 의하여 여권을 소지하도록 의무화하고 있으며, 여권의 종류로는 일반여권, 관용여권, 외교관여권이 있다. 이를 각각 1회에 한하여 여행할 수 있는 단수여권과 유효기간 만료일까지 횟수에 관계없이 외국여행을 할 수 있는 복수여권으로 구분할 수 있다. 우리나라는 국제민항항

공기구(ICAO)의 권고에 따라 개인정보 및 바이오 인식정보를 칩에 저장한 기계판독식 전자여권을 발급하고 있다. 각국은 여권을 소지한 여행자에 대하여 자국민임

을 증명하고 자국민이 해외여행을 하는 동안 단순 신분 증명뿐만 아니라 출입국심
사까지 모두 수행할 수 있는 신분증명수단으로는 여권이 유일하며, 편의와 보호에
대한 협조를 받을 수 있도록 하기 위해 발급한다. 여권에 대한 개념은 다음과 같이
정리할 수 있다.

- 해외여행을 할 때 여권은 반드시 필요
- 외국으로 출국하는 사람에 대해 대한민국 정부가 신분을 증명
- 외국의 국가정부에 대해 여행자의 보호를 요청하는 일종의 공문서로서 여행
  하기 전부터 여행 후까지 여권은 여러 가지 용도로 사용
  https://www.korea.kr/news/visualNewsView.do?newsId=148854981 - 대한민국
  정책브리핑

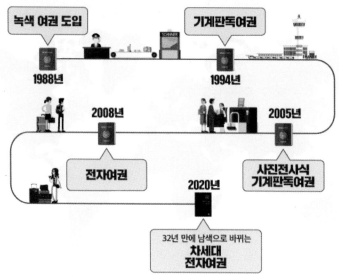

3. 전자여권

전자여권이란(E-Passport, Electronic Passport) 여권 안에 여권소지인의 사진, 이름 등의 정보를 담은 비접촉식 IC칩을 내장하여 비이오 인식정보(Biometric Data)와 신원정보를 저장한 여권으로 2008년 8월부터 발급되었으며, 보안성이 한층 더 업그레이드된 여권을 말한다. 미국 방문 시 비자를 받지 않아도 되는 비자면제프로그램(Visa Waiver Program)인 ESTA를 이용하기 위해서는 전자여권이 있어야 한다.

4. 여권의 용도

해외를 여행하고자 하는 국민들에게 정부가 여권 소지자의 국적과 신분을 증명하고 상대국에서 자국민의 편의 도모와 보호를 의뢰하는 신분증명서로서 해외에서 신원을 보증해 주고 여러 가지 용도로 사용된다. 외국을 여행하고자 하는 사람은 정부가 규정하는 여권법에 의하여 여권을 발급받아야 하며, 해외여행출국 시 반드시 휴대해야 한다. 다양한 여권의 용도는 다음과 같다.

1) 여행 출국 전

- 전 세계국가의 VISA 신청 및 발급 시
- 국제운전면허증신청 시
- 국제청소년여행 연맹카드(FIYTO 카드) 신청 시
- 외화환전 시
- 면세점에서 면세상품 구입 시

2) 입(출)국 시

- 출국수속 및 항공기 탑승 시
- 항공권을 탑승권으로 교환 시
- 국내 및 해외 입(출)국 수속 및 신고 시
- 세관신고 시
- 병역의무자가 병무신고 및 귀국신고 시

3) 여행 중

- 호텔 투숙을 위한 체크인 시
- 렌터카 임대 시
- 여행자 수표(TC) 사용과 환전 시
- TC를 도난(분실)당했을 경우
- 해외에서 예금 인출 시

5. 여권의 종류와 구성

우리나라 여권의 종류는 녹색의 일반여권, 황갈색의 관용여권, 남색의 외교관여권으로 구분되고, 일반여권은 유효기간 1년으로 1회에 한해 출국이 가능한 단수여권과 여권기간 만료일까지 횟수에 제한 없이 외국여행을 할 수 있는 복수여권으로 구분된다. 여행 중에 여권의 유효기간이 만료되었거나 여권을 분실했을 때, 긴급사항이 발생하여 귀국해야 하는 경우 1회 사용목적으로 여행증명서(Travel Certificate Passport)의 임시여권을 발급받을 수 있다.

1) 목적에 의한 분류

종류	발급대상	발급처
일반여권	대한민국 국적을 소지한 자로서 해외여행에 결격사유가 없는 사람에게 발급, 복수여권과 단수여권으로 구분한다.	전국 시, 군 구청 여권과
관용여권	공무원(또는 준공무원)이 공적인 업무로 해외에 출장을 가고자 하는 자	외교부 여권과
외교관여권	국가 대표성을 가진 외국정부와 접촉하거나 외교교섭을 필요로 하는 자	
여행증명서	여권에 준하는 문서로서 여권의 분실 등 긴급사항 발생 시 발급하는 여행증명서(Travel Certificate Passport)	재외공관 영사과

2) 전자여권 유효기간 및 발급수수료

종류	유효기간	수수료	비고
복수여권	10년	50,000원	24면, 알뜰여권
		53,000원	48면
	5년	45,000원	만 8세 이상 ~ 18세 미만자
		33,000원	만 8세 미만자
	5년 미만	15,000원	만 20~24세 미만의 병역미필자 만 24세 이상의 병역미필자로서 6개월 이상 5년 미만의 국외여행허가자
단수여권	1년 이내	20,000원	1회 여행만 가능
기재사항변경	–	5,000원	사증란 추가(1회)

3) 여권의 구성 및 발급절차

우리나라는 국제민간항공기구(ICAO)의 권고에 따라 2008년 8월부터 전자여권을 도입하였다. 전자여권에 내장되는 칩에는 기존 여권에 수록된 정보가 한 번 더 수록되어 위조가 사실상 불가능하며, 전자여권(E – Passport : Electronic Passport) 도입은 여권 위·변조 및 여권 도용 억제를 통해 여권의 보완성을 극대화하여, 궁극적으로 해외 여행하는 우리 국민들의 편의를 증진시키는 데 그 목적이 있다.

첫째, 여권 위·변조 억제, 전자여권에 내장되는 칩에는 기존 여권에 수록된 정보가 한 번 더 수록되며, 각종 보완기술이 추가 적용된다. 이를 통해 신원정보면과 칩을 동시에 조작하는 것이 사실상 불가능해지며, 설사 조작한 경우라고 해도 출입국 과정에서 자동적으로 적발된다.

둘째, 여권 도용 억제, 정보 이중 수록을 통해 가장 빈번한 여권 위·변조 형태인 사진교체가 방지되며, 2010년부터는 지문 수록 전자여권 발급을 통해 본인 확인 및 도용 억제 기능이 한층 강화되었다.

여권접수가 불가한 경우

• 배경이 흰색이 아니거나, 테두리가 있는 경우

• 화질이 선명하지 않은 경우

• 여권용 사진 규정에 부합되지 않는 경우

여권발급 시 유의사항

• 핸드폰 등 모바일기기로 촬영된 사진, 과도한 포토샵 보정을 한 사진 등은 여권발급 시 사진이 실물과 다르게 표현될 수 있으므로 권장하지 않음

사진전사식(일반여권, 관용여권, 외교관여권) / 사진전사식

2021년 이전 여권(일반여권, 관용여권, 외교관여권)

자료 : 외교부 해외안전 여행(www.0404.go.kr)

여권의 종류는 여권 사용자에 따라 일반여권, 관용여권, 외교관여권으로 구분되나 본 내용은 여행사의 업무에서 주로 취급하는 일반여권을 기준으로 구성한다. 여권 및 여행증명서에 기재해야 할 사항은 다음과 같다.

> **여권의 종류(Type of Passport)**
>
> - **일반여권**
>   - **복수여권(PM)** : 유효기간 중 횟수에 제한 없이 10년(5년) 이내의 유효기간 부여
>   - **단수여권(PS)** : 1회에 한하여 여행할 수 있는 여권으로 1년 유효기간 부여
> - **관용여권(PO)**
> - **외교관여권(PD)**
> - **여행증명서(TS)**
> - **거주여권(PR)** : 2017년 폐지

- 발행국(Issuing Country) 영문코드기재 : KOR
- 여권번호(Passport No) : M0000000
- 성명(Surname & Given Name) : 성명은 영문성명과 국문성명으로 표기되며, 기혼 여성일 경우 배우자의 영문성명도 표기된다.
- 국적(Nationality) : Republic of Korea
- 생년월일(Date of Birth) : 생년월일은 일자, 월, 연도 순으로 표기된다.

  예 20, AUG, 2006
- 주민등록번호 : (Personal No) : 뒷번호 표기
- 성별(Sex) : 남자일 경우 M(Male), 여자일 경우 F(Female)로 표기
- 발급일(Date of Issue) 및 기간만료일(Date of Expiry) : 여권의 효력이 발생하는 날인 발급일과 효력이 상실되는 유효기간 만료일이 표기된다.
- 발행관청(Authority) : 여권 발행국가의 코드와 발행관청의 영문명이 기재된다. (Ministry of Foreign Affairs Trade)
- 소지인의 서명(Signature of Bearer) : 여권 소지자임을 증명하기 위한 서명란에는 남이 모방할 수 없는 본인의 서명을 한다. 해외여행 중 여행자수표(Traveler Cheque) 등의 사용 시 여권상의 서명과 동일해야 한다.

- 사증란 : 일반 복수여권은 상기 항목을 제외한 나머지 부분이 사증란으로 여행목적국의 비자와 각국 출입국 시 검열스탬프를 찍는 면으로 사용한다.
- 국내외 연락처 : 여권 분실 또는 기타 목적을 위하여 국내외 연락처를 기재하는 면
- 기타 외교부령이 정하는 사항

〈표 8-1〉 여권의 인적사항란

순번	영문표기	내용
1	COUNTRY CODE	KOR
2	PASSPORT NO	발행기관 CODE+8자리 숫자와 알파벳
3	SURNAME	성
4	GIVEN NAME	이름
5	NATIONALITY	국적(Republic of Korea)
6	DATE OF BIRTH	생년월일(일, 월, 연 순으로)
7	AUTHORITY	Ministry of Foreign Affairs(외교부)
8	DATE OF ISSUE	발행일(일, 월, 연 순으로)
9	DATE OF EXPITY	만료일(일, 월, 연 순으로)
10	SEX	성별

① 여권 발급절차

1. 신청서 작성 ➡ 2. 접수 ➡ 3. 신원조사확인 ➡ 4. 지방경찰청 (정보과 신원반) ➡

5. 결과회보 ➡ 6. 여권서류심사 ➡ 7. 여권제작 ➡ 8. 여권교부

② 여권발급 구비서류

- 여권발급신청서

- 여권용 사진 1매(긴급 사진부착식 여권 신청 시에는 2매 제출)
- 신분증
- 재외공관에서의 신청 경우 : 주재국의 체류허가서(입국비자 등)
- 국외여행허가서 : 25~27세 병역미필 남성
- 미성년자(18세 미만)의 경우

- 여권발급동의서(동의자가 직접 신청하는 경우 생략)
- 동의자(부모, 친권자, 후견인 등 법정대리인) 작성
- 부모동의서로써 본인에 대한 신분확인과정을 거친 것으로 인정하므로 해당 미성년자의 신분증은 제출하지 않아도 된다.
- 동의자의 인감증명서(여권 발급동의서에 날인된 인감과 동일여부 확인) : 동의자가 직접 신청 시 생략
- 기본증명서 및 가족관계증명서(행정전산망으로 확인 불가능 시)

- 기타
  - 부모가 이혼한 경우 : 법적으로 지정된 친권자가 동의
  - 부모가 국외 체류 중인 경우 : 체류지 관할공관의 영사확인 또는 공증인의 공증을 받은 친권자의 여권발급동의서를 제출하여야 한다.
  - 외국시민권자의 경우, 공증인의 공증확인서 제출

국외여행허가제도

국외여행허가제도는 25세 이상의 군복무를 마치지 않은 사람이 해외여행을 가고자 할 때 거주지 지방병무청의 허가를 받도록 하는 제도이다. 2007년부터 '24세 이하 국외여행 허가제 폐지'로 24세 이하는 국외여행 허가 없이 여행이 가능하다. 해외로 출국하는 국외여행자 중 25세 이상 병역미필 병역의무자(병역면제자, 영주권 병역 연기자 포함)는 반드시 출국 시 지방 병무청장이 발행하는 국외여행허가증명서를 구비하여 법무부 출국심사 시 제출해야 한다.

- 병역관계서류(www.mma.go.kr)

■ 여권법 시행규칙 [별지 제1호서식] <개정 2019. 12. 5.>

여 권 발 급 신 청 서

※ 뒤쪽의 유의사항을 반드시 읽고 작성하시기 바랍니다.

(앞쪽)

여권 선택란	※ 아래 여권 종류, 여권 기간, 여권 면수를 선택하여 네모 칸 안에 'V' 자로 표시하십시오. 표시가 없으면 일반여권의 경우 10년 유효기간의 48면 여권이 발급되며, 자세한 사항은 접수 담당자의 안내를 받으시기 바랍니다.		
여권종류	□ 일반 □ 관용 □ 외교관 여행증명서(□ 왕복 □ 편도)	여권면수	□ 24 □ 48
여권기간	□ 10년 □ 단수(1년) □ 잔여기간 담당자 문의 후 선택		□ 5년 □ 5년 미만

필수 기재란   ※ 뒤쪽의 기재방법을 읽고 신중히 기재하여 주시기 바랍니다.

사 진
· 신청일 전 6개월 이내 촬영한 천연색 상반신 정면 사진
· 흰색 바탕의 무배경 사진
· 색안경과 모자 착용 금지
· 가로 3.5cm x 세로 4.5cm
· 머리(턱부터 정수리까지) 길이 3.2cm~3.6cm

한글성명	
주민번호	—
본인연락처	'-' 없이 숫자만 기재합니다.

※ 긴급연락처는 다른 사람의 연락처를 기재하십시오.(해외여행 중 사고발생 시 지원을 위하여 필요)

긴급연락처	성명	관계	전화번호

추 가 기 재 란   ※ 로마자 성명은 여권을 처음 신청하거나 기존의 로마자 성명을 변경하는 경우에만 기재하시고, 뒤쪽 아래의 로마자성명 기재방법을 읽고 신중히 기재하여 주시기 바랍니다.

로마자 (대문자)	성	
	이름	

최종 국내주소	해외거주자만 기재합니다.
등 록 기 준 지	담당공무원의 요청이 있을 경우 기재합니다.

선 택 기 재 란   ※ 원하는 경우에만 기재합니다.

배우자의 로마자 성(姓)		※작성하는 경우 여권에 'spouse of 배우자의 로마자 성'의 형태로 기재되며, 대문자로 기재해 주시기 바랍니다.
점자여권	□ 희망 □ 희망 안 함	※ 시각장애인일 경우에만 네모 칸 안에 'V' 자로 표기하시기 바랍니다.
여권 유효기간 만료 사전 알림 서비스	□ 동의 □ 동의 안 함	※ 동의하는 경우, 「여권법 시행령」 제45조 및 제46조에 근거하여 고유식별정보가 통신사에 제공되며, 국내 휴대전화로 여권 유효기간 만료를 알리는 문자메시지가 발송됩니다.

위에 기재한 내용은 사실이며, 「여권법」 제9조 또는 제11조에 따라 여권의 발급을 신청합니다.

년   월   일

신청인(여권명의인) 성명

(서명 또는 인)

외 교 부 장 관 귀 하

본인은 여권 발급 신청과 관련하여 담당 공무원이 전자정부법 제36조에 따른 행정정보 공동이용 등을 통하여 본인의 아래 정보를 확인하는 것에 동의합니다. 동의하지 않는 경우에는 해당 서류를 직접 제출하여야 합니다.

신청인(여권명의인) 성명

(서명 또는 인)

※담당공무원 확인사항 : 「병역법」에 따른 병역관계 서류, 「가족관계의 등록 등에 관한 법률」에 따른 가족관계등록전산정보자료, 「주민등록법」에 따른 주민등록전산정보자료, 「출입국관리법」에 따른 출입국전산정보자료, 장애인증명서

접수 담당자 기재란					
접 수 번 호		특이사항			
접수연월일					
신원조사접수번호					
신원조사회보일					
신원조사결과					
(영수확인)	(납입확인)	확인란	접수자	심사자	발급자

210mm×297mm[백상지 120g/㎡]

유 의 사 항

1. 이 신청서의 기재사항에 오류가 있을 경우 신청인(여권명의인)에게 불이익이 있을 수 있으므로 정확하게 기재하시기 바랍니다.
2. 이 신청서는 기계로 읽혀지므로 접거나 찢는 등 훼손되지 않도록 주의하시기 바랍니다.
3. 유효기간이 남아있는 여권이 있는 상태에서 새로운 여권을 발급받으려면 유효기간이 남아있는 기존 여권을 반드시 반납해야 합니다. 새로운 여권이 발급되면 여권번호는 바뀝니다.
4. 사진은 여권 사진 규정에 부합해야 하며, 여권용 사진 기준에 맞지 않는 사진에 대해서는 보완을 요구할 수 있습니다.
5. 긴급연락처는 해외에서 사고 발생 시 지원을 위하여 필요하오니, 본인이 아닌 가족 등의 연락처를 기재하시기 바랍니다.
6. 로마자 성명 기재방법은 아래 별도 설명을 참고하시기 바랍니다.
7. 해외이주 등으로 국내 주소가 없는 경우에는 신원조사를 위하여 최종 국내주소나 등록기준지를 기재하시기 바랍니다.
8. 여권 유효기간 만료 사전 알림 서비스는 국내 휴대전화만 가능합니다.
9. 무단으로 다른 사람의 서명을 하거나 거짓된 내용을 기재할 경우 「여권법」 등 관련 규정에 따라 처벌을 받게 되며, 여권명의인도 불이익을 받을 수 있습니다.
10. 여권발급을 위해 담당 공무원이 신청인의 병역관계 정보, 가족관계등록정보, 주민등록정보, 출입국정보, 장애인 증명서 등을 확인하여야 하는 경우 신청인은 관련 서류를 제출하여야 하며, 담당 공무원이 행정정보 공동이용을 통해 이러한 정보를 확인하는 것에 동의하는 경우에는 해당 서류를 제출할 필요가 없습니다.
11. 단수여권과 여행증명서는 유효기간이 1년 이내로 제한됩니다. 단수여권으로는 발급지 기준 1회만 출·입국할 수 있으며, 여행증명서로는 표기된 국가만 여행할 수 있습니다.
12. 18세 미만인 사람은 법정대리인 동의서를 제출해야 하며, 유효기간 5년 여권만 발급받을 수 있습니다.
13. 여권 발급을 신청한 날부터 수령까지 처리기간은 근무일 기준 8일(국내 기준)입니다.
14. 발급된 지 6개월이 지나도록 찾아가지 않는 여권은 「여권법」에 따라 효력이 상실되며 발급 수수료도 반환되지 않습니다.
15. 여권은 해외에서 신원확인을 위해 매우 중요한 신분증이므로 이를 잘 보관하시기 바랍니다.
16. 여권을 잃어버린 경우에는 여권의 부정사용과 국제적 유통을 방지하기 위하여 국내의 여권사무 대행기관이나 재외공관에 분실신고를 하시기 바랍니다. 분실신고가 된 여권은 되찾았다 하더라도 다시 사용할 수 없습니다.
17. 사증란 추가는 여권의 유효기간이 남아있고 여권을 펼쳤을 때 아직 사용하지 않은 사증란이 좌우로 남아있는 경우 한 차례만 가능합니다.

로마자성명 기재방법

1. 여권의 로마자성명은 해외에서 신원확인의 기준이 되며, 본인이 직접 기재하거나 대리인을 통하여 작성하는 경우 모두 여권법령 등에 따라 변경이 제한되므로 신중하고 정확하게 기재해야 합니다.
2. 여권을 처음 발급받는 경우 로마자성명은 가족관계등록부에 등록된 한글성명을 음절 단위로 음역(音譯)에 맞게 표기하는 것이 원칙이며, 이름의 음절 사이에는 붙임표(-)를 사용할 수 있습니다.
3. 여권을 처음 발급받는 경우 특별한 사유가 없을 때에는 이미 여권을 발급받아 사용 중인 가족(예: 아버지)의 로마자 성(姓)과 일치시키기를 권장합니다.
4. 여권을 재발급 받는 경우에는 원칙적으로 종전 여권의 로마자성명[배우자 성(姓) 표기 및 로마자이름 띄어쓰기 포함]과 동일하게 표기됩니다.

처 리 절 차

접 수 → 심 사 → 발 급 → 여권 교부

4) 차세대 전자여권

차세대 전자여권은 2021년 12월 21일부터 일반국민을 대상으로 보안성·내구성이 강화된 여권이다. 차세대 전자여권은 ▲표지 색상 변경(녹색 → 남색) ▲사증면수 확대 ▲디자인에 우리 문화유산 활용 ▲주민등록번호 제외 ▲여권번호 체계변경과 함께 ▲신원정보면을 현행 종이에서 폴리카보네이트(Polycarbonate) 재질로 변경하고, 사진과 기재사항을 레이저로 새겨 넣는 방식으로, 여권의 보완성이획기적으로 강화되었다. 한국 여권이 2024년 전 세계 여권 파워 순위 2위를 차지하고 있다. 193개국을 무비자로 입국할 수 있다.

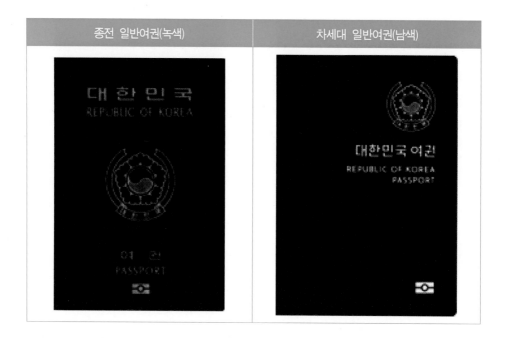

5) 여권 분실 시 유의사항

여권은 소지자의 국적 등 신분을 증명하고 국적국이 소지자에 대해 외교적 보호권을 행사할 수 있는 공문서의 일종으로, 자국민이 해외여행을 하는 동안 편의와보호에 대한 협조를 받을 수 있도록 하기 위해 발급하는 신분증명서로서의 중요한 기능을 가지며, 분실 시 3자가 습득하여 위·변조 후 나쁜 목적으로 악용할 소지가 있으므로 철저한 관리가 필요하다. 해외에서 여권 분실 시 가까운 경찰서에 여권 분실 사실을 신고해야 하며, 또한 가까운 대사관 또는 영사관에 여권 분실 신고를 할 수 있다. 분실 신고 시 여권은 무효가 되어 더 이상 사용할 수 없으며, 다시 찾더라도 해당 여권으로는 그 나라에서 출국이 제한되므로 여행증명서나 단수여권을 발급받아야 한다. 만일의 경우에 대비하여 여행 전에 사진과 여권 유효기간 및 여권번호를 수첩에 적어두거나 여권을 복사해서 여권과 별도로 가지고 다녀야 여권 분실 시에 대비할 수 있다.

비자업무

1. 비자의 개념

여권이 자국에서 외국여행을 할 수 있는 자격을 부여하는 신분증이라고 한다면, 비자는 외국여행 시 입국하려고 하는 국가에서 발행하는 입국허가증이다. 비자는 여행자가 소지하고 있는 여권의 유효기간과 방문목적의 적절성 등 자국에서의 입국 및 체재에 대해 심사 또는 인터뷰 등을 거쳐 해당국가의 대사관이나 영사관에서 발급하는 일종의 입국허가증이다. 비자(Visa)를 우리말로 사증이라고 하며, 방문하고자 하는 모든 국가에 대한 비자 취득이 필요한 것은 아니다. 서류준비 및 인터뷰 등의 번거로움을 없애기 위해 국가와 국가 간에 '사증면제협정'을 맺은 나라를 방문하게 되는 경우에는 비자를 발급받을 필요가 없다. 이 경우 방문목적과 방문기간에 따라 차이가 있으나 관광 및 방문 등 단기 체류예정자에 해당된다. 이와 같이 비자면제협정을 체결한 나라의 경우에는 국가에 따라 무비자(No Visa) 방문기간에 차이가 있으므로 방문계획수립 시 확인할 필요가 있다.

 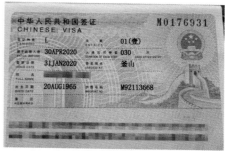

2. Visa 면제협정 체결국가

우리나라와 비자면제협정(Visa Waiver Agreement)을 체결한 국가를 일정기간 내에서 여행의 편의 및 관광교류 확대 등을 도모하기 위하여 방문하게 되는 경우에는 비자를 발급받을 필요가 없다. 비자면제협정의 시행목적은 특정 상호 간 자국민의 여행의 편의와 관광산업의 발전을 위해 상호 간의 비자를 면제해 주는 것에 있다. 외교관계의 변화에 따라 변동될 수 있으며 대표적인 예로 신종바이러스 감염증 코로나19로 인한 비자 면제협정의 일시적인 중단이 대표적인 예이다. 비자면제 협정에 의해 비자 없이 방문할 수 있는 국가는 외교부 해외안전여행 사이트(www.0404.go.kr)를 참고하거나 해당 국가의 주한대사관을 통해 정확한 확인이 가능하다.

한편 쉥겐조약은 "유럽연합(EU) 회원국들 간에 체결된 국경개방조약으로 상호 회원국 간의 국민들은 각 나라 국경에서의 검문검색 및 여권검사 없이 회원국 각 나라의 국경을 자유로이 통행할 수 있는 조약"을 말한다.

> **쉥겐협약 개요**
> 쉥겐협약은 유럽지역 26개 국가들이 여행과 통행의 편의를 위해 체결한 협약으로서, 쉥겐협약 가입국을 여행할 때는 마치 국경이 없는 한 국가를 여행하는 것처럼 자유로이 이동할 수 있습니다.
>
> **쉥겐협약 가입국**(총 26개국)
> 그리스, 네덜란드, 노르웨이, 덴마크, 독일, 라트비아, 룩셈부르크, 리투아니아, 리히텐슈타인, 몰타, 벨기에, 스위스, 스웨덴, 스페인, 슬로바키아, 슬로베니아, 아이슬란드, 에스토니아, 오스트리아, 이탈리아, 체코, 포르투갈, 폴란드, 프랑스, 핀란드, 헝가리

3. 비자의 종류

비자는 상대국의 입국목적과 방문횟수 및 체류기간, 여행자의 여권유형 등에 따라 분류된다.

1) 입국목적에 따른 분류

① **입국비자**: 해당국에의 입국을 주목적으로 하는 경우에 발급되는 비자로서 관광비자, 상용비자, 유학비자, 취업비자, 이민비자, 문화공연비자 등이 있다.

② **무사증체류(통과비자)(TWOV ; Transit Without of Visa)**: 여행일정상 여행객이 최종목적지 국가에 가는 도중 항공편 연결 등의 경유 및 환승할 경우, 항공편 시간이 맞지 않아 환승이 바로 연결되지 못하여 입국하는 경우, 경유지 국가에서 단기간 관광목적과 체류목적으로 머무르거나, 정식 입국허가 비자를 받지 않고도 연결편이 예약된 항공권만 소지하게 되면 해당 국가의 공항 등에서 통과 목적의 통과 비자를 받아 입국할 수 있는 제도이다.

2) 방문횟수에 의한 분류

① **단수비자(Sing Entry Visa)**: 1회에 한하여 입국이 허가되는 비자를 말하며 다음 방문 시에는 다시 비자를 발급받아야 한다. 예 중국 3개월 단수비자

② **복수비자(Multiple Entry Visa)**: 비자의 유효기간 내에서는 방문횟수에 제한 없이 해당국가에 입국할 수 있는 비자를 말한다. 예 중국 1년 복수비자

3) 여권유형에 따른 분류

① **일반비자**: 일반여권 소지자에게 발급하는 비자

② **공용비자**: 공무목적의 관용여권 소지자에게 발급해 주는 비자

③ **외교관비자**: 외교목적의 외교관여권 소지자에게 발급해 주는 비자

4. 각국의 비자

1) 미국

미국 비자면제 프로그램(VWP) : 2008년 11월 시행

- 관광과 상용목적의 미국방문으로 90일 이내만 허용
- 전자여권만 ESTA 신청가능
  사진부착식 여권의 경우 별도 미국대사관에서 비자를 받아야 함
- 복잡한 절차 없이 간단한 정보입력으로 입국가능 여부를 확인
- 인터뷰를 위해 대사관에 가지 않아도 되어 시간 및 발급비용 절약
- ESTA 홈페이지를 통해 신청서를 작성 후 신용카드로 결제하면 신청이 완료된다.

2) 캐나다

2016년 3월 15일 이전에는 대한민국 국적 소지자의 경우 단기 캐나다 여행을 떠날 때 별도의 여행 허가나 비자가 필요하지 않았다. 하지만 캐나다도 전자 여행 허가라는 제도를 도입했다. eTA라고 하는 이 여행 허가 제도는 캐나다 방문을 원하는 비자 면제 대상 국가의 국적을 소지한 자만 간편한 온라인 eTA 신청 절차로 신청자의 캐나다 방문을 승인하는 제도이다. 캐나다 eTA 신청 후 발급된 날로부터 5년간 유효하다. 캐나다 eTA 비자는 Multiple 비자로서 여러 번 재입국이 가능하고, 미국 시민권자는 비자가 필요 없다.

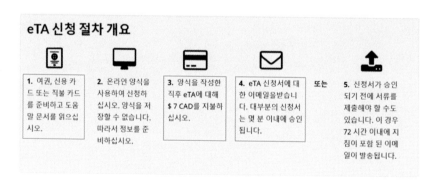

eTA 신청 절차 개요

1. 여권, 신용 카드 또는 직불 카드를 준비하고 도움말 문서를 읽으십시오.

2. 온라인 양식을 사용하여 신청하십시오. 양식을 저장할 수 없습니다. 따라서 정보를 준비하십시오.

3. 양식을 작성한 직후 eTA에 대해 $ 7 CAD를 지불하십시오.

4. eTA 신청서에 대한 이메일을 받습니다. 대부분의 신청서는 몇 분 이내에 승인됩니다.

또는

5. 신청서가 승인되기 전에 서류를 제출해야 할 수도 있습니다. 이 경우 72 시간 이내에 지침이 포함 된 이메일이 발송됩니다.

캐나다 비자 eTA 신청방법

3) 일본

2006년 3월 이전에는 일본비자를 발급받아야 입국이 가능했지만 그 후 일반여권을 소지한 한국인은 단기체제목적으로 일본에 입국하는 경우 비자가 면제되는 비자면제조치를 실시 중이다. 코로나로 인한 특수상황으로 양국의 출입국이 2020년 10월 8일(목)부터 한-일 양국 간 패스트 트랙 입국 절차가 시행되어, 양국 기업인의 왕래가 재개되었다. 그리고 2023년 4월 28일 한국을 백색국가로 재지정하고, 5월 8일부터 한국인들은 코로나 이전처럼 자유롭게 90일간 무비자로 입국이 가능해졌다.

4) 중국

중국을 방문하고자 할 때 관광목적으로 30일 단수비자(LA), 90일 단수, 30일 더블, 관광 1년 복수비자, 단체비자, 별지비자로 여행의 기간에 따라 필요한 비자를 발급받는다. 2016년 우리나라의 사드(THAAD · 고고도미사일방어체계) 배치 발표에 따라 중국의 비자발급이 매우 까다로워졌다. 중국은 2023년 8월, 한국행 단체관광을 허용했다. 한국의 사드 배치에 대한 보복으로 2017년 3월 한국행 단체 비자발급을 중단한 지 6년여 만의 재개다.

단수	복수	관광	상용	30일, 90일
1회만 방문이 가능함	다수의 방문이 가능함	관광용 비자를 뜻하나 출장 시에도 사용 가능	출장용 비자를 뜻하나 관광 시에도 사용 가능	1회 방문당 최대 체류 일수를 뜻함

비자 용어 설명

워킹 홀리데이(Working Holiday) 비자

워킹 홀리데이(Working Holiday)란 노동력이 부족한 나라에서 외국의 젊은이에게 1년간 특별 비자를 발급하여 입국을 허락하고 취업자격을 주는 제도이다. 즉, 협정체결국 청년들에게 입국을 허락하고 취업자격을 주는 제도로 일정기간 동안 여행, 어학연수, 취업 등을 하면서 그 나라의 문화와 생활을 체험할 수 있는 비자이다. 우리나라는 현재 23개 국가 및 지역과 워킹홀리데이 협정 및 1개 국가와 청년교류제도(YMS) 협정을 체결하고 있다. 우리나라와 협정을 맺은 국가는 네덜란드, 뉴질랜드, 대만, 덴마크, 독일, 벨기에, 스웨덴, 아일랜드, 오스트리아, 이스라엘, 이탈리아, 일본, 체코, 칠레, 캐나다, 포르투갈, 프랑스, 헝가리, 호주, 홍콩, 스페인, 아르헨티나, 폴란드이다. 워킹 홀리데이 참가자격은 대부분 18-30세의 청년으로, 부양가족이 없어야 하고, 신체가 건강하며, 범죄경력이 없을 것 등을 자격조건으로 두고 있다. 단 언어 능력으로 참가자격의 제한을 두고 있지는 않다. 워킹 홀리데이 비자는 각 국가별로 평생 단 한번만 받을 수 있는 비자이며, 학생비자나 관광비자와 같이 어학연수와 관광도 할 수 있으면서 합법적으로 단기취업이 가능한 비자이다.

워킹 홀리데이 협정 체결국가

Case 사례 1 TWOV(Transit without Visa, 무사증체류)

여행신문

TWOV는 Transit without Visa의 약자이며 '무사증체류'라 일컫는다. 모든 국가들은 자국민외 외국인에 대해서는 자국 입국 시 허가를 받도록 하고 있다. 이 허가의 표시가 바로 사증(Visa)이다. 하지만 해당 국가를 방문하려는 것이 아닌 제3국으로 가기 위한 단순통과일 경우 입국허가, 즉 사증(Visa)을 요구하지 않는 경우가 있는데 이 형태를 'TWOV'라고 하며 즉 비자 없이 통과라고 한다.

다음으로 TWOV 조건을 살펴보면 TWOV는 말 그대로 특정 국가에 '입국(Entrance)'이 아닌 '통과(Transit)'의 목적으로 가는 것이므로 그 목적에 맞는 조건을 갖추어야 한다. 제3국이 최종 목적지이므로 제3국행 항공권을 소지해야 하고 도착한 공항을 떠나지 않고 일정 기간(대개는 당일 혹은 24시간) 안에 제3국행 항공편에 탑승해야 한다. 경우에 따라서는 공항을 떠나는 것을 허용하기도 하며, 이때는 사실상 입국이 되기도 한다.

대부분의 국가는 비자 없이 24시간 혹은 당일에 한해 자국을 통과할 수 있도록 TWOV 제도를 운영하고 있으나 일부 국가는 TWOV 자체를 인정하지 않는 경우도 있다. 국가별 TWOV 제도를 보면 우선 미국은 TWOV 제도를 운영하지 않는다. 즉 미국을 입국하거나 통과하거나 무조건 사증(Visa)을 요구한다. 그리고 전자여행허가(ESTA)의 승인을 받아야 한다. 이때 ESTA상에서 거절을 통보받은 경우에는 미국대사관에서 직접 비자를 발급받아야 미국으로 입국이 가능하다. 다음으로 일본은 공항이나 도시별로 상이하며 3일 혹은 72시간 통과시간을 운영하고 있다. 마지막으로 중국은 자국 관광객 유치를 위해 제3국행 항공편 예약이 확실한 경우 입국공항에 따라 72시간 144시간 동안 체류할 수 있도록 하고 있다.

사증면제제도란 무엇인가? 국가 간 이동을 위해서는 원칙적으로 사증(입국허가)이 필요하다. 사증을 받기 위해서는 상대국 대사관이나 영사관을 방문하여 방문국가가 요청하는 서류 및 사증 수수료를 지불해야 하며 경우에 따라서는 인터뷰도 거쳐야 한다. 사증면제제도란 이런 번거로움을 없애기 위해 국가 간 협정이나 일방 혹은 상호 조치에 의해 사증 없이 상대국에 입국할 수 있는 제도이다.

그렇다면 우리나라 사람이 무사증입국이 가능한 국가에는 현재 협정에 의해 일반여권으로 입국이 가능하다. 무사증 입국이 가능한 국가는 독일, 프랑스, 이스라엘, 태국, 튀니지 등 64개국이 있고 일방 혹은 상호주의에 의해 입국이 가능한 국가는 53개 국가가 있다.

무사증 체류의 적용조건을 정리해 보면 첫째로 제3국으로 계속 여행할 수 있는 예약 확인된 항공권을 소지해야 한다. 둘째로는 제3국으로 여행할 수 있는 여행서류를 구비하여야 하며 셋째로 상호 국가 간에 외교관계가 수립되어 있어야 한다.

일반적으로 당일 혹은 24시간 안에 제3국행 항공편에 탑승해야 하나, 최근 많은 나라가 관광객 유치를 위해 사증(Visa) 없이 자국 통과(Transit)기간을 3일 혹은 72시간 등으로 확대해 운영하기도 한다. 또한 공항에만 체류하지 않아도 되기 때문에 마치 3일 체류 가능한 VISA를 받은 것과 같은 효과를 보인다. 물론 최초 출발했던 곳이 아닌 제3국으로 가야 하는 조건은 변하지 않는다.

Case 사례 2 "약관 및 규정이 천차만별"…
항공권 결제 전 반드시 확인해야 할 것

항공권 구매 시 여행객이 소홀히 넘어가도 되는 항목은 없다. 보안 및 안전을 지키기 위해 출입국 및 수속 과정에서 인적 사항 및 탑승 규정을 엄격하게 확인하기 때문이다. 작은 오·탈자 하나가 항공권 재발행으로 인해 수수료로 이어질 수 있는 것이 항공권이다. 그렇다면 항공권 구매 시 가장 흔한 실수는 무엇일까? 한국인 여행객이 항공권 발권 시 가장 많이 했던 실수 1위는 '영문 이름 잘못 기재'였다. 이어 '수하물 규정 미확인'이 2위에 올랐다. 이외에도 항공권 약관을 꼼꼼히 읽지 않는 것, 출입국 날짜 잘못 설정 등이 상위권을 차지했다. 항공권 결제 전 반드시 확인해야 할 것을 트래블조선의 기사를 참고하여 알아보도록 하자.

※ 여행지의 비자 필요 유무 및 여권 유효기간 확인

우리나라의 여권 파워는 세계 공동 2위(독일, 핀란드)다. 도착비자 또는 비자 없이 갈 수 있는 국가가 188곳(2019년 헨리 여권지수 기준)이나 되다 보니 웬만한 곳은 비자 없이 갈 수 있다고 생각한다. 또한, 패키지여행의 경우 여행사 측에서 알아서 필요하면 비자를 신청해 주지만, 자유여행객이면 직접 비자신청을 해야 한다. 괌을 포함한 미국, 중동 아시아 국가, 호주는 전자비자 또는 비자가 필요하다. 국가에 따라 즉시 비자 발급이 되기도 하지만 사람에 따라 비자가 나오는데 2~3일에서 한 달까지 시간이 걸리기도 한다. 이 때문에 비자가 필요한지 확인이 필요하다. 또한, 중국, 대만, 태국, 베트남 등의 국가는 해당 국가 입국일 기준 여권 유효기간이 6개월 이상이어야 한다. 여행을 떠나기 전 외교부 사이트를 반드시 확인하는 것이 좋다. *외교부 사이트 : https://www.mofa.go.kr

※ 항공권 발권 시 이름 영문 철자가 여권과 일치하는지의 여부

항공권 발권 시 여행객이 직접 작성하는 영문 이름은 여권의 영문 이름 철자와 일치해야 한다. 하지만 자유여행객은 직접 발권을 하다 보니 항공권 예약 시 이름의 영문 철자를 잘못 입력하거나 여권에 기재된 정확한 철자가 기억이 안 나 일단 입력해 두고 나중에 수정하려는 경우가 있다. 탑승객의 영문 이름 철자가 여권에 기재되어 있는 철자와 일치하지 않으면 수정을 거쳐야 하는데 이 경우 항공사와 여행사에 따라 수정 가능 여부 및 수수료가 달라진다. 이름을 무료로 수정해 주는 곳도 있지만, 결제를 취소하고 다시 예매하는 과정에서 수수료를 물어야 하는 곳도 있다. 항공권은 유가증권으로 취급되는 데다 예약 오·남용 등으로 대부분의 항공사가 이름 변경을 제한하고 있다. 최악의 경우에는 출국할 수 없거나 입국이 불허될 수 있으므로 꼭 여권 영문과 같은지 확인해야 한다.

※ 항공권 변경 및 취소 규정 확인

최저가 항공권은 가격 면에서는 절약할 수 있어 이점이 있다. 하지만 전세기 취항 시의 땡처리 항공권이나 저가 항공사의 프로모션 항공권은 환불, 취소 규정이 엄격한 경우가 많아 주의해야 한다. 항공권 가격의 절반 이상을 취소 및 변경 수수료로 지급해야 하는 경우도 있기 때문이다. 계획에 없던 여행을 단순히 저렴한 가격에 혹해서 샀다가 예기치

못한 상황으로 항공권을 취소해야 할 때는 항공권 가격에 버금가는 수수료를 낭비할 수도 있다. 일정에 대한 확신이 없으면 돈을 조금 더 주고서라도 무료 취소 및 일정 변경이 가능한 일반 운임을 선택하는 편이 더 유리할 수 있다. 또한, 여행사를 통해 항공권을 구매했을 경우 항공사에 지급하는 수수료 외에 여행사에 지불하는 수수료가 추가로 발생하는 경우가 대부분이다. 이 또한 여행사마다 규정이 다르기 때문에 꼼꼼히 확인해야 한다.

※ 수하물 제한 무게 및 크기 확인
여행을 가면 짐이 있기 마련이다. 하지만 수하물 규정은 항공사와 노선 그리고 운임 기준에 따라 천차만별이다. 따라서 항공권에 해당하는 수하물 규정과 별도 비용 발생 여부를 확인해야 한다. 규정 확인 없이 수하물을 보내면 최저가 항공권을 구매해 절약한 돈이 무색하게 추가 요금을 내야 할 수도 있기 때문이다. 같은 항공사와 노선이라도 프로모션 운임이 일반 운임보다 수하물 규정이 엄격한 편이다. 또한, 비행시간과 거리에 따라 수하물 규격이 달라지는 경우도 있다.

〈한국인이 항공권 결제 시 가장 많이 하는 실수 TOP 8〉
　1위. 영문 이름 잘못 기입 34%
　2위. 수하물 규정 미확인 23%
　3위. 출입국 날짜 잘못 설정 18%
　4위. 항공권 약관 미확인 7%
　5위. 출/도착지 잘못 설정 6%
　6위. 여권 번호 잘못 기입 6%
　7위. 여권 만료 기간 미확인 3%
　8위. 비자 관련(비자 만료 기간 및 필요 여부 미확인) 3%

여행신문

Case 사례 3   ETA(Electronic Travel Authorization, 전자여행허가) 제도

2021년 6월부터 사증 없이 입국 가능한 외국인을 대상으로 전자여행허가(ETA) 제도가 시행된다. 전자여행허가(ETA) 제도는 밀입국자 등의 문제가 점차 심해짐에 따라 비자 면제 국가 국민들을 대상으로 실시하는 것으로 입국 전에 인터넷으로 사전허가를 받는 시스템이다. 전자여행허가(ETA ; Electronic Travel Authorization) 제도는 사증면제협정국가 66개국, 무사증입국 허용국가 46개국 등 총 112개국 국민이 대상이다.

관광 등을 위해 한국을 방문하려는 경우, 현지 공항 항공기 탑승 전 최소 72시간 전에 대한민국 ETA 홈페이지에 여권 정보와 본국 거주지, 체류지 숙소, 연락처, 여행 경비 등을 적으면 그 내용을 토대로 입국 여부를 판단하는 사전여행허가 제도다. ETA 승인을 한 번 받으면 2년간은 한국에 재입국할 때 사전여행허가와 수수료가 면제되며 입국 시 입국신고서를 제출하지 않아도 되고, 전용심사대에서 본인 여부·위변조여권 등만 확인되면 인터뷰 절차를 거치지 않고 신속하게 입국할 수 있다.

대한민국을 방문하는 외국인에게
전자여행허가(ETA) 제도를 시행합니다   📅 시행일 : 2021년 6월

'21년부터 대한민국을 방문하는 외국인에게
전자여행허가(ETA) 제도를 시행합니다

• 대한민국에 입국이 부적합한 사람은
  현지에서부터 입국을 차단하고,
  선량한 관광객에 대해서는
  신속하고 편리한 입국절차를 지원

| 토론주제 | 수속업무(여권, 비자)를 학습하고, 주요 토론주제를 가지고 토론하는 시간을 가집니다. |

1) 전자여권과 차세대전자여권에 대하여 토론해 보자.

　　※ 차세대전자여권은 신원정보면을 현행 종이에서 폴리카보네이트(Polycarbonate) 재질로 변경하고 사진과
　　　기재사항을 레이저로 새겨 넣는 방식으로, 여권의 보안성이 획기적으로 강화된 여권

2) TWOV(Transit without VISA)에 대하여 토론해 보자.

3) 항공권 결제 전 반드시 확인해야 할 4가지에 대하여 토론해 보자.

4) 미국비자의 종류에 대하여 알아보자.

5) 중국의 관광비자, 상용비자, 단체(별지)비자에 대하여 알아보자.

6) 비자에 관련 에피소드에 대하여 이야기해 보자.

7) 각국 비자가 필요한 나라에 대하여 토론해 보자.

CHAPTER

9

항공예약

항공권의 개념

1. 항공권의 정의

항공회사가 여객 및 수화물을 운송하기 위해 이루어진 계약내용을 발행한 증서이다. 항공권은 "여행자가 비행기를 이용하기 위하여 항공사에 정해진 요금을 지불하고 받은 일종의 증서로, 항공사는 운송약관 및 기타 약정에 의하여 여객운송을 하겠다고 여행자에게 약속하는 일종의 계약서"이다. 다시 말해 승객이 비행기를 탑승하기 위한 증표, 즉 여객항공권과 승객이 수하물을 무료로 비행기에 탑재할 수 있는 증표인 수하물표를 의미하는 것으로 승객과 항공사 사이에 성립된 운송계약의 내용을 명시하고 승객과 수화물을 운송하기 위한 증표를 말한다.

2. 항공권의 유형

항공권에는 2가지의 유형이 있는데, 실물이 있는 종이항공권(Paper Ticket)과 전자항공권(E-Ticket)이다.

1) 종이항공권(Paper Ticket)

종이항공권은 항공권 분실이나 훼손되면 탑승이 불가능해 재발급을 받아야 하는 번거로움이 있었기에, 현재 종이항공권은 거의 사용하지 않는다.

2) 전자항공권(Electronic Ticket)

전자항공권이 우리나라에 도입된 것은 2005년부터이나 2006년부터 대중화되었고, 2008년 6월부터는 전자항공권만 사용할 수 있게 되었으며, 종이항공권의 단점을 보완한 것이 전자항공권이다. 항공권의 분실, 도용 등의 문제점과 발행 및 유지에 따른 비용을 개선하기 위해 전자항공권이 등장하였다. 전자항공권(E-Ticket)은 발권 및 구매에 관련된 정보가 발권한 항공사의 데이터베이스에 저장되어 ITR(Itinerary Ticket Record)이 생성되는 발권방식이다. 즉 항공사의 디지털 시스템으로 종이항공권 발권 없이 탑승고객관련 정보가 항공사 Date Base에 입력되어 있어 승객은 공항에서 신분 확인만으로 바로 탑승할 수 있도록 만든 시스템을 말한다.

E-Ticket은 전화, 인터넷, 여행사 등을 통해 예약 및 결제를 마친 승객이 항공사로부터 전자항공권 발행확인서(Electronic Ticket Itinerary)를 본인의 이메일이나 전자기기로 받아 출발 당일 공항에 있는 해당 항공사 카운터에서 본인 확인 절차만으로 항공기에 탑승할 수 있다. 전자항공권은 탑승권을 대신할 수 없으며, 항공권 체크인의 과정에서 탑승권(Bording Pass)을 반드시 발급받아야 한다.

Provided by **TOPAS**
전자항공권 발행확인서
e-Ticket Itinerary & Receipt

항공권 발행일 : 2023년 04월 11일

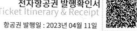

김미리
TEL. 055-287-1911
miri@sejoong.com | https://www.sejoong.com

▪ 승객성명 Passenger Name	▪ 항공권번호 Ticket Number	▪ 예약번호 Booking Reference
KIM/SEONREA MS (KE11512697****)	**1809304180349**	**7975-2298**

🔊 **드리는 말씀** Remarks

안녕하세요.
세중여행 김미리 입니다.
본 메일은 발신전용으로 수신이 불가합니다.
모든 문의는 miri@sejoong.com 으로 보내주십시오.
여정표/티켓 상의 영문명, 여정, 날짜, 꼭 재확인 해주시고 미확인에 대한
책임은 손님에게 있음을 당부드립니다.

출입국 관련 정보 안내
외교부 해외안전여행https://www.0404.go.kr
코로나19로 창원지점 영업시간은 10시~16시 입니다.
그 외에는 콜센터 연결 되오니 업무 시간 유의 부탁 드립니다.

1

부산 **PUS**		서울 **ICN**	**KE1414**
Gimhae intl Terminal No: I	✈	Incheon international Terminal No: 2	예약번호: 5G4JOP
26SEP23(화)10:50 (Local Time)		26SEP23(화)11:55 (Local Time)	Operated by KE KOREAN AIR

▪ 예약등급 Class	M(일반석)	▪ 예약상태 Status	OK (확약)	▪ 비행시간 Flight Time	1시간 5분
▪ 운임 Fare Basis	MKE	▪ 항공권 유효기간 Validity	- ~ 26SEP24	▪ SKYPASS 마일리지 SKYPASS Miles	215
▪ 수하물 Baggage	2PC	▪ 기종 Aircraft Type	BOEING 737-900	▪ 좌석번호 Seat Number	36A

2

서울 **ICN**		로스엔젤레스 **LAX**	**KE0017**
Incheon international Terminal No: 2	✈	Los angeles intl Terminal No: B	예약번호: 5G4JOP
26SEP23(화)14:30 (Local Time)		Tom Bradley Int'l 26SEP23(화)09:40 (Local Time)	Operated by KE KOREAN AIR

▪ 대한항공은 인천공항 제2여객터미널 에서 운항합니다.

▪ 예약등급 Class	U(일반석)	▪ 예약상태 Status	OK (확약)	▪ 비행시간 Flight Time	11시간 10분
▪ 운임 Fare Basis	ULX7ZBYK	▪ 항공권 유효기간 Validity	- ~ 29FEB24	▪ SKYPASS 마일리지 SKYPASS Miles	5973
▪ 수하물 Baggage	2PC	▪ 기종 Aircraft Type	AIRBUS A380-800	▪ 좌석번호 Seat Number	36K

3

로스엔젤레스 **LAX**		서울 **ICN**	**KE0018**
Los angeles intl Terminal No: B	✈	Incheon international Terminal No: 2	예약번호: 5G4JOP
Tom Bradley Int'l 06OCT23(금)12:30 (Local Time)		07OCT23(토)17:50 (Local Time)	Operated by KE KOREAN AIR

▪ 예약등급 Class	L(일반석)	▪ 예약상태 Status	OK (확약)	▪ 비행시간 Flight Time	13시간 20분
▪ 운임 Fare Basis	LLX7ZBYK	▪ 항공권 유효기간 Validity	27SEP23 ~ 26MAR24	▪ SKYPASS 마일리지 SKYPASS Miles	5973
▪ 수하물 Baggage	2PC	▪ 기종 Aircraft Type	AIRBUS A380-800	▪ 좌석번호 Seat Number	36K

4

서울 **ICN**		부산 **PUS**	**KE1427**
Incheon international Terminal No: 2	✈	Gimhae intl Terminal No: I	예약번호: 5G4JOP
07OCT23(토)19:35 (Local Time)		07OCT23(토)20:40 (Local Time)	Operated by KE KOREAN AIR

▪ 대한항공은 인천공항 제2여객터미널 에서 운항합니다.

▪ 예약등급 Class	M(일반석)	▪ 예약상태 Status	OK (확약)	▪ 비행시간 Flight Time	1시간 5분
▪ 운임 Fare Basis	MKE	▪ 항공권 유효기간 Validity	- ~ 26SEP24	▪ SKYPASS 마일리지 SKYPASS Miles	215
▪ 수하물 Baggage	2PC	▪ 기종 Aircraft Type	BOEING 737-900	▪ 좌석번호 Seat Number	36A

▪ 예약등급은 항공사 FLIGHT 정보에 따라 표기 내용과 상이할 수 있습니다.
▪ 할인 또는 무임 항공권의 경우 예약 등급에 따라 마일리지 적립률이 상이하거나 마일리지가 제공되지 않습니다.
▪ 스케줄, 기종 및 좌석등급(서비스클래스)은 부득이한 사유로 사전 예고없이 항공사 사정으로 변경될 수 있습니다.
  또한 항공기 교체등의 부득이한 사유로 선택하신 좌석이 변경될 수 있으니 탑승수속 시 기종 및 좌석번호를 재확인해 주시기 바랍니다.
▪ 모든 정보는 항공사나 공항 사정에 의해서 변경될 수 있습니다.

🔲▶ 항공권 운임정보 Ticket/Fare Information

▪ 연결항공권 Conj. Ticket No.	-
▪ 운임산출내역 Fare Calculation	PUS KE SEL56.30KE LAX415.62KE SEL468.33KE PUS56.30NUC996.55END
	ROE1308.887910 XF LAX4.5
▪ 산출운임 Fare Amount	KRW 1304400(Paid Amount KRW 1304400)
▪ 지불화폐 Equiv.Fare Paid	
▪ 세금/항공사 부과 금액 Taxes/Carrier-imposed Fees	Paid Amount KRW 389400
▪ 세금 Taxes	KRW 28000BP 9000DA 7400AY 27800US 27800US 5100XA 9300XY 8600YC 6000XF
	▪ 한국 출발 세금(BP)에는 국제여객공항이용료(인천/김포공항 17,000원), 기타 12,000원),
	출국납부금 10,000원, 국제질병퇴치기금 1,000원이 포함되어 있습니다.
▪ 유류할증료 Fuel Surcharge	KRW 260400YR
▪ 부가수수료 Service Fees	
▪ 총산출금액 Total Amount	KRW 1693800 (Total Paid Amount KRW 1693800)
▪ 지불수단 Form of Payment	CCDS XXXXXXXXXXXX9932 / XXXX/00
▪ 발행일/발행처 e-Ticket Issue Date/Place	11APR2023 / 17301130 / PUSKP3400
	▪ 지불금액은 (Total Paid Amount)에 표기된 금액을 확인하시기 바랍니다.

🛄 수하물 규정 안내 Baggage Information

ICNLAX
첫번째 위탁 수하물 : FREE OF CHARGE (UPTO50LB 23KG AND62LI 158LCM)
두번째 위탁 수하물 : FREE OF CHARGE (UPTO50LB 23KG AND62LI 158LCM)
기내 휴대 수하물 정보 : ICNLAX Default Carry On Baggage
Link : 대한항공

LAXICN
첫번째 위탁 수하물 : FREE OF CHARGE (UPTO50LB 23KG AND62LI 158LCM)
두번째 위탁 수하물 : FREE OF CHARGE (UPTO50LB 23KG AND62LI 158LCM)
기내 휴대 수하물 정보 : LAXICN Default Carry On Baggage
Link : 대한항공

LB = 파운드, KG = 킬로그램, LI = 인치, LCM = 센티미터

상기 기재된 무료 수하물 허용량, 초과 수하물 요금 등 수하물 규정 안내는 참고용으로 실제와 다를 수 있으니 항공사로 확인하시기 바랍니다.
탑승수속 시 항공사 우수 회원 등급에 따라 추가 수하물 혜택이 적용될 수도 있습니다.

⚠ 유의사항 Notice

▪ 본 e-티켓 확인증과 함께 제공된 법적 고지문을 반드시 참고하여 주시기 바랍니다.
▪ e-티켓 확인증은 탑승수속시, 입출국/세관 통과시 제시하도록 요구될 수 있으므로 반드시 전 여행 기간 동안 소지하시기 바랍니다. e-티켓 확인증의
  이름과 여권상의 이름은 반드시 일치해야 합니다.
▪ 본 e-티켓 확인증은 e-티켓의 정보 등을 확인하기 위하여 제공되는 서면에 불과하고 소지인에 당해 운송 관련 어떠한 법적 권리를 부여하지 않습니다.
  본 e-티켓 확인증을 임의로 위변조할 경우 형법에 따라 처벌받을 수 있으며 이로 인하여 대한항공 또는 정당한 e-티켓 소지자가 입은 손해를
  배상하여야 합니다.
▪ 대부분의 공항에서 탑승수속 마감시간은 해당 항공편 출발 1시간 전 으로 되어있으니, 해당 출발 예정시각 최소 2시간 전에는 공항에
  도착하시기 바랍니다.
▪ 공동운항편의 탑승 수속은 실제 운항하는 항공사의 터미널과 탑승수속 카운터를 이용하셔야 합니다. 운항항공사 규정에 따라 탑승수속 마감시간이
  다를 수 있으니 반드시 확인하시기 바랍니다.
▪ 사전에 좌석을 배정받으신 고객께서는 항공기 출발 1시간 30분 전까지(일등석 및 프레스티지석 이용 고객께서는 1시간 전까지) 탑승권을 발급 받으시기
  바랍니다. 해당 시각까지 탑승권으로 교환하지 못하신 고객은 사전 배정된 좌석 번호가 본인에게 배정되지 않을 수도 있습니다.

▪ 대한민국 항공보안법 규정에 따라 탑승구에서 여권과 탑승권을 확인하고 있사오니 협조하여 주시기 바랍니다. 여행지 국가 입국에 필요한 출입국 규정을 사전에 확인하고 이에 필요한 여권, 비자 등의 여행 서류는 승객 책임하에 확인 및 준비되어야 합니다. 필요한 여행 서류가 구비되지 않는 경우 탑승수속이 불가할 수 있으며 이에 따르는 모든 손해 또는 비용은 여객운송약관에 의거 당사에 책임을 부담하지 않음을 안내 드립니다.

▪ 공동운항편의 경우 운항사에서 구입 시와 운임이 다를 수 있습니다. 또한 운항 항공사의 수하물 규정이 적용될 수 있습니다.

▪ **KE 공동운항편 제반 서비스**는 양사간 협의 하에 제공되나 기본적으로 운항사 기준을 따릅니다. 일부 운항사에서는 사전좌석배정, 아기바구니, **특별기내식, 스카이패스 우수회원 혜택, 웹/모바일/키오스크 체크인** 등의 서비스가 제공되지 않을 수 있습니다.

▪ 일부 항공사 (공동운항편 포함)에서는 탑승수속 시 해당 항공사 정책에 따라 무료 수하물 허용량과는 별도로, 위탁 수하물에 대한 Handling Fee (수하물 취급수수료)를 징수하는 경우가 있으니, 자세한 사항은 해당 항공사로 확인하시기 바랍니다.

▪ 위험물의 위탁 또는 기내반입이 불가합니다. (미국 출 도착편의 경우 위반시 미국 연방법에 따라 징역 5년과 $250,000 이상의 벌금이 부과될 수 있습니다.) 위험물에는 폭발물, 압축가스, 인화성 액체 및 고체, 산화제, 독극물, 부식성 물질 및 방사성 물질이 포함됩니다. (예시: 페인트, 라이터용 연료, 폭죽, 최루가스, 산소통, 방사성 의약품) 위탁 수하물 내 적은 양의 약품, 화장품과 흡연용 물품의 휴대는 예외가 될 수 있으며, 더 자세한 사항은 항공사로 문의하시기 바랍니다.

▪ 파손되기 쉬운 물품, 부패나 변질의 우려가 있는 물품, 화폐, 보석류, 귀금속류, 유가증권, 기타 귀중품 또는 중요한 견본이나 서류, 의약품 및 전자제품 (노트북, 카메라, 핸드폰, MP3등)은 수하물로 위탁이 불가하오니 직접 휴대하시기 바랍니다. 휴대가 불가하여 상기 물품을 위탁하시는 경우 저희 직원에게 문의하여 주십시오. 책임 제한을 포함한 모든 수하물 관련사항은 당사 여객운송 약관을 참고하여 주십시오.

▪ 항공사가 제공하는 운송 및 기타 서비스는 운송 약관에 준하며, 필요시 참조하실 수 있습니다. 이 약관은 발행 항공사를 통해 확인하실 수 있습니다.

▪ 캐나다 출도착 여정 여행 시 탑승이 거부되거나, 항공편이 취소 또는 최소 2시간 이상 지연(*), 수하물이 분실 또는 훼손되었을 경우, 항공 여객 보호 규정에 따라 일정 기준의 처우와 보상을 적용 받을 수 있습니다. 여객의 권리에 대한 자세한 내용은 해당 항공사에 문의하거나 캐나다 교통국 웹사이트를 방문하여 주시기 바랍니다. * 항공편 지연 및 취소에 대한 치료 및 보상 표준은 2019 년 12 월 15 일부터 적용됩니다.

▪ 주식회사 대한항공(이하 '대한항공')은 항공 운송 계약의 체결 및 이행을 위하여 고객님이 항공권의 예약 및 발권을 요청한 여행사로부터 고객님의 개인정보를 제공받아 처리하였으며 고객님은 대한항공에 대하여 개인정보보호법 제37조에 의해 개인정보 처리의 정지를 요구할 권리가 있습니다.

▪ 데이터 보호에 관한 고지: 고객의 개인정보는 각 항공사의 개인정보 처리방침에 따라 처리되며, 항공편 예약이 예약 시스템 제공자(GDS)를 통해 이루어진 경우, 해당업체의 개인정보 처리방침에 따라 처리됩니다. 이러한 사항은 https://www.iatatravelcentre.com/privacy.htm 또는 항공사나 GDS를 통해 직접 확인 가능합니다. 예약 및 세부사항 (개인정보 수집, 저장, 사용, 공개, 이전 방법)에 대한 안내문을 참조하시기 바랍니다.

▪ **대한항공 서비스센터**
  한국 : 1588-2001
  일본 : (Toll-free) 0088-21-2001, (휴대전화 및 일부 IP 전화) 06-6264-3311
  중국 : 40065-88888, (로밍서비스 이용 시) +86-532-8378-7024
  미국 및 캐나다 : (Toll-free) 1-800-438-5000, (Text Telephone) 1-888-898-5525
  유럽 : 유럽지역 Toll-free 번호는 [🔍 지점 보기] 를 참고하여 주시기 바랍니다.
  * 타 지역에서의 연결 번호는 [🔍 지점 보기] 를 참고하여 주시기 바랍니다.
  * 서비스센터 및 현지지점의 근무시간에 따라 일부 서비스가 제한될 수 있습니다.
  Toll-free 로 표시된 전화번호는 전화요금을 대한항공에서 부담하는 무료전화입니다. 단, 이용하시는 통신사 요금정책 (로밍 서비스 등)과 호텔의 사정에 따라 전화요금이 청구되거나 연결이 제한될 수 있사오니 확인 후 이용하여 주시기 바랍니다.

대한항공 | 서울특별시 강서구 하늘길 260 (공항동) | 대표이사: 우기홍 외 1명 | 사업자등록번호: 110-81-14794
http://www.koreanair.com

🔍 **부가정보** Additional Information

☀ 날씨 Weather	💱 환율 Exchange Rate	🔌 전압 Voltage

외교부 해외안전여행

대한민국 국민이 이라크, 아프가니스탄, 소말리아, 시리아, 리비아를 여행하는 것은 법에 의해 금지되어 있습니다.
안전한 해외여행을 위해 여행목적지 여행경보 단계를 꼭 확인하세요 (www.0404.go.kr)
여행 전 해외여행자 사전등록제 '동행'에 가입하시면 여행국가의 안전정보를 이메일로 받아 보실 수 있습니다.
스마트폰 앱 스토어에서 '해외안전여행'을 검색! 해외여서의 긴급연락처도 받아보세요.
해외여행 중 사건&사고로 인해 도움이 필요한 상황에 처하시면 영사콜센터에서 유용한 안내를 받으실수 있습니다 (+80-3210-0404)

✈ **항공권 제한 사항** Ticket Restriction

항공권 유효기간	부산(PUS/Busan) - 서울(ICN/Incheon intl) : 2024년 09월 26일
	서울(ICN/Incheon intl) - 로스엔젤레스(LAX/Los angeles) : 2024년 02월 29일
	로스엔젤레스(LAX/Los angeles) - 서울(ICN/Incheon intl) : 2024년 03월 26일
	서울(ICN/Incheon intl) - 부산(PUS/Busan) : 2024년 09월 26일
타 항공사로 항공권 양도	> 본 항공권은 타 항공사로 양도하여 사용할 수 없습니다.

환불

> 환불 위약금이 부과됩니다.

환불 환불위약금 (Penalty)은 구매 항공권의 운임 규정에 따라 부과 됩니다.

단, 한국 출발의 경우 환불위약금 (Penalty)은 전체 미사용 항공권의 경우 환불 접수 시점 별로 차등 부과되며,
부분 사용 항공권의 경우 항공권의 운임 규정에 따라 부과됩니다.

[환불 접수 시점 별 환불 위약금 금액]

예약 클래스	거리별	출발일 기준 환불 접수일					
		~91일 이전	90~61일 이전	60~15일 이전	14~4일 이전	3일 이내	부분환불 재발행
D,I,R	장거리	무료	3만원	30만원	36만원	45만원	30만원
	중거리			20만원	24만원	30만원	20만원
	단거리			10만원	12만원	15만원	10만원
B,M	장거리			15만원	18만원	23만원	15만원
	중거리			7만원	9만원	11만원	7만원
	단거리			5만원	6만원	8만원	5만원
S,H,E,K,L,U,Q	장거리			20만원	24만원	30만원	20만원
	중거리			10만원	12만원	15만원	12만원
	단거리			7만원	9만원	11만원	8만원
N,T	장거리			25만원	30만원	38만원	25만원
	중거리			15만원	18만원	23만원	15만원
	단거리			10만원	12만원	15만원	10만원

- 장거리 : 미주, 유럽, 대양주, 중동, 아프리카행
  중거리 : 동남아, 서남아, 타슈켄트행
  단거리 : 일본, 중국, 홍콩, 타이페이, 몽골, 이르쿠츠크, 블라디보스톡행
- 결합 항공권인 경우 높은 환불위약금이 적용됩니다.
- 재발행된 항공권은 부분 환불위약금과 동일하게 적용 됩니다.
- 환불 위약금이 없는 경우에도 환불 수수료는 별도로 부과되며, 환불 수수료는 항공권 지불 통화에 따라 상이하오니
  확인하여 주시기 바랍니다.
- 환불수수료 : KRW 30,000 / JPY 2,500 / CAD 35 / EUR 30 / IDR 430,000 / (Other Currency USD 30)
- 단, 한국발 전체 미사용 항공권 중 첫 출발일 기준 91일 이전에 환불 접수된 경우는 상기 수수료가 면제 됩니다.
  (보너스 및 단체 항공권 제외)
- 환불 신청 기한은 항공권 유효기간 만료일로부터 30일 이내 입니다.
- 항공권이 재발행된 경우 재발행 항공권 또는 최초 발행 항공권에 대한 위약금이 발생할 수 있습니다.
- 환불은 항공권 명의인(미성년자의 경우 법정 대리인)의 신청을 기본으로 하며, 명의인 외 환불 시 필요서류는 대한항공
  서비스센터나 지점 또는 발권한 여행사로 문의하시기 바랍니다.
- 미사용 세금의 경우 해당 세금 규정에 별도의 제약이 없을 경우 요청 시 환불 받으실 수 있습니다.
- 정확한 환불위약금은 대한항공 또는 발권한 여행사로 확인하시기 바랍니다.
- 보너스 항공권 환불 시 환불 수수료가 공제됩니다.
> 출발 전 전체 미사용 항공권 환불의 경우 환불 접수 시점별 환불 수수료가 공제됩니다.
  [환불접수일 기준 2019년 1월 21일 부]
  [유효기간 이내] 출발일 기준 환불 접수일 91일 이전 무료, 90일 이내 3,000마일
  [유효기간 이후] 10,000마일
> 출발 후 부분 사용한 항공권 환불의 경우 환불 수수료가 공제 됩니다.
  [유효기간 이내] 3,000마일
  [유효기간 이후] 10,000마일

운송등급	예약 클래스	거리	재발행 수수료
일등석	P, F	전 구간	무료
비즈니스석	J, C	전 구간	무료
	D	장거리	15만원
		중거리	7만원
		단거리	5만원
	I, R	장거리	20만원
		중거리	10만원
		단거리	7만원
일반석	Y	전 구간	무료
	B, M	장거리	10만원
		중거리	5만원
		단거리	4만원
	S, H, E, K, L, U, Q	장거리	15만원
		중거리	10만원
		단거리	8만원
	N, T	장거리	20만원
		중거리	12만원
		단거리	10만원

재발행
> 재발행 수수료가 부과됩니다.
재발행 수수료는 구매 항공권의 운임 규정에 따라 부과 됩니다.

- 장거리 : 미주, 유럽, 대양주, 중동, 아프리카행
  중거리 : 동남아, 서남아, 타슈켄트행
  단거리 : 일본, 중국, 홍콩, 대만, 몽골, 이르쿠츠크, 블라디보스톡행
- 자세한 재발행 문의는 항공사 또는 항공권 발행한 여행사로 문의하시기 바랍니다.
- 예약변경/재발행
  예약변경 : 동일한 조건 (운임, 유효기간, 예약등급) 내 날짜 변경 및 편명 변경
  재발행 : 예약변경 이외의 항공사 변경, 구간 변경, 도중체류 변경, 유효기간 연장 등 기타 변경

예약부도 위약금
항공편 출발 이전까지 예약취소 없이 탑승하지 않거나 탑승수속 후 탑승하지 않는 경우 예약부도 위약금이 부과됩니다.
(재발행 수수료 또는 환불 위약금은 별도 규정에 따라 적용됩니다.)
지역별 적용 금액
[장거리 - 미주/유럽/중동/대양주/아프리카] : KRW 120,000
[중거리 - 동남아/서남아] : KRW 70,000
[단거리 - 한국/일본/중국/홍콩/대만/몽골/블라디보스토크/이르쿠츠크] : KRW 50,000
* 출국장 입장 후 탑승을 취소하시는 경우 KRW 200,000 할증 부과됩니다.
  예약부도 위약금은 출발지국에 따라 다르게 적용될 수 있습니다.

마일리지
> 마일리지 좌석승급이 불가한 여정이 있으니, 확인 바랍니다.
- 대한항공편 탑승 시, 예약 등급별 마일리지 적립률
  F 135%, J 135%, C/D/I/R 125%, Z 100%, Y/B/M/S/H/E/K/L/U 100%, G 80%, Q/T 70%
  적립불가 : A/O/V/X, 보너스 항공권, 마일리지 적립불가 조건의 항공권.
  좌석승급 보너스 이용 시 최초 구매한 항공권 적립률 기준 적립

기타 제한사항
-BG KE.

기타
- 항공권의 변경은 운임규정을 따릅니다.
  변경이 가능한 항공권이라도 첫 구간을 변경(예약변경 포함 모든 변경)할경우에는 변경일에 유효한 운임 및 요금
  (유류 할증료 포함)에 따라 재계산 후 재발행되어, 기존 운임 및 요금과의 차액 및 재발행 수수료가 발생 할 수 있습니다.
  기 징수된 재발행 수수료는 환불되지 않습니다.
  재발행이 불가한 경우, 환불 위약금 또는 환불 수수료 공제 후 항공권 환불 및 신규 항공권을 구매하셔야 합니다.
  일부 특별 운임으로의 재발행은 불가합니다.
- 구매 후 항공권의 결제 수단 변경은 불가합니다.
- 상기 이외의 제한사항이 있을 수 있습니다.
  상기 제한사항 및 기타 제한사항에 대한 문의는 항공권 구입처나 대한항공으로 문의하여 주시기 바랍니다.

지불영수증

PAYMENT RECEIPT

항공권 결제 방식 카드 CARD

카드종류 CARD TYPE	카드번호 CARD NUMBER
DS	**XXXXXXXXXXX9932**
유효기간 EXPIRY DATE	거래일자 TRANSACTION DATE
XXXX	**11APR23**
할부기간 EXTENDED TERM	승인번호 APPROVAL NUMBER
00	**49672076**
결제금액 AMOUNT	항공권번호 TICKET NUMBER
KRW 1,693,800	**1809304180349**
항공사 AIRLINE	예약번호 RESERVATION NUMBER
KE(KOREAN AIR)	**7975-2298**

취급수수료(TASF) 결제 방식

카드종류 CARD TYPE	카드번호 CARD NUMBER
유효기간 EXPIRY DATE	거래일자 TRANSACTION DATE
할부기간 EXTENDED TERM	승인번호 APPROVAL NUMBER
결제금액 AMOUNT	취급수수료번호 TASF NUMBER

 여정 ITINERARY

PUS-ICN-LAX-ICN-PUS

승객명 PASSENGER NAME

KIM/SEONREA MS

총 결제 금액 TOTAL AMOUNT	여행사 PLACE OF ISSUE
KRW 1,693,800	**(주)세중 17301130**

이 영수증은 국세청 증빙용으로 사용하실 수 없습니다.

3) 전자항공권의 이점

① 항공사 측면
- 종이항공권의 제작비 절감
- 종이항공권의 폐지에 따른 신규장비 구입비용 절감
- 장비의 유지보수비용 절감
- 업무의 연계호환성, 여행 통계자료 및 마케팅정보 획득용이
- 항공권의 부정사용 방지와 탑승절차의 간소화 및 자동화
- 고객에 대한 서비스 개선효과

② 여행사 측면
- 항공권 발권절차의 간소화
- 시스템 장애로 인한 실물항공권 손실 방지와 대고객 서비스 개선
- Mail 및 기타 송부로 전자항공권을 수령하는 데 따른 시간절약
- 항공권 발권에 따른 담보금액에 대한 최대 활용

③ 고객 측면
- 항공권 분실 및 훼손의 염려가 없음
- 이메일 등 기타 전달의 간편화로 고객이 직접 매표소나 여행사를 방문할 필요가 없음
- 종이항공권보다 항공권의 여정 변경 및 환불이 용이함
- 전자항공권의 처리시간이 짧아 공항에서의 탑승수속 카운터 대기시간이 단축됨

Provided by **TOPAS**
전자항공권 발행확인서
e-Ticket Itinerary & Receipt
항공권 발행일 : 2023년 07월 24일

Hanatour

차현정
http://www.hanatour.com

환전은 하셨어요?
최대 90% 우대 x Woori는 더 쨈!
환전하고 다양한 혜택까지!

승객성명 Passenger Name	항공권번호 Ticket Number	예약번호 Booking Reference
CHI/HAEKYUNG MS	**1809223396366**	**2686-5803**

1

부산 **PUS**	→	서울 **ICN**	**KE1414**
Gimhae intl		Incheon international	예약번호: 5OLNCM
Terminal No: I		Terminal No: 2	Operated by KE
05AUG23(토)10:50 (Local Time)		**05AUG23(토)11:55** (Local Time)	**KOREAN AIR**

예약등급 Class	M(일반석)	예약상태 Status	OK (확약)	비행시간 Flight Time	1시간 5분
운임 Fare Basis	MKE	항공권 유효기간 Validity	- ~ 05AUG24	SKYPASS 마일리지 SKYPASS Miles	215
수하물 Baggage	20K	기종 Aircraft Type	BOEING 737 MAX 8		

2

서울 **ICN**	→	부산 **PUS**	**KE1415**
Incheon international		Gimhae intl	예약번호: 5OLNCM
Terminal No: 2		Terminal No: I	Operated by KE
10AUG23(목)16:40 (Local Time)		**10AUG23(목)17:45** (Local Time)	**KOREAN AIR**

대한항공은 인천공항 제2여객터미널 에서 운항합니다.

예약등급 Class	M(일반석)	예약상태 Status	OK (확약)	비행시간 Flight Time	1시간 5분
운임 Fare Basis	MKE	항공권 유효기간 Validity	- ~ 05AUG24	SKYPASS 마일리지 SKYPASS Miles	215
수하물 Baggage	20K	기종 Aircraft Type	BOEING 737-900		

예약등급은 항공사 FLIGHT 정보에 따라 표기 내용과 상이할 수 있습니다.
할인 또는 무임 항공권의 경우 예약 등급에 따라 마일리지 적립률이 상이하거나 마일리지가 제공되지 않습니다.
스케줄, 기종 및 좌석등급(서비스클래스)은 부득이한 사유로 사전 예고없이 항공사 사정으로 변경될 수 있습니다.
또한 항공기 교체등의 부득이한 사유로 선택하신 좌석이 변경될 수 있으니 탑승수속 시 기종 및 좌석번호를 재확인해 주시기 바랍니다.
모든 정보는 항공사나 공항 사정에 의해서 변경될 수 있습니다.

▶▶ 항공권 운임정보 Ticket/Fare Information

연결항공권 Conj.Ticket No.	-
운임산출내역 Fare Calculation	PUS KE SEL73700KE PUS73700KRW147400END
세금/항공사 부과 금액 Taxes/Carrier-imposed Fees	Paid Amount KRW 9000
세금 Taxes	KRW 9000DA
유류할증료 Fuel Surcharge	-
부가수수료 Service Fees	-
지불수단 Form of Payment	CASH
발행일/발행처 e-Ticket Issue Date/Place	24JUL2023 / 17305304 / SELKP3200

⚠ 유의사항 Notice

본 e-티켓 확인증과 함께 제공된 법적 고지문을 반드시 참고하여 주시기 바랍니다.
e-티켓 확인증은 탑승수속시, 입출국/세관 통과시 제시하도록 요구될 수 있으므로 반드시 전 여행 기간 동안 소지하시기 바랍니다. e-티켓 확인증의 이름과 여권상의 이름은 반드시 일치해야 합니다.
본 e-티켓 확인증은 e-티켓의 정보 등을 확인하기 위하여 제공되는 서면에 불과하고 소지인에게 당해 운송 관련 어떠한 법적 권리를 부여하지 않습니다.
본 e-티켓 확인증을 임의로 위변조할 경우 형법에 따라 처벌받을 수 있으며 이로 인하여 대한항공 또는 정당한 e-티켓 소지자가 입은 손해를 배상하여야 합니다.
대부분의 공항에서 **탑승수속 마감시간은 해당 항공편 출발 1시간 전**으로 되어있으니, 해당 출발 예정시각 최소 2시간 전에는 공항에 도착하시기 바랍니다.

공동운항편의 탑승 수속은 실제 운항하는 항공사의 터미널과 탑승수속 카운터를 이용하셔야 합니다. 운항항공사 규정에 따라 탑승수속 마감시간이 다를 수 있으니 반드시 확인하시기 바랍니다.
사전에 좌석을 배정받으신 고객께서는 항공기 출발 1시간 30분 전까지(일등석 및 프레스티지석 이용 고객께서는 1시간 전까지) 탑승권을 발급 받으시기 바랍니다. 해당 시각까지 탑승권으로 교환하지 못하신 고객은 사전 배정된 좌석 번호가 타 고객에게 배정되지 않을 수도 있습니다.
대한민국 항공보안법 규정에 따라 탑승구에서 여권과 탑승권을 확인하고 있사오니 협조하여 주시기 바랍니다. 여행지 국가 입국에 필요한 출입국 규정을 사전에 확인하고 이에 필요한 여권, 비자 등의 여행 서류는 승객 책임하에 확인 및 준비되어야 합니다. 필요한 여행 서류가 구비되지 않는 경우 탑승수속이 불가할 수 있으며 이에 따르는 모든 손해 또는 비용은 여객운송약관에 의거 당사에서 책임을 부담하지 않음을 안내 드립니다.
공동운항편의 경우 운항사에서 구입 시와 운임이 다를 수 있습니다. 또한 운항 항공사의 수하물 규정이 적용될 수 있습니다.
KE 공동운항편의 제한 서비스는 양사간 협의 하에 제공되나 기본적으로 운항사 기준을 따릅니다. 일부 운항사에서는 사전좌석배정, 아기바구니, 특별기내식, 스카이패스 우수회원 혜택, 웹/모바일/키오스크 체크인 등의 서비스가 제공되지 않을 수 있습니다.
일부 항공사 (공동운항편 포함)에서는 탑승수속 시 해당 항공사 정책에 따라 수하물 허용량과는 별도로, 위탁 수하물에 대한 Handling Fee (수하물 취급수수료)를 징수하는 경우가 있으니, 자세한 사항은 해당 항공사로 확인하시기 바랍니다.
위험물의 위탁 또는 기내반입이 불가합니다. (미국 출 도착편의 경우 위반시 미국 연방법에 따라 최대 5년간 $250,000 이상의 벌금이 부과될 수 있습니다) 위험물에는 폭발물, 압축가스, 인화성 액체 및 고체, 산화제, 독극물, 부식성 물질 및 방사성 물질이 포함됩니다. (예시: 페인트, 라이터용 연료, 폭죽, 최루가스, 산소통, 방사성 의약물) 위탁 수하물 내 적은 양의 약품, 화장품과 흡연용 물품의 휴대는 예외가 될 수 있으며, 더 자세한 사항은 항공사로 문의 하시기 바랍니다.
피손되기 쉬운 물품, 부패나 변질의 우려가 있는 물품, 화폐, 보석류, 귀금속류, 유가증권, 기타 귀중품 또는 중요한 견본이나 서류, 의약품 및 전자제품 (노트북, 카메라, 핸드폰, MP3등)은 수하물로 위탁이 불가하오니 직접 휴대하시기 바랍니다. **휴대가 불가하여 상기 물품을 위탁하시는 경우 저희 직원에게 문의하여 주십시오.** 책임 제한을 포함한 모든 수하물 관련사항은 당사 여객운송 약관을 참고하여 주십시오.
항공사가 제공하는 운송 및 기타 서비스는 운송 약관에 준하며, 필요시 참조하실 수 있습니다. 이 약관은 발행 항공사를 통해 확인하실 수 있습니다.
캐나다 출도착 여정 여행 시 탑승이 거부되거나, 항공편이 취소 또는 최소 2시간 이상 지연이, 수하물이 분실 또는 훼손되었을 경우, 항공 여객 보호 규정에 따라 일정 기준의 처우와 보상을 적용 받을 수 있습니다. 여객의 권리에 대한 자세한 내용은 해당 항공사에 문의하거나 캐나다 교통국 웹사이트를 방문하여 주시기 바랍니다. * 항공편 지연 및 취소에 대한 지료 및 보상 표준은 2019 년 12 월 15 일부터 적용됩니다.
주식회사 대한항공(이하 '대한항공')은 항공 운송 계약의 체결 및 이행을 위하여 고객님이 항공권의 예약 및 발권을 요청한 여행사로부터 고객님의 개인정보를 제공받아 처리하였으며 고객님은 대한항공에 대하여 개인정보보호법 제37조에 의해 개인정보 처리의 정지를 요구할 권리가 있습니다.
대한항공 서비스센터
한국 : 1588-2001
일본 : (Toll-free) 0088-21-2001, (휴대전화 및 일부 IP 전화) 06-6264-3311
중국 : 40065-88888, (로밍서비스 이용 시) +86-532-8378-7024
미국 및 캐나다 : (Toll-free) 1-800-438-5000, (Text Telephone) 1-888-898-5525
유럽 : 유럽지역 Toll-free 번호는 [🔍 지점보기] 를 참고하여 주시기 바랍니다.
타 지역에서의 연결 번호는 [🔍 지점보기] 를 참고하여 주시기 바랍니다.
서비스센터 및 현지지점의 근무시간에 따라 일부 서비스가 제한될 수 있습니다.
Toll-free로 표시된 전화번호는 전화요금을 대한항공에서 부담하는 무료전화입니다. 단, 이용하시는 통신사 요금정책(로밍 서비스 등)과 호텔의 사정에 따라 전화요금이 청구되거나 연결이 제한될 수 있사오니 확인 후 이용하여 주시기 바랍니다.

대한항공 | 서울특별시 강서구 하늘길 260 (공항동) | 대표이사: 조원태 외 2명 | 사업자등록번호: 110-81-14794
http://www.koreanair.com

✈ 항공권 제한 사항 Ticket Restriction

항공권 유효기간	부산(PUS/Busan) - 서울(GMP/Gimpo) : 2021년 08월 24일
	서울(ICN/Incheon intl) - 런던(LHR/Heathrow) : 2021년 08월 24일
	런던(LHR/Heathrow) - 서울(ICN/Incheon intl) : 2021년 08월 24일

| 타 항공사로 항공권 양도 | 본 항공권은 타 항공사로 양도하여 사용할 수 없습니다. |

환불
환불 위약금이 부과됩니다.
환불 환불위약금 (Penalty)은 구매 항공권의 운임 규정에 따라 부과 됩니다.
단, 한국출발의 경우 환불위약금 (Penalty)은 전체 미사용 항공권의 경우 환불 접수 시점 별로 차등 부과되며,
부분 사용 항공권의 경우 항공권의 운임 규정에 따라 부과됩니다.
[환불 접수 시점 별 환불 위약금 금액]

예약 클래스	거리별	출발일 기준 환불 접수일					
		~91일 이전	90~61일 이전	60~15일 이전	14~4일 이전	3일 이내	부분환불 재발행
D,L,R	장거리	무료	3만원	30만원	36만원	45만원	30만원
	중거리			20만원	24만원	30만원	20만원
	단거리			10만원	12만원	15만원	10만원
B,M	장거리			15만원	18만원	23만원	15만원
	중거리			7만원	9만원	11만원	7만원
	단거리			5만원	6만원	8만원	5만원
S,H,E,K,L,U,Q	장거리			20만원	24만원	30만원	20만원
	중거리			10만원	12만원	15만원	10만원
	단거리			7만원	9만원	11만원	7만원
N,T	장거리			25만원	30만원	38만원	25만원
	중거리			15만원	18만원	23만원	15만원
	단거리			10만원	12만원	15만원	10만원

- 장거리 : 미주, 유럽, 대양주, 중동, 아프리카행
- 중거리 : 동남아, 서남아, 타슈켄트행
- 단거리 : 일본, 중국, 홍콩, 타이페이, 몽골, 이르쿠츠크, 블라디보스톡행
- 결합 항공권인 경우 높은 환불위약금이 적용됩니다.
- 재발행된 항공권은 부분 환불위약금과 동일하게 적용 됩니다.
- 환불 위약금이 없는 경우에도 환불 수수료는 별도로 부과되며, 환불 수수료는 항공사 지불 통화에 따라 상이하오니 확인하여 주시기 바랍니다.
- 환불수수료 : KRW 30,000 / JPY 2,500 / CAD 35 / EUR 30 / IDR 430,000 / (Other Currency USD 30)
- 단, 한국출발 전체 미사용 항공권 중 첫 출발일 기준 91일 이전에 환불 접수된 경우는 상기 수수료가 면제 됩니다. (보너스 및 단체 항공권 제외)
- 환불 신청 기한은 항공권 유효기간 만료일로부터 30일 이내 입니다.
- 항공권이 재발행된 경우 재발행 항공권 또는 최초 발행 항공권에 대한 위약금이 발생할 수 있습니다.
- 환불은 출발일 항공권 명의인(미성년자)의 경우 법정 대리인의 신청을 기본으로 하며, 명의인 외 환불 시 필요서류는 대한항공 서비스센터 지점 또는 발권한 여행사로 문의하시기 바랍니다.
- 미사용 세금의 경우 해당 세금 규정에 별도로 환불 요청 시 환불 받으실 수 있습니다.
- 정확한 환불위약금은 대한항공 또는 발권한 여행사로 확인하시기 바랍니다.
- 보너스 항공권 환불 시 환불 수수료가 공제됩니다.
> 출발 전 전체 미사용 항공권 환불의 경우 환불 접수 시점별 환불 수수료가 공제됩니다.
  [환불접수일 기준 2019년 1월 21일 부]
  [유효기간 이내] 출발일 기준 환불 접수일 91일 이전 무료, 90일 이내 3,000마일
  [유효기간 이후] 10,000마일
> 출발 후 부분 사용한 항공권 환불의 경우 환불 수수료가 공제 됩니다.
  [유효기간 이내] 3,000마일

[유효기간 이후] 10,000마일

재발행

재발행 수수료가 부과됩니다.
재발행 수수료는 구매 항공권의 운임 규정에 따라 부과 됩니다.

운송등급	예약 클래스	거리	재발행 수수료
일등석	P, F	전 구간	무료
비즈니스석	J, C	전 구간	무료
	D	장거리	15만원
		중거리	7만원
		단거리	5만원
	I, R	장거리	20만원
		중거리	10만원
		단거리	7만원
일반석	Y	전 구간	무료
	B, M	장거리	10만원
		중거리	5만원
		단거리	4만원
	S, H, E, K, L, U, Q	장거리	15만원
		중거리	8만원
		단거리	6만원
	N, T	장거리	20만원
		중거리	10만원
		단거리	8만원

- 장거리 : 미주, 유럽, 대양주, 중동, 아프리카행
  중거리 : 동남아, 서남아, 타슈켄트행
  단거리 : 일본, 중국, 홍콩, 대만, 몽골, 이르쿠츠크, 블라디보스톡행
- 자세한 재발행 문의는 항공사 또는 항공권 발행한 여행사로 문의하시기 바랍니다.

예약부도 위약금

항공편 출발 이전까지 예약취소 없이 탑승하지 않거나 탑승수속 후 탑승하지 않는 경우 예약부도 위약금이 부과됩니다.
(재발행수수료 또는 환불위약금은 별도 규정에 따라 적용됩니다.)
지역별 적용 금액
[장거리 - 미주/유럽/중동/대양주/아프리카] KRW 120,000
[중거리 - 동남아/서남아] : KRW 70,000
[단거리 - 한국/일본/중국/홍콩/대만/몽골/블라디보스토크/이르쿠츠크] : KRW 50,000
* 출국장 입장 후 탑승을 취소하시는 경우 KRW 200,000 할증 부과됩니다.
  예약부도위약금은 출발지국에 따라 다르게 적용될 수 있습니다.

마일리지

마일리지 좌석승급이 불가한 여정이 있으니, 확인 바랍니다.
대한항공편 탑승 시, 예약 등급별 마일리지 적립률
P 200%, F 165%, J 135%, C/D/I/R 125%, Z 100%, Y/W/B/M/S/H/E/K/L/U 100%, G 80%, Q/N/T 70%,
적립불가 A/O/X 50% 이상 할인된 항공권 (A: 보너스 항공권 혹은 적립 불가 조건인 경우 적립 불가)

예약 변경
재발행

동일한 조건 (운임, 유효기간, 예약등급) 내 날짜 변경 및 편명 변경
예약변경 이외의 항공사 변경, 구간 변경, 도중체류 변경, 유효기간 연장 등 기타 변경

기타

- 항공권의 변경은 운임규정을 따릅니다.
  변경이 가능한 항공권이라도 첫 구간을 변경(예약변경 포함 모든 변경)할경우에는 변경일에 유효한 운임 및 요금
  (유류 할증료 포함)에 따라 재계산 후 재발행되어, 기존 운임 및 요금과의 차액 및 재발행 수수료가 발생 할 수 있습니다.
  기 징수된 재발행 수수료는 환불되지 않습니다.
  재발행이 불가한 경우, 환불 위약금 또는 환불 수수료 공제 후 항공권 환불 및 신규 항공권을 구매하셔야 합니다.
  일부 특별 운임으로의 재발행은 불가합니다.
- 구매 후 항공권의 결제 수단 변경은 불가합니다.

- 상기 이외의 제한사항이 있을 수 있습니다.
  상기 제한사항 및 기타 제한사항에 대한 문의는 항공권 구입처나 대한항공으로 문의하여 주시기 바랍니다.

Provided by **TOPAS**
전자항공권 발행확인서
e-Ticket Itinerary & Receipt

항공권 발행일 : 2023년 07월 20일

Hanatour

차현정
http://www.hanatour.com

환전은 하셨어요?
최대 90% 우대 x Woori는 더 줘!
환전하고 다양한 혜택까지!

승객성명 Passenger Name	항공권번호 Ticket Number	예약번호 Booking Reference
CHI/HAEKYUNG MS	1802337856165	5109-8605

1

서울 **ICN**		앵커리지 **ANC**	**KE9007**
Incheon international Terminal No: 2	✈	Ted stevens intl Terminal No: N	예약번호: **524ER2** Operated by KE
05AUG23(토)16:25 (Local Time)		05AUG23(토)07:45 (Local Time)	**KOREAN AIR**

대한항공은 인천공항 제2여객터미널 에서 운항합니다.

예약등급 Class	C(프레스티지)	예약상태 Status	OK (확약)	비행시간 Flight Time	8시간 20분
운임 Fare Basis	CWRT/CHTR	항공권 유효기간 Validity	05AUG23 ~ 05AUG23	SKYPASS 마일리지 SKYPASS Miles	4731
수하물 Baggage	2PC	기종 Aircraft Type	AIRBUS A330-200	좌석번호 Seat Number	08B

2

앵커리지 **ANC**		서울 **ICN**	**KE9008**
Ted stevens intl Terminal No: N	✈	Incheon international Terminal No: 2	예약번호: **524ER2** Operated by KE
09AUG23(수)10:00 (Local Time)		10AUG23(목)12:05 (Local Time)	**KOREAN AIR**

예약등급 Class	C(프레스티지)	예약상태 Status	OK (확약)	비행시간 Flight Time	9시간 5분
운임 Fare Basis	CXRT/CHTR	항공권 유효기간 Validity	09AUG23 ~ 09AUG23	SKYPASS 마일리지 SKYPASS Miles	4731
수하물 Baggage	2PC	기종 Aircraft Type	AIRBUS A330-200	좌석번호 Seat Number	08B

예약등급은 항공사 FLIGHT 정보에 따라 표기 내용과 상이할 수 있습니다.
할인 또는 무임 항공권의 경우 예약 등급에 따라 마일리지 적립률이 상이하거나 마일리지가 제공되지 않습니다.
스케줄, 기종 및 좌석등급(서비스클래스)은 부득이한 사유로 사전 예고없이 항공사 사정으로 변경될 수 있습니다.
또한 항공기 교체등의 부득이한 사유로 선택하신 좌석이 변경될 수 있으니 탑승수속 시 기종 및 좌석번호를 재확인해 주시기 바랍니다.
모든 정보는 항공사나 공항 사정에 의해서 변경될 수 있습니다.
수하물 정책 - 미국을 여행하시는 승객은 아래 사이트를 방문해 주시기 바랍니다: KOREAN AIR

📧 항공권 운임정보 Ticket/Fare Information

연결항공권 Conj.Ticket No.	-
운임산출내역 Fare Calculation	SEL KE ANC0.00KE SEL0.00NUC0.00END ROE1304.165439 XF ANC3.0
Tour Code Tour Code	SEL2304KKJ0001
세금/항공사 부과 금액 Taxes/Carrier-imposed Fees	Paid Amount KRW 114400
세금 Taxes	KRW 28000BP 7100AY 26700US 26700US 4900XA 8900XY 8300YC 3800XF
	한국 출발 세금(BP)에는 국제여객공항이용료(인천/김포공항 17,000원, 기타 12,000원), 출국납부금 10,000원, 국제질병퇴치기금 1,000원이 포함되어 있습니다.
유류할증료 Fuel Surcharge	KRW EXEMPTYR
부가수수료 Service Fees	
지불수단 Form of Payment	CASH
발행일/발행처 e-Ticket Issue Date/Place	20JUL2023 / 17390483 / SELKE0156

📋 수하물 규정 안내 Baggage Information

ICNANC
첫번째 위탁 수하물 : FREE OF CHARGE (UPTO70LB 32KG AND62LI 158LCM)
두번째 위탁 수하물 : FREE OF CHARGE (UPTO70LB 32KG AND62LI 158LCM)
기내 휴대 수하물 정보 : ICNANC Default Carry On Baggage
Link : 대한항공

ANCICN
첫번째 위탁 수하물 : FREE OF CHARGE (UPTO70LB 32KG AND62LI 158LCM)
두번째 위탁 수하물 : FREE OF CHARGE (UPTO70LB 32KG AND62LI 158LCM)
기내 휴대 수하물 정보 : ANCICN Default Carry On Baggage
Link : 대한항공

LB = 파운드, KG = 킬로그램, LI = 인치, LCM = 센티미터

상기 기재된 무료 수하물 허용량, 초과 수하물 요금 등 수하물 규정 안내는 참고용으로 실제와 다를 수 있으니 항공사로 확인하시기 바랍니다.
탑승수속 시 항공사 우수 회원 등급에 따라 추가 수하물 혜택이 적용될 수도 있습니다.

⚠ 유의사항 Notice

본 e-티켓 확인증과 함께 제공된 법적 고지문을 반드시 참고하여 주시기 바랍니다.
e-티켓 확인증은 탑승수속시, 입출국/세관 통과시 제시하도록 요구될 수 있으므로 반드시 전 여행 기간 동안 소지하시기 바랍니다. e-티켓 확인증의
이름과 여권상의 이름은 반드시 일치해야 합니다.
본 e-티켓 확인증은 e-티켓의 정보 등을 확인하기 위하여 제공되는 서면에 불과하고 소지인에게 당해 운송 관련 어떠한 법적 권리를 부여하지 않습니다.
본 e-티켓 확인증을 임의로 위변조할 경우 형법에 따라 처벌받을 수 있으며 이로 인하여 대한항공 또는 정당한 e-티켓 소지자가 입은 손해를
배상하여야 합니다.
대부분의 공항에서 **탑승수속 마감시간은 해당 항공편 출발 1시간 전**으로 되어있으니, 해당 출발 예정시각 최소 2시간 전에는 공항에
도착하시기 바랍니다.
공동운항편의 탑승 수속은 실제 운항하는 항공사의 터미널과 탑승수속 카운터를 이용하셔야 합니다. 운항항공사 규정에 따라 탑승수속 마감시간이
다를 수 있으니 반드시 확인하시기 바랍니다.
사전에 좌석을 배정받으신 고객께서는 항공기 출발 1시간 30분 전까지 (일등석 및 프레스티지석 이용 고객께서는 1시간 전까지) 탑승권을 발급 받으시기
바랍니다. 해당 시각까지 탑승권으로 교환하지 못하신 고객은 사전 배정된 좌석 번호가 본인에게 배정되지 않을 수도 있습니다.
대한민국 항공보안법 규정에 따라 탑승구에서 여권과 탑승권을 확인하고 있사오니 협조하여 주시기 바랍니다. 여행지 국가 입국에 필요한 출입국
규정을 사전에 확인하고 이에 필요한 여권, 비자 등의 여행 서류는 승객 책임하에 확인 및 준비되어야 합니다. 필요한 여행 서류가 구비되지 않는 경우
탑승수속이 불가할 수 있으며 이에 따르는 모든 손해 또는 비용은 여객운송약관에 의거 당사에서 책임을 부담하지 않음을 안내 드립니다.
공동운항편을 운항하는 항공사에서 구입 시와 운임이 다를 수 있습니다. 또한 운항 항공사의 수하물 규정이 적용될 수 있습니다.
**KE 공동운항편 제반 서비스는 양사간 협의 하에 제공되나 기본적으로 운항사 기준을 따릅니다. 일부 운항사에서는 사전좌석배정, 아기바구니,
특별기내식, 스카이패스 우수회원 혜택, 웹/모바일/키오스크 체크인 등의 서비스가 제공되지 않을 수 있습니다.**
일부 항공사 (공동운항편 포함)에서는 탑승수속 시 항공 정책에 따라 무료 수하물 허용량과는 별도로, 위탁 수하물에 대한 Handling Fee
(수하물 취급수수료)를 징수하는 경우가 있으니, 자세한 사항은 해당 항공사로 확인하시기 바랍니다.
위험물의 위탁 또는 기내반입이 불가합니다. (미국 출 도착편의 경우 위반시 미국 연방법에 따라 징역 5년과 $250,000 이상의 벌금이 부과될 수
있습니다.) 위험물에는 폭발물, 압축가스, 인화성 액체 및 고체, 산화제, 독극물, 부식성 물질 및 방사성 물질이 포함됩니다. (예시: 페인트, 라이터용 연료,
폭죽, 최루가스, 산소통, 방사성 의약품) 위탁 수하물 내 적은 양의 약품, 화장품과 흡연용 물품의 휴대는 예외가 될 수 있으며, 더 자세한 사항은
항공사로 문의 하시기 바랍니다.
파손되기 쉬운 물품, 부패나 변질의 우려가 있는 물품, 화폐, 보석류, 귀금속류, 유가증권, 기타 귀중품 또는 중요한 견본이나 서류, 의약품 및 전자제품
(노트북, 카메라, 핸드폰,MP3등)은 수하물로 위탁이 불가하오니 직접 휴대하시기 바랍니다. **휴대가 불가하여 상기 물품을 위탁하시는 경우 저희
직원에게 문의하여 주십시오.** 책임 제한을 포함한 모든 수하물 관련사항은 당사 여객운송 약관을 참고하여 주십시오.
항공사가 제공하는 운송 및 기타 서비스는 운송 약관에 준하며, 필요시 참조하실 수 있습니다. 이 약관은 발행 항공사를 통해 확인하실 수 있습니다.
캐나다 출도착 여행 시 탑승이 거부되거나, 항공편이 취소 또는 최소 2시간 이상 지연(*), 수하물이 분실 또는 훼손되었을 경우, 항공 여객 보호
규정에 따라 일정 기준의 처우와 보상을 적용 받을 수 있습니다. 여객의 권리에 대한 자세한 내용은 해당 항공사에 문의하거나 캐나다 교통국
웹사이트를 방문하여 주시기 바랍니다. * 항공편 지연 및 취소에 대한 치료 및 보상 표준은 2019 년 12 월 15 일부터 적용됩니다.
주식회사 대한항공(이하 '대한항공')은 항공 운송 계약의 체결 및 이행을 위하여 고객님이 항공권의 예약 및 발권을 요청하신 여행사로부터 고객님의
개인정보를 제공받아 처리하였으며 고객님은 대한항공에 대하여 개인정보보호법 제37조에 의해 개인정보 처리의 정지를 요구할 권리가 있습니다.
데이터 보호에 관한 고지: 고객의 개인정보는 각 항공사의 개인정보 처리방침에 따라 처리되며, 항공편 예약이 예약 시스템 제공자(GDS)를 통해
이루어진 경우, 해당업체의 개인정보 처리방침에 따라 처리됩니다. 이러한 사항은 https://www.iatatravelcentre.com/privacy.htm 또는 항공사나
GDS를 통해 직접 확인 가능합니다. 예약 및 세부사항 (개인정보 수집, 저장, 사용, 공개, 이전 방법)에 대한 안내문을 참조하시기 바랍니다.
대한항공 서비스센터
한국 : 1588-2001
일본 : (Toll-free) 0088-21-2001, (휴대전화 및 일부 IP 전화) 06-6264-3311
중국 : 40065-88888, (로밍서비스 이용 시) +86-532-8378-7024
미국 및 캐나다 : (Toll-free) 1-800-438-5000, (Text Telephone) 1-888-898-5525
유럽 : 유럽지역 Toll-free 번호는 [🔍 지점 보기] 를 참고하여 주시기 바랍니다.
타 지역에서의 연결 번호는 [🔍 지점 보기] 를 참고하여 주시기 바랍니다.
서비스센터 및 현지지점의 근무시간에 따라 일부 서비스가 제한될 수 있습니다.
Toll-free 로 표시된 전화번호는 전화요금을 대한항공에서 부담하는 무료전화입니다. 단, 이용하시는 통신사 요금정책 (로밍 서비스 등)과 호텔의
사정에 따라 전화요금이 청구되거나 연결이 제한될 수 있사오니 확인 후 이용하여 주시기 바랍니다.

대한항공 | 서울특별시 강서구 하늘길 260 (공항동) | 대표이사: 우기홍 외 1명 | 사업자등록번호: 110-81-14794
http://www.koreanair.com

ⓘ 부가정보 Additional Information

☀ 날씨 Weather	Ⓦ 환율 Exchange Rate	🔌 전압 Voltage

대한민국 국민이 이라크, 아프가니스탄, 소말리아, 시리아, 리비아를 여행하는 것은 법에 의해 금지되어 있습니다.
안전한 해외여행을 위해 여행목적지 여행경보 단계를 꼭 확인하세요 (www.0404.go.kr)
여행 전 해외여행자 사전등록제 "동행"에 가입하시면 여행국가의 안전정보를 이메일로 받아 보실 수 있습니다.
스마트폰 앱 스토어에서 '해외안전여행'을 검색! 해외에서의 긴급연락처도 받아가세요.
해외여행 중 사건&사고로 인해 도움이 필요한 상황에 처하시면 영사콜센터에서 유용한 안내를 받으실 수 있습니다 (+80-3210-0404)

✈ 항공권 제한 사항 Ticket Restriction

| 항공권 유효기간 | 서울(ICN/Incheon intl) - 앵커리지(ANC/Anchorage) : 2023년 08월 05일 |
| | 앵커리지(ANC/Anchorage) - 서울(ICN/Incheon intl) : 2023년 08월 09일 |

환불

환불 환불위약금 (Penalty)은 구매 항공권의 운임 규정에 따라 부과 됩니다.
단, 한국 출발의 경우 환불위약금 (Penalty)은 전체 미사용 항공권의 경우 환불 접수 시점 별로 차등 부과되며,
부분 사용 항공권의 경우 항공권의 운임 규정에 따라 부과됩니다.
[환불 접수 시점 별 환불 위약금 금액]

예약 클래스	거리별	출발일 기준 환불 접수일				
		~91일 이전	90~61일 이전	60~15일 이전	14~4일 이전	3일 이내	부분환불 재발행
C (발권일 기준 23년 6월 1일부)	장거리			15만원	18만원	23만원	15만원
	중거리			7만원	9만원	11만원	7만원
	단거리			5만원	6만원	8만원	5만원
D,I,R	장거리			30만원	36만원	45만원	30만원
	중거리			20만원	24만원	30만원	20만원
	단거리			10만원	12만원	15만원	10만원
B,M	장거리	무료	3만원	15만원	18만원	23만원	15만원
	중거리			7만원	9만원	11만원	7만원
	단거리			5만원	6만원	8만원	5만원
S,H,E,K,L,U,Q	장거리			20만원	24만원	30만원	20만원
	중거리			10만원	12만원	15만원	12만원
	단거리			7만원	9만원	11만원	8만원
N,T	장거리			25만원	30만원	38만원	25만원
	중거리			15만원	18만원	23만원	15만원
	단거리			10만원	12만원	15만원	10만원

- 장거리 : 미주, 유럽, 대양주, 중동, 아프리카행
  중거리 : 동남아, 서남아, 타슈켄트행
  단거리 : 일본, 중국, 홍콩, 타이페이, 몽골, 이르쿠츠크, 블라디보스톡행
- 결합 항공권인 경우 높은 환불위약금이 적용됩니다.
- 재발행된 항공권은 부분 환불위약금과 동일하게 적용 됩니다.
- 환불 위약금이 없는 경우에도 환불 수수료는 별도로 부과되며, 환불 수수료는 항공권 지불 통화에 따라 상이하오니 확인하여 주시기 바랍니다.
- 환불수수료 : KRW 30,000 / JPY 2,500 / CAD 35 / EUR 30 / IDR 430,000 / (Other Currency USD 30)
- 단, 한국발 전체 미사용 항공권 중 첫 출발일 기준 91일 이전에 환불 접수된 경우는 상기 수수료가 면제 됩니다.
  (보너스 및 단체 항공권 제외)
- 환불 신청 기한은 항공권 유효기간 만료일로부터 30일 이내 입니다.
- 항공권이 재발행된 경우 재발행 항공권 또는 최초 발행 항공권에 대한 위약금이 발생할 수 있습니다.
- 환불은 항공권 명의인(미성년자의 경우 법정 대리인)의 신청을 기본으로 하며, 명의인 외 환불 시 필요서류는 대한항공 서비스센터나 지점 또는 발권한 여행사로 문의하시기 바랍니다.
- 미사용 세금의 경우 해당 세금 규정에 별도의 제약이 없을 경우 요청 시 환불 받으실 수 있습니다.
- 정확한 환불위약금은 대한항공 또는 발권한 여행사로 확인하시기 바랍니다.
- 보너스 항공권 환불 시 환불 수수료가 공제됩니다.
> 출발 전 전체 미사용 항공권 환불의 경우 환불 접수 시점별 환불 수수료가 공제됩니다.
  [환불접수일 기준 2019년 1월 21일 부]
  [유효기간 이내] 출발일 기준 환불 접수일 91일 이전 무료, 90일 이내 3,000마일
  [유효기간 이후] 10,000마일
> 출발 후 부분 사용한 항공권 환불의 경우 환불 수수료가 공제 됩니다.
  [유효기간 이내] 3,000마일
  [유효기간 이후] 10,000마일

재발행

재발행 수수료는 구매 항공권의 운임 규정에 따라 부과 됩니다.

운송등급	예약 클래스	거리	재발행 수수료
일등석	P, F	전 구간	무료
비즈니스석	J	전 구간	무료
	C (발권일 기준 23년 6월 1일부)	장거리	10만원
		중거리	5만원
		단거리	4만원
	D	장거리	15만원
		중거리	7만원
		단거리	5만원
	I, R	장거리	20만원
		중거리	10만원
		단거리	7만원
일반석	Y	전 구간	무료
	B, M	장거리	10만원

		중거리	5만원
		단거리	4만원
S, H, E, K, L, U, Q		장거리	15만원
		중거리	10만원
		단거리	8만원
N, T		장거리	20만원
		중거리	12만원
		단거리	10만원

- 장거리 : 미주, 유럽, 대양주, 중동, 아프리카행
  중거리 : 동남아, 서남아, 타슈켄트행
  단거리 : 일본, 중국, 홍콩, 대만, 몽골, 이르쿠츠크, 블라디보스토크행
- 자세한 재발행 문의는 항공사 또는 항공권 발행한 여행사로 문의하시기 바랍니다.
- 예약변경/재발행
  예약변경 : 동일한 조건 (운임, 유효기간, 예약등급) 내 날짜 변경 및 편명 변경
  재발행 : 예약변경 이외의 항공사 변경, 구간 변경, 도중체류 변경, 유효기간 연장 등 기타 변경

예약부도 위약금
항공편 출발 이전까지 예약취소 없이 탑승하지 않거나 탑승수속 후 탑승하지 않는 경우 예약부도 위약금이 부과됩니다.
(재발행 수수료 또는 환불 위약금은 별도 규정에 따라 적용됩니다.)
지역별 적용 금액
[장거리 - 미주/유럽/중동/대양주/아프리카] : KRW 120,000
[중거리 - 동남아/서남아] : KRW 70,000
[단거리 - 한국/일본/중국/홍콩/대만/몽골/블라디보스토크/이르쿠츠크] : KRW 50,000
* 출국장 입장 후 탑승을 취소하시는 경우 KRW 200,000 할증 부과됩니다.
  예약부도 위약금은 출발지국에 따라 다르게 적용될 수 있습니다.

마일리지
마일리지 좌석승급이 불가한 여정이 있으니, 확인 바랍니다.
- 대한항공편 탑승 시, 예약 등급별 마일리지 적립률
  F 200%, J 135%, C/D/I/R 125%, Z 100%, Y/B/M/S/H/E/K/L/U 100%, G 80%, Q/T 70%
  적립불가 : A/O/V/X, 보너스 항공권, 마일리지 적립불가 조건의 항공권,
  좌석승급 보너스 이용 시 최초 구매한 항공권 적립률 기준 적립

기타 제한사항
NON ENDORSABLE -BG KE.

기타
- 항공권의 변경은 운임규정을 따릅니다.
  변경이 가능한 항공권이라도 첫 구간을 변경(예약변경 포함 모든 변경)할경우에는 변경일에 유효한 운임 및 요금
  (유류 할증료 포함)에 따라 재계산 후 재발행되어, 기존 운임 및 요금과의 차액 및 재발행 수수료가 발생 할 수 있습니다.
  기 징수된 재발행 수수료는 환불되지 않습니다.
  재발행이 불가한 경우, 환불 위약금 또는 환불 수수료 공제 후 항공권 환불 및 신규 항공권을 구매하셔야 합니다.
  일부 특별 운임으로의 재발행은 불가합니다.
- 구매 후 항공권의 결제 수단 변경은 불가합니다.
- 상기 이외의 제한사항이 있을 수 있습니다.
  상기 제한사항 및 기타 제한사항에 대한 문의는 항공권 구입처나 대한항공으로 문의하여 주시기 바랍니다.

3. 항공권의 제반 규정

1) 항공권의 유효기간

항공권의 사용 유효기간은 운임종류(Fare Basis)에 따라 차이가 있으나 정상운임(Normal Ticket)은 탑승일로부터 1년이며, 최대기간이 1년이므로 연장이 불가하다.

① 국제선 항공권의 유효기간은 해당 항공사의 규정 및 적용운임에 따라 결정된다.

② 정상운임의 경우 탑승일로부터 1년이며, 탑승일이 정해지지 않은 항공권(Open Ticket)의 경우에는 발행일로부터 1년이다.

③ 특별할인운임의 경우 해당 항공사의 규정에 따라 유효기간이 상이하며, 최소 체류기간(Minimum Stay), 최대체류기간(Maximum Stay)을 함께 제한하는 경우가 대부분이다.

④ 항공권 유효기간 만료일은 자정까지 유효하며, 마지막 Flight Coupon의 여정을 만료일 자정까지만 개시하면 된다.

2) 항공권 유효기간의 계산

유효기간이 일(DAY)로 규정된 경우 기준일 다음날부터 계산되며, 월(Month)로 규정된 경우 기준일로부터 만료일의 동일날짜까지 유효하다.

> 예 YEE17(17일 유효기간) : 03OCT~20OCT
> YEE 1M(1개월 유효기간) : 11OCT~11NOV

예외규정

① 유효기간 만료일에 해당날짜가 존재하지 않을 경우, 만료일의 마지막 일자까지 유효한 것으로 한다.

> 예 1개월 유효기간 30JAN~28FEB

② 기준일이 해당 월의 마지막 일자인 경우, 만료월의 마지막 일자까지 유효한 것으로 한다.

> 예 1개월 유효기간 : 28FEB~31MAR
> 3개월 유효기간 : 30APR~31JUL

③ 유효기간이 1년으로 되어 있는 경우, 기준일로부터 다음해의 동일일자까지
유효하다.

예 24FEB20~24FEB21

3) 항공권의 양도(명의변경 불가)

항공권은 유기명채권이라 한 번 발행된 항공권은 타인에게 양도가 불가능하며,
항공권에 대한 모든 권한은 "NAME"난에 명시된 승객에게만 적용된다.

① 항공권 양도가 가능할 경우 임의로 항공권을 사재기하여 운임이 올라가고,
정작 필요한 승객들은 이용할 수 없게 될 수도 있다.

② 사고 발생 등 문제가 생겼을 경우 탑승자 확인이 어렵다.

4) 적용운임의 통화

모든 항공운임은 최초 국제선 출발국 통화로 계산되며, 우리나라의 경우 1995년
4월부터 KOREA WON 즉, KRW를 출발지국 통화로 사용하게 되었다.

> 항공권 결제 전 반드시 확인해야 할 4가지
> • 항공권 변경 및 취소 규정 확인
> • 항공권 발권 시 이름 영문 철자가 여권과 일치하는지의 여부
> • 수하물 제한 무게 및 크기 확인
> • 여행지의 비자 필요 유무 및 여권 유효기간 확인

4. 항공운임의 등급 및 분류(항공좌석의 등급)

항공좌석의 등급은 운임기준(Fare Basis) 및 기내서비스등급(Cabin Class)을 기준
으로 일반적으로 일등석(First Class), 비즈니스클래스(Business Class), 보통석·일반
석인 이코노미클래스(Economy Class) 3등급으로 나누어지며, 우리가 주로 사용하
는 항공권은 이코노미 클래스에 해당된다. 각 항공사마다 예약등급을 세분화하여
운영하고 있는데 동일한 클래스(Class)를 이용하는 승객이라도 상대적으로 높은 운

임을 지불한 승객에게 다양한 혜택이 돌아가도록 하여 항공사의 수입을 극대화하고 높은 운임의 승객을 보호하려는 취지로 이용하고 있다. 항공운임의 종류는 여행기간과 여행조건에 따라 정상운임과 특별운임으로 구분되며 다음과 같은 운임이 있다.

1) 정상운임(Normal Fare)

정상운임의 유효기간은 여행 개시 후 1년이다. 도중체류 등의 제한이 없으며, 예약변경, 여정변경, 항공사 변경 등에 원칙적으로 제한이 없다. 일반적인 비즈니스출장(상용출장) 시 많이 사용하는 운임이다.

2) 특별운임(Promotional Fare, Special Fare)

정상운임이 아닌 운임은 특별운임으로 구분되며, 승객의 다양한 여행형태에 부합하여 개발된 운임으로 사용시기(Seasonality), 최소 체류기간(Minimum Stay), 최대 체류기간(Maximum Stay), 여정변경가능 여부 및 환불제한, Stopover 및 Transfer 허용 여부 및 가능횟수 등에 일정한 제한이 있는 운임으로 대부분의 항공권에 특별운임이 적용된다.

3) 할인운임(Discount Fare)

승객의 나이·신분 등에 따라 할인이 제공되는 운임으로 나이의 조건에 따른 유아나 소아운임, 학생운임, 선원들의 요금인 선원운임, 여행구성원의 조건에 따른 단체인솔자 운임, 여행사 직원의 직원운임, 특별한 목적을 가진 이민자 등의 운임이 있다.

① 유아운임(IN : Infant Fare) : 여행일 기준으로 만 24개월 미만의 유아승객을 말하며, 좌석을 점유하지 않고 동반자와 동승한다. 정상성인운임의 10%만 지불한다. 좌석을 점유할 경우 소아운임을 지불한다.

② 소아운임(CH : Child Fare) : 여행일 기준으로 만 2세 이상 ~ 만 12세 미만의 승객으로 성인보호자가 동반하는 승객을 말한다. 성인운임의 75%를 지불한

다. 항공사에 따라 85%를 지불해야 하는 경우도 있으며, LCC(저비용항공사)의 특별운임의 경우에는 할인이 안 되는 경우도 있다.

③ 비동반소아운임(UM : Uncompanied Minor) : 여행일 기준 만 5세 이상~만 12세 미만의 승객으로서, 성인보호자 없이 혼자 여행하는 승객으로 항공사 직원 및 승무원이 보호자 역할을 하며 성인정상운임을 지불한다. 사전에 항공사에 별도의 신청을 해서 컨펌을 받고 비용을 지불해야 한다.(항공사마다 UM서비스 규정 나이는 다를 수 있다)

④ 학생운임(SD : Student) : 여행일 기준 만 12세 이상 ~ 만 25세 미만으로 정규기간의 6개월 이상 교육과정에 등록된 학생 승객으로 정상운임의 75%를 지불한다. 항공권 구입 시 입학허가서 사본, 재학증명서 원본, 학생증 및 여권 등 해당 항공사에서 요청하는 서류를 제출한다.

⑤ 선원요금(SC : Ship's Crew Discount Fare, Seaman Fare) : 선원을 통상 Seaman이라고도 한다. 선원운임에는 개인선원요금과 단체선원요금이 있고, 조업의 형태에 따라 상선(Merchant Ship)과 어선(Fishing Boat)으로 구분할 수 있다. 상선은 물품 등의 운반 등을 주로 하는 배로써 자국에서 선박이 입항할 예정인 국가로 직접 출국한다. 어선은 수산물을 어획하는 목적으로 운항하는 것으로 배가 한국에 도착하여 수산물을 하역하고 선원이 교대를 한다. SC25로 성인요금의 75%를 지불한다.

⑥ 대리점직원운임(AD : Agent Discount) 체크-직원 및 그 배우자 : 항공사와 여행사 대리점을 체결한 직원에게 적용되며, 정상운임(Y Class)으로 여행사에서 항공예약 후 항공사의 승인을 취득한 후 재직증명서 및 4대 보험의 증빙을 확인한 후에 발권한다. 통상 직원은 정상운임의 AD 75%, 배우자는 가족관계증명서를 첨부하면 AD 50%를 적용한다.

⑦ 단체인솔자운임(TG : Tour Conductor) : 10명 이상의 단체여행객을 인솔하는 인솔자로서 할인되는 요금이다. 일본, 중국, 동남아시아는 단체인솔자운임이 적용되나, 미주 및 구주지역은 적용되지 않는다.

◆ 할인운임의 규정(나이제한, 할인율 등)은 항공사마다 다를 수 있다.

🌿 Case 사례 1　BSP 제도는 무엇인가요?

여행신문

BSP 제도는 국제항공운송협회(IATA ; International Air Transport Association)가 운영하는 항공사와 여행사 간의 항공권 판매대금 정산 및 판매보고 표준화 제도입니다. 여객 부문에서 IATA의 핵심 역할 중 하나입니다. BSP는 'Billing and Settlement Plan'의 약자로 '항공권 판매대금 집중결제제도'라고 부를 수 있습니다. 항공사와 여행사가 주로 은행을 매개체로 항공권 판매대금을 통합적으로 정산하기 때문에 'Bank Settlement Plan'으로 풀이하고 '은행정산제도'로 부르기도 합니다. 한국에서는 외환은행이 그 역할을 하고 있습니다.

도대체 BSP 제도가 왜 필요한 것일까요? 한마디로 항공사와 여행사가 서로 업무편의를 높이기 위해서 마련됐다고 이해하면 됩니다. 생각해 보세요. 항공사와 여행사가 중간 매개체 없이 항공권 판매대금을 일일이 청구하고 입금한다면 어떤 일이 벌어지겠는지요. 특정 항공사가 거래하는 여행사 수가 한두 개도 아니고, 여행사 또한 수많은 항공사의 항공권을 판매하고 있으니 양쪽 모두 엄청난 업무량 때문에 아마 다른 일에는 손도 대지 못할 것입니다. 이 문제를 해결하기 위해 중간에 은행을 두고 일괄적으로 항공권 판매대금을 정산하게 된 것입니다. 항공사와 여행사 모두 거래상대를 일일이 상대하지 않고 은행 한 곳만을 통하면 쉽게 항공권 대금을 입금하고 받을 수 있습니다. 여행사는 또 직접 항공권을 예약, 발권할 수 있다는 이점도 큽니다.

BSP 제도를 통해 정산된 항공권 발권액수가 어마어마하기 때문에 BSP 제도를 이용하기 위해서는 항공사와 여행사 모두 엄격한 기준을 통과해야 합니다. 항공사도 IATA가 정한 자격 기준을 충족해야만 회원 항공사로서 BSP 제도 등을 이용할 수 있으며, 여행사 역시 일정 수준 이상의 재정능력과 신뢰도, 담보능력을 갖추고 유지해야만 BSP대리점으로 등록할 수 있습니다. 때문에 모든 항공사와 여행사가 BSP 제도를 이용할 수 있는 것은 아닙니다. 그렇다면 BSP에 가입하지 않은 항공사와 여행사들은 어떻게 업무를 처리하고 있을까요? 항공사와 여행사가 개별적으로 거래하고 정산하는 수밖에 없겠지요. 소위 말하는 'ATR(Air Ticket Request)' 업무입니다. ATR여행사의 경우 항공사와 개별적인 ATR 계약을 맺고 항공사에 항공권 발권을 요청하거나, BSP대리점을 통해 항공권을 발권하고 있습니다. 그러나 대한항공을 비롯해 많은 항공사들이 ATR제도를 폐지하고 BSP대리점을 통한 발권량이 상대적으로 많이 늘어났습니다.

Case 사례 2 아시아나는 왜 AA 아닌 OZ?

중앙일보

항공사 두 자리 약자, IATA에서 부여	먼저 신청하는 곳이 우선하는 선착순
대한항공, KA·KL 못 쓰고 KE 받아	아시아나, AA 대신 오즈(OZ)의 마법사

해외여행을 많이 다녀본 사람이라면 항공사 편명만 보고도 어느 항공사인지 구분이 될 겁니다. 'KE'는 대한항공, 'OZ'는 아시아나항공, '7C'는 제주항공, 'TW'는 티웨이항공입니다. 이런 형식으로 특정 항공사를 영문 또는 숫자+영문으로 표시한 걸 '2자리 코드(2-Letter Code)'라고 부르는데요. 국제항공운송협회(IATA)에서 부여합니다. 항공사가 설립되면 대부분 IATA에서 이 코드를 받습니다. 주로 항공권 예약과 비행스케줄 작성 등에 사용됩니다. 비행기 티켓은 물론 공항의 출발·도착 전광판에도 이 IATA 코드가 표시됩니다.

각 항공사는 IATA 코드를 신청할 때 가급적 영문명에 가깝게, 승객들이 쉽게 해당 항공사를 구분하고 기억할 수 있는 약자를 받으려고 합니다. 그렇다면 대한항공은 영문명이 'KOREAN AIRLINES'인데 왜 KE가 됐을까요. 영문명에 충실하자면 'KA'나 'KL'이 더 나을 텐데요. 그 이유는 KA는 홍콩의 드래곤에어가 이미 사용 중이고, KL은 네덜란드 KLM 항공이 쓰고 있기 때문입니다. IATA 코드는 먼저 보고 먼저 신청하는 항공사가 우선권을 갖는 선착순 원칙이기 때문입니다. 애초 신청한 코드를 사용하기 어려울 땐 항공사와 IATA가 협의해 결정합니다. 그래서 오래된 항공사들이 항공사 영문명과 거의 일치하는 IATA 코드를 갖고 있는데요, 1930년 설립된 아메리칸항공(AMERICAN AIRLINES)이 'AA', 에어프랑스(AIR FRANCE)가 'AF', 미국 유나이티드항공(UNITED AIRLINES)이 'UA'를 쓰고 있는 게 그런 예입니다. 반면 세계적 규모의 저비용항공사인 사우스웨스트항공(SOUTHWEST AIRLINES)은 영문명과는 얼핏 무관해 보이는 'WN'을 사용 중입니다. 대한항공은 차선책으로 KE로 코드를 받은 뒤 'E'에 뛰어남·우수함이라는 뜻을 가진 영어단어 'EXCELLENCE'라는 의미를 부여해 광고 등에 활용 중입니다. 1988년 설립된 아시아나항공(ASIANA AIRLINES)이 OZ를 받은 것도 같은 맥락입니다. 애초 AA를 원했지만, 아메리칸항공이 이미 사용 중이었습니다. 또 다른 대안인 AS는 미국 알래스카항공이, AL은 몰타항공이 차지하고 있었고요.

국내항공사코드

항공사	IATA 코드(2자리)	ICAO 코드(3자리)
대한항공	KE	KAL
아시아나항공	OZ	AAR
제주항공	7C	JJA
진에어	LJ	JNA
에어부산	BX	ABL
에어서울	RS	ASV
티웨이항공	TW	TWB
이스타항공	ZE	ESR
플라이강원	4V	FGW
에어로케이	RF	EOK
에어프레미아	YP	APL

고심하던 아시아나항공은 마침 호주의 한 항공사가 반납한 OZ 코드를 발견했다고 합니다. AA나 AS는 물 건너갔으니 차라리 '오즈의 마법사'를 떠올리게 하는 OZ를 사용하는 게 좋다는 판단을 했다는 건데요. 아시아나항공 관계자는 "당시 신생 항공사로서 신비감을 줄 수 있다는 계산도 있었던 것 같다"고 설명합니다. IATA 코드는 해당 항공사가 폐업할 경우 일정 기간이 지나면 다른 항공사에서 사용이 가능하다고 합니다. 영문만으로 쓰기가 마땅치 않을 경우 제주항공이 7C를 쓰듯이 숫자와 영문을 조합한 2자리 코드를 쓰기도 하는데요. 국제적으로도 주로 저비용항공사(LCC, Low Cost Carrier)가 이런 방식을 많이 쓰는 걸로 알려져 있습니다.

국내 항공사 중에서 영문명에 가장 가까운 코드를 확보한 곳은 단연 티웨이항공(TWAY AIRLINES)입니다. 영문명의 앞 두 자리를 그대로 옮겨 놓은 'TW'를 받은 건데요. 티웨이항공 대표는 "IATA 코드는 선착순인데 다행히 TW를 쓰고 있는 항공사가 없어서 확보가 가능했다"고 말합니다. 항공사가 설립되면 받는 코드는 한 가지가 더 있습니다. UN 산하 기구인 국제민간항공기구(ICAO)에서 부여하는 '3자리 코드(3-Letter Code)'입니다. 신생 항공사가 대거 설립되면서 IATA 코드가 일부지만 중복되는 등 복잡해지자 대안으로 80년대 중반에 도입됐다고 하는데요. 이 코드는 주로 항공기 운항이나 관제에 활용됩니다.

IATA 코드에 비해 늦게 도입된 만큼 항공사들이 원하는 영문명을 받기가 상대적으로 용이한데요. 대한항공은 익히 알려진 'KAL', 아시아나항공은 'AAR', 제주항공은 'JJA'를 쓰고 있습니다. 하지만 공항에 도착하면 2자리 코드가 훨씬 많이 쓰입니다. 항공사 체크인 카운터 안내도 2자리 코드로 하고, 항공권 역시 IATA 코드가 찍힙니다. 따라서 승객 입장에서는 자신이 이용할 2자리 코드만 제대로 살펴도 잘못된 탑승구를 찾아가는 일은 없을 것 같은데요. 특히 환승객은 시간만 신경 쓰다 정작 중요한 항공사를 혼동하는 경우가 간혹 있는데 이때도 항공사 코드에 주목하면 실수를 줄일 수 있을 듯합니다.

5. 항공교통의 분류

1) 대형항공사
(FSC : Full Service Carrier)

국제민간항공기구(ICAO)는 다양한 기준으로 항공사를 분류하고 있다. 사업의 모델에 따라 항공사 종류에는 Full Service Carrier, Low Cost Carrier로 구분한다. 우리나라의 경우 국적 FSC 항공사로는 대한항공(KE)과 아시아나항공(OZ)이 있다. 대형항공사는 다양한 항공기 기종을 보유하여 보다 편리한 여행이 가능하며, 풀 서비스를 제공하는 것이 가장 큰 장점이다. LCC(저비용항공사)에 비해 항공요금이 비싼 것이 단점이다.

2) 저비용항공사(LCC : Low Cost Carrier)

(1) 저비용항공사의 개념

저비용항공사의 장점은 가격이 저렴하다는 것이다. 저비용항공사는 무료기내서비스를 없애고(No Frills), 단일기종의 운영을 통해 항공요금을 낮추며, 비용을 절감함으로써 항공이용객에게 항공권의 가격을 낮게 책정·판매하는 항공사라고 말할 수 있다. 단순한 가격구조를 가지면서 인터넷을 활용한 직접 발권 등으로 비용을 절감하여 기존 대형항공사의 70% 수준으로 판매가를 유지하고 있으며, 서비스를 줄여 가격을 저렴하게 하지만 FSC(Full Service Carrier, 대형항공사)에 비해 서비스가 부족하고 정시성이 떨어지는 것이 단점이다. 저비용항공사(Low Price Carrier)라 함은 단순히 가격이 낮다는 의미의 저가항공사라는 뜻이 아닌 운영비용 절감을 통해 저렴한 요금을 제공하는 항공사라고 이야기할 수 있다.

(2) 저비용항공사의 현황

세계 최초의 저비용항공사는 퍼시픽 사우스웨스트 항공(PSA항공)으로 1949년부터 1988년까지 운행했던 1세대 저비용 항공사이며 1988년 US AIRWAYS와 통합하였다. 이후 PSA항공을 모델로 1967년에 설립된 미국의 사우스웨스트 항공사(IATA CODE - WN)가 운항 중에 있다.

우리나라 최초의 저비용항공사는 현재 티웨이항공의 전신인 한성항공으로 2005년 8월에 청주국제공항을 허브공항으로 하여 청주 - 제주 구간 운항증명(AOC)을 발급하여 우리나라 최초로 LCC(Low Cost Carrier)를 시도하였다. 이때까지만 해도 LCC에 대한 정확한 개념이 정립되지 않았다. 이후 제주항공, 진에어, 영남에어, 에어부산, 티웨이항공, 이스타항공 등 많은 항공사들이 시장에 진입하였으며 2020년 10월 기준 7개(플라이강원 포함)의 저비용항공사가 운항 중이다. 에어프레미아와 에어로케이가 운항을 준비 중이나 신종 코로나바이러스 감염증(코로나19) 사태가 장기화되어 항공운항증명(AOC) 발급을 무기한 연기한 상태이다.

〈표 9-1〉 국내 저비용항공사 현황

항공사	항공사 마크	설립일	영업범위	항공기보유	종사자
제주항공	JEJUair	2005.1.25	국제 · 국내	39대	1,768명
에어부산	AIR BUSAN	2007.8.31	국제 · 국내	25대	917명
진에어	JINAIR	2008.1.23	국제 · 국내	27대	1,353명
이스타항공	EASTAR⁺JET	2007.10.26	국제 · 국내	22대	881명
에어서울	에어서울	2015.3.25	국제 · 국내	7대	331명
티웨이항공	t'way	2005.8.31	국제 · 국내	24대	1,147명
에어로케이 (RF)		2016.5.	국제 · 국내	4대	130명
에어프리미어		2017.7.	국제 · 국내	5대	

1. 항공예약의 기능 및 과정

항공예약은 승객의 여행 계획에 따라 항공편의 예약, 발권, 운송은 물론 여행에 대한 전반적인 부대서비스의 예약과 편의를 제공받음으로써 고객 측면에서 여행의 편의성을 제공받는데 있다. 항공예약의 목적은 항공좌석의 운용관리 및 이용률의 극대화를 위해 보다 효율적인 판매를 통해 촉진하고, 수요량을 예측함으로써 공급의 규모를 사전계획하며, 확정된 예약의 발권대행수수료를 통하여 이윤을 창출한다.

항공좌석은 재고가 없어 남은 좌석을 회수하여 보관하거나 보관하였다가 재판매할 수 없는 일회성과 시한성의 성격을 가지고 있다. 즉 일회성이란 생산과 소비가 동시에 일어나 상품을 저장할 수 없고 단 한 번으로 판매가 끝나는 것을 말한다. 시한성이란 정해진 시간 내에 항공기에 탑승하지 못할 경우 상품이 소멸하는 것이다. 이러한 항공예약의 특성으로 항공좌석이 최대한 소비될 수 있도록 사전에 항공좌석의 판매가 예약형태로 이루어지도록 유도한다.

항공예약의 방법은 오프라인 예약과 온라인 예약으로 나눌 수 있다.

오프라인 예약은 승객이 직접 해당 항공사 및 여행사를 방문하거나 전화를 통하여 진행하는 방법이며, 온라인 예약은 승객이 항공사 사이트, 할인항공권 사이트 등 온라인 매체를 통해 예약하는 방법이다. 항공예약 시 필요한 사항은 여권상의 정확한 영문이름, 탑승할 날짜와 현지 출발 날짜, 편명, 좌석 등급, 연락처 등이 있다.

2. 항공예약관리

비행기 좌석은 항공편 출발과 동시에 소멸해 버리므로 항공사에서는 좌석의 탑승률을 제고하기 위해 다음과 같은 조치를 취한다.

① 확인(Confirmation)

② 예약재확인(Reconfirmation)

③ 초과예약(Over Booking)

④ 항공권 사전 구입제(Ticketing Time Limit)

⑤ 각종 수수료부과(Refund Charge, Change Charge, No Show Charge)

3. 항공예약기록

항공예약시스템(Computer Reservation System)을 통해 여행객이 항공좌석을 예약하면 PNR

(Passenger Name Record)이라는 항공예약 기록이 자동적으로 생성된다. PNR은 승객이 요청한 모든 기록이 저장되어 있는 탑승승객 전산예약시스템의 예약정보를 말한다. PNR의 구성요소는 탑승자명, 여정, 전화번호 및 기타 정보로 이루어져 있다. PNR 생성 이후 자동으로 전산예약시스템에 기록·보관되어 히스토리(History) 조회를 할 수 있다.

PNR은 그 형식이 통일되어 있으며, 구성요소는 다음과 같다.

```
RP/PUSKP3401/PUSKP3401          AA/SU   1NOV20/0932Z    JP3XCI
2103-9561
  1.KIM/TEST MR
  2  KE 661 M 10MAY 1 PUSBKK HK1  2035 0015   11MAY  E  KE/JP3XCI
  3  KE 662 M 15MAY 6 BKKPUS HK1  0135 0900   15MAY  E  KE/JP3XCI
  4 AP -051-111-1111 AAA TOUR KIM/NANA
  5 APE ABC@DEF.COM
  6 APM 010-1234-5678
  7 TK OK01NOV/PUSKP3401
  8 OPW PUSKP3401-12NOV:1900/1C7/KE REQUIRES TICKET ON OR BEFORE
       15NOV:1900 PUS TIME ZONE/TKT/S2-3
  9 OPC PUSKP3401-15NOV:1900/1C8/KE CANCELLATION DUE TO NO
       TICKET PUS TIME ZONE/TKT/S2-3
```

PNR 2103 - 9561 / JP3XCI

1. 탑승자명
2. 출발여정
3. 도착여정
4. 여행사 연락처
5. 탑승자 메일주소

6. 탑승자 연락처
7. 예약날짜 및 예약여행사 코드
8. OPW(Option Warning Elements) 부연설명
9. OPC(Option Cancellation Elements)

4. 도시 및 공항코드(3 Letter Code)

세계 항공사들이 공통으로 사용하고 있는 도시코드(City Codes) 및 공항코드(Airport Codes)는 도시이름(공항이름)을 3자리 영문약자 '3 Letter Code'로 표시하는 것을 말하며, 모든 공항의 3자리 코드는 IATA에 의해 중복되지 않게 부여받는다. 항공사 코드나 공항 코드는 공항이나 세계 각국의 주요 도시들을 간단하고 편리하게 식별하기 위해 부여하며, 동일 이름 중복 등 혼선을 방지하기 위해 사용된다.

1) 도시코드(도시 및 항공 코드 사용)

타임테이블상의 출발과 도착 시 도시명이 쓰이지만 다음과 같이 도시 내에 공항이 2개 이상 있으면 공항이름으로 표기한다.

2개 이상의 공항이 있는 도시명과 공항명

1 ICN   JFK 28 - 1100 1130   R9 A3 J9 O9 Z9 I5 Y9   KE 081*388 0S
                             K9 M9 H9 L7 S9 T9 Q9
                             N9 V9 XR GC

2 YVR EWR 28 - 1400 2208   JR CR SR Y9 M9 U9 B9 H9   AC 548*319 0S010
                           V9 Q9 LR A9 RR KR N9 GR
                           PR ER TR D9

3 DTW LGA 28 - 0620 0759 P4 F7 A7 S7 Y7 W7 B7   AA4577*CR7 0S502
         H7 M7 N7 K7 L7 Q7 V7
         G7 O7

NATION	CITY CODE	CODE	AIRPORT
USA (미국)	NYC (NEW YORK)	JFK EWR LGA	JOHN F KENNEDY AIRPORT NEW WARK AIRPORT LA GUARDIA AIRPORT
	WAS (WASHINGTON)	DCA LAD	RONALD REAGAN ARPT(NATIONAL INT'S RPT) DULLES INT' L AIRPORT
BRITISH (영국)	LON (LONDON)	LHR LGW	HEATHROW AIRPORT GATWICK AIRPORT
FRANCE (프랑스)	PAR (PARIS)	CDG ORY	CHARLES DE GAULLE ARPT ORLY AIRPORT
JAPAN (일본)	TYO (TOKYO)	NRT HND	NARITA AIRPORT HANEDA AIRPORT
	OSA (OSAKA)	ITM KIX	ITAMI AIRPORT KANSAI INTERNATIONAL AIRPORT

2) 공항코드

(1) 국내 도시코드 및 공항코드

서울	SEL	대구	TAE
인천	ICN	광주	KWJ
김포	GMP	진주/사천	HIN
부산	PUS	울산	USN
제주	CJU	여수/순천	RSU
청주	CJJ	군산	KUV
무안	MWX	원주	WJU

(2) 일본, 중국 및 기타 주요 도시 및 공항코드

동경/나리타	NRT	홍콩	HKG
오사카	KIX	마카오	MFM
나고야	NGO	방콕	BKK
후쿠오카	FUK	마닐라	MNL
삿포로	CTS	세부	CEB
오키나와	OKA	칼리보	KLO
베이징	PEK	하노이	HAN
상하이	PVG	호찌민(사이공)	SGN
칭다오	TAO	씨엠립(앙코르와트)	REP
선양	SHE	타이베이	TPE
광쩌우	CAN	카오슝	KHH
항주	HGH	블라디보스토크	VVO
남경	NKG	사이판	SPN
시안	SIA/XIY	괌	GUM
옌지	YNJ	다융/장자제	DYG

(3) 일본 도시코드 및 공항코드

하네다	HND	마쓰야마	MYJ
나리타	NRT	미야자키	KMI
오사카	KIX	나가사키	NGS
나고야	NGO	니가타	KIJ
후쿠오카	FUK	오카야마	OKJ
아오모리	AOJ	오키나와	OKA
아키타	AXT	삿포로(치토세APT)	CTS

아사히카와	AKJ	센다이	SDJ
오이타	OIT	시즈오카	FSZ
히로시마	HIJ	다마카쓰	TAK
가고시마	KOJ	도야마	TOY
고마쓰	KMQ	요나고	YGJ
구마모토	KMJ	사가	HSG

(4) 중국 도시코드 및 공항코드

홍차우(상해)	SHA	가목사(자무쓰)	JMU
푸둥(상해)	PVG	지난(제남)	TNA
베이징	PEK	쿤밍(곤명)	KMG
칭다오	TAO	옌청(염성)	YNZ
선양	SHE	계림	KWL
광쩌우	CAN	톈진(천진)	TSN
선전, 심천	SZX	웨이하이(위해)	WEH
옌타이(연태)	YNT	우한(무한)	WUH
대련	DLC	샤먼	XMN
항주	HGH	정저우(정주)	CGO
남경(난징)	NKG	목단강	MDG
시안	XIY/SIA	우루무치	URC
옌지(연길)	YNJ	난닝	NNG
장춘	CGQ	황산	TXN
중경(충칭)	CKG	허페이	HFE
성도(청두)	CTU	하이커우	HAK
장사	CSX	다융, 장자제(장가계)	DYG
하얼빈	HRB		

(5) 아시아 도시코드 및 공항코드

송산(타이베이)	TSA	대만(타이완)	콜롬보	CMB	스리랑카
타이완(타이베이)	TPE	대만(타이완)	말레	MLE	몰디브
카오슝	KHH	대만(타이완)	덴파사르발리	DPS	인도네시아
타이중	RMQ	대만(타이완)	자카르타	CGK	인도네시아
홍콩	HKG	홍콩	메단	KNO	인도네시아
마카오	MFM	마카오	쿠알라룸푸르	KUL	말레이시아
싱가포르	SIN	싱가포르	코타키나발루	BKI	말레이시아
방콕	BKK	태국(타이)	카트만두	KTM	네팔
푸껫	HKT	태국(타이)	뉴델리	DEL	인도
치앙마이	CNX	태국(타이)	뭄바이	BOM	인도
마닐라	MNL	필리핀	모스크바	SVO	러시아
세부	CEB	필리핀	상트페테부르크 – 풀코보	LED	러시아
클라크	CRK	필리핀	하바로프스크	KHV	러시아
칼리보	KLO	필리핀	블라디보스토크	VVO	러시아
하노이	HAN	베트남	사할린	UUS	러시아
호찌민(사이공)	SGN	베트남	이르쿠츠크	IKT	러시아
다낭	DAD	베트남	알마티	ALA	카자흐스탄
나트랑	CXR	베트남	타슈켄트	TAS	우즈베키스탄
비엔티안	VTE	라오스	울란바토르	ULN	몽골
씨엠립	REP	캄보디아	양곤	RGN	미얀마
프놈펜	PNH	캄보디아			

(6) 미주(캐나다) 도시코드 및 공항코드

로스앤젤레스	LAX	댈러스	DFW
샌프란시스코	SFO	휴스턴	IAH
시애틀	SEA	워싱턴	IAD
시카고	ORD	라스베이거스	LAS
뉴욕	JFK	호놀룰루(하와이)	HNL
뉴왁	EWR	보스턴	BOS
7디트로이트	DTW	토론토	YYZ
애틀랜타	ATL	밴쿠버	YVR

(7) 남미·유럽 도시코드 및 공항코드

상파울루	GRU	브라질	마드리드	MAD	스페인
파나마	PTY	파나마	바르셀로나	BCN	스페인
부다페스트	BUD	헝가리	프라하	PRG	체코
암스테르담	AMS	네덜란드	로마	FCO	이탈리아
프랑크푸르트	FRA	독일	밀라노	MXP	이탈리아
뮌헨	MUC	독일	비엔나	VIE	오스트리아
브레멘	BRE	독일	취리히	ZRH	스위스
베를린	TXL	독일	헬싱키	HEL	핀란드
런던-히드로	LHR	영국	파리	CDG	프랑스

(8) 대양주·중동·아프리카 도시코드 및 공항코드

곰	GUM	곰	리야드	RUH	사우디아라비아
사이판	SPN	사이판	제다	JED	사우디아라비아
팔라우	ROR	팔라우공화국	도하	DOH	카타르
시드니	SYD	호주	텔아비브	TLV	이스라엘
브리즈번	BNE	호주	이스탄불	IST	터키
난디/피지	NAN	피지	나이로비	NBO	케냐
팔라우	ROR	팔라우	요하네스버그	JNB	남아공
오클랜드	AKL	뉴질랜드	아디스아바바	ADD	에티오피아
두바이	DXB	아랍에미리트	아부다비	AUH	아랍에미리트

3) 항공편명과 항공사 코드(2 Letter Code)

항공예약 업무를 수행하기 위해서는 CRS(Computer Reservation System)를 이용하여 항공사 및 관련업에서 사용하는 약어 및 규정 등 공동의 언어를 숙지하고 있어야 한다. 모든 항공사는 자사를 나타내는 고유의 호출부호를 가지고 있다. 이 부호는 항공사의 이름을 편의상 두 자로 줄여 사용하며 영문숫자 조합의 2자릿수, '2 Letter Code'는 IATA(국제항공운송협회)가 부여하고 3자리 코드는 ICAO(국제민간항공기구)가 부여한다.

IATA(International Air Transport Association : 국제항공운송협회)가 업무의 편의를 위해서 항공사 코드(Air Line Designator Code)를 Tow Letter Alphabet Code로 정하였다. 이와 달리 국제민간항공기구(ICAO)는 3 Letter를 이용하여 항공사, 공항, 도시 등을 표기하고 있다, 따라서 KAL은 ICAO 코드이고 KE은 IATA의 코드 표기법이다. 특히 IATA의 항공사 코드는 상업적 목적을 위해 항공사를 구분하기 위해 사용되며, 실무에서 매우 중요하므로 반드시 알아두어야 한다.

명칭	영문	CODE	
		ICAO	IATA
대한항공	KOREAN AIR	KAL	KE
아시아나항공	ASIANA AIRLINES	AAR	OZ
제주항공	JEJU AIR	JJA	7C
에어부산	AIR BUSAN	ABL	BX
진에어	JIN AIR	JNA	LJ
이스타항공	EASTAR	ESR	ZE
티웨이항공	TWAY AIR	TWB	TW
에어서울	AIR SEOUL	ASV	RS

〈표 9-2〉 2018년 11월 인천공항 취항 항공사 코드

AA	아메리칸항공	ET	에티오피아항공	LJ	진에어	SU	아에로플로트 러시아항공
AC	에어캐나다	EY	에티하드항공	LO	폴란드항공	TG	타이항공
AE	만다린항공	FM	상해항공	MF	하문항공 (중국)	TK	터키항공
AF	에어프랑스	GA	가루다 인도네시아항공	MU	중국동방항공 (중국)	TR	스쿠트항공
AI	에어인디아	HA	하와이안항공	NH	전일본공수(ANA)	TW	티웨이항공
AY	핀에어(폴란드)	HU	하이난항공	NX	에어마카오	TZ	스쿠트항공
AZ	알리탈리아항공	HX	홍콩항공	OM	미아트 몽골리안항공	UA	유나이티드항공 (미국)
BA	브리티시(영국)	HY	우즈벡항공	OK	체코항공	VJ	비엣젯항공

BR	에바항공	IT	타이거에어 (타이완)	OZ	아시아나항공	VN	베트남항공
BX	에어부산	JL	일본항공	PR	필리핀항공	ZA	스카이앙코르 항공
CA	중국국제항공	KA	드래곤에어	QF	콴타스항공 (호주)	ZE	이스타항공
CI	중화항공	KC	에어아스타나	QR	카타르항공	ZH	심천항공
CX	캐세이퍼시픽 항공(홍콩)	KE	대한항공	R3	야꾸티아항공	5J	세부퍼시픽 항공
CZ	중국남방항공	KL	케엘엠 네덜란드항공	RS	에어서울	7C	제주항공
DL	델타항공	KQ	케냐항공	SC	산동항공	8B	비즈니스항공
EK	에미레이트항공	LH	루프트한자 독일항공	SQ	싱가포르항공		

5. 구문통화표(Phonetic Alphabet)

음질이 좋지 않은 무선 통신에서 정확한 정보 전달을 위해서는 서로 정한 약속, 통화표를 사용해야 한다. 국제민간항공기구인(ICAO)에서는 알파벳 글자를 구어 (口語)로 전달할 때 벌어질 착오나 혼동을 피하기 위해 글자를 단어에 붙여서 명확히 구분하려는 목적으로 알파벳에 고유이름을 붙여 사용하였는데. 이를 '음성 알파벳'(Phonetic Alphabet) 또는 '음성코드'(Phonetic Code)라고 한다. 예를 들면, D를 G로, M을 N으로 또는 J를 Z로 잘못 알아들어 실수하는 부분을 정확성을 높이기 위해 알파벳에 고유이름을 붙여 사용하였다.

이 구문통화표는 1955년경 국제민간항공기구(ICAO)와 국제전기통신연합(TTU), 미항공국(FAA)이 공식 승인함에 따라 전 세계적으로 표준화되었다. 여행사에서 항공좌석 예약 시 예약번호에 알파벳과 숫자가 들어가는데, 이때 숫자는 '숫자'라고 명명한다. 예를 들면 BDET7M이라면 Bravo - Delta - Echo - Tango - 숫자 일곱 - Michael이라 부른다. 특히 예약번호, 탑승자명, 메일주소, 홈페이지의 URL을 전화로 불러줄 때 사용하면 오류를 줄일 수 있다. (숫자예약번호는 승객의 편의를 위해 CRS상에서 만든 번호이며 실제 예약번호는 영문과 숫자의 조합이다. 한국 국내선의 경우에는 숫자로 이루어져 있다.)

〈표 9-3〉 알파벳 구문통화표

Letter	Phonetic Alphabet	Letter	Phonetic Alphabet
A	Alpha	N	November
B	Brovo	O	Oscar
C	Charlie	P	Papa
D	Delta	Q	Quebec/ Queen
E	Echo	R	Rome, Romeo
F	Father, Fox - Trot	S	Smile, Sierra
G	Golf	T	Tango
H	Hotel	U	Uniform
I	India	V	Victory
J	Juliet	W	Whiskey
K	Kilo	X	X - Ray
L	Lima	Y	Yankee
M	Michael/ Mike	Z	Zulu

항공사의 국적과 취항형태 및 영업형태

1. 내항사와 외항사

국적기는 한국 국적을 갖고 있는 두 항공사, 즉 대한항공(KE : Korean Air)과 아시아나(OZ : Asiana Airlines)가 대표적이다. 국외여행에서 KE와 OZ은 가장 많은 노선을 가지고 있어 여행사의 가장 중요한 고객이기도 하다. OAL(Other Airlines)은 외국국적 항공사를 말하며, 한국에 취항하고 있는지의 여부에 따라 온라인 항공사와 오프라인 항공사로 구분하고, 취항 여부에 따라 정기 취항과 부정기 취항으로 구분한다. 또한 지점이나 영업대리점 설치여부에 따라서도 구분하는데, 외국국적 항공사의 직업 역시도 다음의 두 가지로 구분한다.

하나는 본사에서 인사권을 행사하는 정식직원 즉, Own Staff(On Staff, On Line Staff)를 말하고, 다른 하나는 인건비 절감 및 고용의 탄력성을 위해 임시직으로 고용하거나 혹은 GSA 대리점을 정하고 대리점 소속의 GSA 직원을 두는 경우이다.

2. 온라인/오프라인 항공사(On/Off – Line Carriers)

온라인 항공사는 한국에 정기적인 항공편을 운항하고 있는 항공사이고, 오프라인 항공사는 한국시장에 취항하고 있지는 않으나 한국 내에 사무실을 두고 영업을 하는 항공사이다. 오프라인 항공사는 대리점 형태의 영업을 하며 항공사가 취항하고 있는 도시까지 온라인 항공사와 연결하여 그 지점으로부터 승객을 수송하는 것이다.

예를 들어 과거 인천에 미취항했던 영국항공(BA : British Airways)은 운항하고 있는 가까운 도시, 즉 홍콩, 도쿄, 북경까지는 타 항공사를 이용하도록 하고, 다시 그 도시로부터 BA를 이용하여 목적지까지 운송한다. 이때 특정 온라인 항공사들과 특별할인요금 협정을 맺어 경쟁력 있는 항공요금을 시장에 제공하는 것이다.

1) 지점의 설치

항공사가 직접 지점을 설치하고 영업활동을 하는 곳이다. 일정규모 이상의 매출과 수요가 예약되었을 때 지점을 설치한다. 지점을 설치하면 시장을 직접 관리할수 있고 밀착된 서비스를 제공할 수 있는 장점이 있지만, 사무실 유지 및 직원의배치 등에 따르는 비용이 수반된다. 점차로 인터넷의 발달과 항공예약 및 발권시스템의 진보로 인해 지점의 설치에 따르는 투자보다는 인터넷 기반의 영업이더 활성화되고 있다. 그래서 항공사는 오히려 기존의 지점을 축소하려는 경향이있다.

3. GSA(General Sales Agent) 대리점 지정

외국 국적의 항공사들이 국내에 직영지점을 설치하지 않고 총판매대리점을 선정하여 항공사의 전반적인 영업활동을 총괄하도록 하는 형태이다. 항공사가 해외의 항공시장에서 지점이나 영업소를 개설하여 판매활동을 전개하기 힘들다고 판단될 때, 다른 항공회사나 여행사를 총판매대리점으로 지정하여 해당국가 또는 해당지역 내에서 대리점을 감독하고 홍보 및 영업 전 활동을 진행하도록 하는 방법이다.

4. PSA(Passenger Sales Agent)

여객판매대리점이다. 즉 화물을 제외한 나머지 여객부분의 판매만 담당하는 대리점을 지정하는 것이다. 단독 PSA를 체결하기도 하지만 여러 PSA를 선정해 영업을 진행하기도 한다.

〈표 9-4〉 외국항공사 한국지사 현황(2020년 1월)

항공사명	본사와의 관계	약호	직항여부	비고
가루다인도네시아항공	한국지점	GA	온라인	스카이팀 회원
델타항공	한국지사	DL	온라인	스카이팀 회원
라오항공	한국지사	QV	온라인	
로얄브루나이항공	한국지사	BI	온라인	
루프트한자독일항공	한국지사	LH	온라인	스타얼라이언스 회원
말레이시아항공	서울지사	MH	온라인	원월드 회원
미아트몽골항공	한국지점	OM	온라인	
베트남항공	서울지점	VN	온라인	스카이팀 회원
산동항공	한국지사	SC	온라인	
세부퍼시픽항공	한국지사	5J	온라인	
심천항공	한국지사	ZH	온라인	스타얼라이언스 회원
싱가포르항공	한국지사	SQ	온라인	스타얼라이언스 회원
아메리칸항공	한국지사	AA	온라인	원월드 회원
아에로플로트러시아항공	한국지사	SU	온라인	스카이팀 회원
야쿠티아항공	한국지점	R3	온라인	
에미레이트항공	한국지사	EK	온라인	
에어뉴질랜드	한국지사	NZ		
에어마카오	한국지점	NX	온라인	
에어아스타나	한국지사	KC	온라인	
에어아시아	한국지사	AK	온라인	
에어캐나다	한국지사	AC	온라인	스타얼라이언스 회원
에어프랑스	한국지점	AF	온라인	스카이팀 회원
에티하드항공	한국지점	EY	온라인	
일본항공	한국지점	JL	온라인	원월드 회원
중국국제항공	한국지점	CA	온라인	스타얼라이언스 회원
중국남방항공	한국지점	CZ	온라인	
중국동방항공	한국지점	MU	온라인	스카이팀 회원

항공사명	본사와의 관계	약호	직항여부	비고
카타르항공	한국지사	QR	온라인	원월드 회원
케세이드래곤항공	한국지사	KA	온라인	원월드 회원
캐세이퍼시픽항공	한국지사	CX	온라인	원월드 회원
케이엘엠네덜란드항공	한국지점	KL	온라인	스카이팀 회원
타이항공	한국지사	TG	온라인	스타얼라이언스 회원
터키항공	한국지점	TK	온라인	스타얼라이언스 회원
핀에어	한국지사	AY	온라인	원월드 회원
하문항공	한국지점	MF	온라인	
하와이안항공	한국지사	HA	온라인	
해남항공	서울지점	HU	온라인	

제4절 ◆ 항공사 관련 국제기구 및 항공용어

1. IATA

국제항공운송협회(International Air Transport Association)는 1945년에 설립되었으며, 국제적인 무역기구이다. 세계항공운송의 각종 절차와 규정을 심의·제정·결의하고 항공운송에서 국가 간의 이해관계 조정 및 항공운송에 예상되는 각종 규정 및 절차의 표준화를 목적으로 하며, 이 기구를 통해 항공료를 합의한다.

2. ICAO

국제민간항공기구(International Civil Aviation Organization)는 1944년 시카고에서 52개국 대표가 모여 설립한 국제민간항공조약(시카고조약)에 의거 1947년에 발족한 유엔전문기구이다. 항공기·승무원·통신·공항시설·항법 기술면에서의 표준화를 위한 활동을 하고 있다. 본부는 캐나다 퀘벡주 몬트리올에 위치하고 한국은 1952년 12월에 가입했다.

Case 사례 3 IATA와 ICAO의 차이

여행신문

IATA-민간 항공사 협회

ICAO-UN 설치 산하기구

해외여행을 출발할 경우 공항에서 숫자+영문으로 표시한 항공사 코드를 볼 수 있습니다. 국제항공운송협회(IATA)에서 부여한 '2자리 코드(2-Letter Code)'입니다. 항공운송에 관한 국제적 단체로 여행업계에서 자주 이야기를 들을 수 있습니다. 한국말로 써도, 영문으로 써도 정확한 뜻이 전달이 안 되는 경우가 있어 국제항공운송협회(IATA)와 국제민간항공기구(ICAO)에 대하여 역할과 주체를 잘 파악하기 힘든 두 단체에 대해 알아보겠습니다. 국제항공운송협회(IATA) 홈페이지에 따르면 IATA는 1945년 4월 쿠바 하바나에서 유럽과 북미 지역 31개 국가의 57개 회원사로 시작했으며 최근에는 120여 개국 290여 회원사로 구성됐습니다. 국제항공운송협회를 지칭하는 IATA는 International Air Transport Association의 앞글자를 딴 것입니다. IATA는 관광협회중앙회, 일반여행업협회 등처럼 동종 업계의 공동 이익을 추구하고, 해당 산업의 발전을 도모하기 위해 설립된 민간 협회입니다. IATA는 항공운송산업의 안전성과 경제성 효율성을 도모하고 있으며 특히 TASF(Travel Agent Service Fee), BSP(Billing and Settlement Plan, 항공권 판매대금 집중결제제도) 등과 관련된 일을 맡고 있습니다.

일부 여행업계 사람들은 IATA를 공익을 추구하는 국제기구로 이해하는 경우도 있지만 반드시 그런 것은 아닙니다. 국제민간항공기구(ICAO)는 UN의 산하 기관으로 구성원이 항공사가 아닌 각 국가가 된다는 게 특징입니다. 다시 말해 항공사의 이익을 추구하는 단체가 아니라 민간항공의 여러 가지 사항에 대한 국가 간 포괄적인 동의로 볼 수 있는 것이지요. 1944년 미국 시카고에서 52개국이 모인 가운데 국제민간항공조약에 따라 설립됐습니다. 국제민간항공기구를 지칭하는 ICAO는 International Civil Aviation Organization의 앞글자를 딴 것입니다. ICAO의 목표는 국제민간항공 운송 발전과 안전의 확보, 항공기 설계·운항 기술 발전 등으로 특히 항공기, 승무원, 통신, 항공시설 등의 표준화와 통일을 추구합니다. ICAO 주요 기관을 보면 ICAO 역할과 목표를 더욱 잘 알 수 있는데요. 이사회 이하 항공항행위원회(Air Navigation Commission), 항공운송위원회(Air Transport Commission), 법률위원회(Legal Commission), 사무국 이하 항공항행국(Air Navigation Bureau), 항공운송국(Air Transport Bureau), 기술지원국(Technical Cooperation Bureau), 행정업무국(Bureau of Administration and Services), 법률국(Legal Bureau)이 있습니다. ICAO는 항공 안전 기준을 마련합니다. 그것을 기준으로 각 국가는 국적여부에 따라 안전 여부를 판단할 수 있도록 합니다.

3. 코드셰어(Code Share)

공동운항(코드셰어, Code Share)은 특정 노선을 취항하는 항공사가 좌석의 일부를 다른 항공사와 나누어 운항하는 것을 말하며 주로 공항의 슬롯(Slot : 특정시각의 항공기 도착과 출발시간대. 항공기 운항시각)이 부족할 경우 동맹항공사 사이에서 이루어진다. 비행기를 실제로 운항하는 항공사인 Operating Carrier(운항사), 실제로 운항은 참여하지 않고 공동운항 노선에 자사의 항공편을 사용하여 좌석을 판매하는 Marketing Carrier(참여사), 운항사와 참여사가 편명(Code)을 공유(Share)하는 좌석을 임대 좌석(Allotment)이라 한다. 즉, 비행기 한 대를 가지고 두 개의 항공사가 좌석을 공유 판매하는 것으로서 항공사 측면에서는 여러 가지 전략적 이유가 있는데, 적자 노선을 자회사나 제휴 항공사로 넘기고 그 노선에 코드셰어를 걸어 노선망을 유지하면서 비용을 줄이기도 한다.(예 아시아나항공이 에어부산에 김포행 및 제주행 국내선 코드셰어)그리고 안정적인 좌석판매 외에도 두 개의 항공사가 결합함으로써 다양한 노선 사용 등의 시너지 유발 효과를 거둘 수 있다. 대표적인 것으로는 미취항 구간에 대한 특별요금이나 타국 내의 국내선 좌석공유 등 좌석을 안정적으로 확보하는 경우이다.

```
2103-9561
 1.KIM/TEST MR
 2  KE5901 M 15MAY 6 ICNCDG HK1  0905 1410  15MAY  E  KE/JP3XCI
    OPERATED BY AIR FRANCE
 3 AP -051-111-1111 AAA TOUR KIM/NANA
 4 APE ABC@DEF.COM
 5 APM 010-1234-5678
 6 TK OK01NOV/PUSKP3401
```

Operated by XXX Airlines

Case 사례 4 코드셰어(Code Share, 좌석공유) 바로알기   여행신문

코드셰어(Code Share, 좌석공유, 공동운항)는 특정 노선을 취항하는 항공사가 좌석 일부를 다른 항공사와 나누어 운항하는 것을 말한다. 비행기를 실제로 운항하는 항공사인 '운항사(Operating Carrier)', 실제 운항은 하지 않고 공동운항 노선에 자사 항공편명을 사용하여 좌석을 파는 '참여사(Marketing Carrier)', 운항사와 참여사가 편명(Code)을 공유(Share)해서 이런 이름이 붙었다.

■ 코드셰어를 하는 이유

항공사들이 공동운항을 하는 이유는 한 항공사로는 좌석을 채울 수 없거나 항공기 여러 대를 운항하는 것이 손해일 경우, 항공사와 승객 모두에게 이득을 제공할 수 있는 협력 모델이기 때문이다. 참여사의 경우에는 노선 망 확장 효과를 가지게 된다. 운항하지 않는 노선에 항공기를 직접 투입하지 않고도 자사 항공기 편명을 달고 운항할 수 있기 때문이다. 운항사의 경우에는 자사에서 판매 뒤 남은 좌석에 참여사의 고객을 태워 빈자리를 보충할 수 있는데, 참여사로부터 좌석을 이용한 대가까지 받아 수입을 증대할 수 있다. 소비자 또한 공동운항을 적절히 활용할 경우 저렴한 외항사 항공권으로 편안한 국적기를 이용할 수 있다는 장점이 있다. 이런 일석삼조의 이득에 우리나라 대형 항공사인 대한항공과 아시아나항공도 다양한 외항사와 코드셰어를 하고 있다.

■ 코드셰어의 함정

하지만 단점 역시 존재한다. 최근 불거진 문제점은 바로 대형항공사와 저가항공 간 공동운항이다. 대한항공과 아시아나항공은 현재 자사 저가항공사(진에어(LJ), 에어서울(RS))과 일부 노선을 공동운항 중이다. 고객 편의를 표방하며 시작한 정책이지만 오히려 고객을 기만하고 있다는 지적이다. 대형항공사를 통해 예매한 승객들은 코드셰어 여부를 정확히 알지 못하고 탑승 직전에 항공기를 보고 당황하는 경우가 많다. 게다가 소위 '급'이 다른 대형항공사와 저가항공사의 비용과 서비스에 불만을 제기할 수밖에 없다. 항공기는 물론 기내서비스도 저가항공 수준에 맞춰 제공된다. 공동운항편 제반 서비스는 기본적으로 운항사 기준을 따르기 때문이다. 대형항공사 가격에 예매를 했더라도 코드셰어 항공기로 갈아탔을 경우, 사전좌석배정, 아기바구니, 특별기내식 등의 서비스는 제공되지 않을 수 있다. 그러나 항공사는 예매 과정에서 공동운항에 대한 정보를 공지해 놓았기 때문에 법적으로는 문제가 없다는 입장이다. 하지만 피해 고객들은 '글씨가 너무 작다', '못 보고 지나치기 쉬운 곳에 공지되어 있다'고 지적한다.

공동운항에 판매사와 운항사 간 운임차이가 발생할 수 있다는 사실을 고지하도록 규정한 것이다. 그러나 정확한 운임 액수 차이는 밝히지 않아도 된다. 소비자가 각 예매 사이트를 돌아다니며 직접 운임 차이를 비교해야 한다. 수하물 정책에 대한 고지도 미비한 것으로 드러났다. 해당 규정에 따르면 실제 수하물 요금과 무료 허용중량 또는 개수를 정확히 명시해야 한다. 그러나 아시아나는 '타 항공사 연결 시 타 항공사 자체 수하물 규정이 적용될 수 있습니다'라는 한 줄로 고지를 끝냈다. 정작 규정을 만든 국토교통부는 실태를 인지하지 못하고 있었다.

■ 코드셰어 항공편, 어떻게 확인할 수 있을까

코드셰어가 된 항공편의 경우 운항사와 참여사의 편명이 모두 표시된다. 항공권 아래 또는 항공권 검색 시 판매사 편명 아래 '항공편명 Operated by 운항사'와 같이 표시된다. 또한, 편명의 숫자가 네 자리이거나, 항공사 코드 뒤에 붙는 번호가 6000번대 이상일 경우 코드셰어를 하는 항공편일 확률이 높다.

■ 코드셰어 잘 활용하기

코드셰어 항공편을 이용할 때는 꼭 판매사와 운항사 양쪽 모두의 가격을 비교하고 사야 한다. 대체로 국내에서는 외국 항공사가, 외국에서는 국내 항공사가 더 저렴하다고 하는데 이는 보편적으로 외항사보다 국적사의 항공편을 더 선호하기 때문에 국적사 티켓이 더 빨리 소진되기 때문이라고 한다. 비행 스케줄을 잘 확인하고 국적기가 운항하는 항공편을 찾아 발권은 외항사에서, 탑승은 국적기를 이용하면 된다. 제대로 확인하지 않았다간 비싼 가격으로 국적사에서 예매를 하고도 외항사의 비행기를 타야 하는 일이 생길 수 있다.

■ 코드셰어 항공편 이용 시 주의사항

코드셰어는 승객, 항공사 모두에게 유리한 운항 방법이긴 하지만 승객의 입장에선 어느 한 개의 항공사 규정만을 알아야 하는 것이 아니라, 실제 운항하는 항공사, 항공권에 명시된 참여사의 서비스 정책을 두루 알아야 하는 귀찮은 점이 존재한다.

하나, 운항 관련 절차나 규정은 운항사(Operating Carrier)의 정책을 따른다.

항공기가 정상적으로 운항하지 못하고 지연되거나 결항되는 경우, 승객에게 제공되는 대체 서비스나 안내 등은 실제 운항하는 항공사의 기준과 규정을 따르게 된다. 혹시 이런 경우를 당한다면 우선 운항사에게 문의를 하고 대책을 요구해야 한다. 항공기 운항이 비정상적인 상태에서 간혹 참여사인 항공권 판매 항공사에게 문의를 하는 경우가 있는데, 참여사의 입장에서는 실제 항공기가 어떤 상태인지 파악하기에는 현실적으로 여러 가지 제약이 있으므로 실질적 도움을 받기가 어렵다. 그래서 필히 운항사에게 문의하는 것이 좋다.

둘, 서비스 정책은 참여사(Marketing Carrier)의 규정을 따른다.

무료수하물 허용량 규정이 운항사, 참여사가 각각 다를 때는 참여사의 기준이 적용된다. 예를 들어 인천 – 파리 구간의 무료수하물이 운항사가 1인당 20kg, 참여사가 1인당 23kg인 경우 참여사 승객은 참여사 기준에 따라 무료수하물 규정이 적용된다. 수하물을 분실하거나 파손당했을 때 배상하는 기준은 배상하는 주체 항공사의 규정을 따른다. 공항에서 수하물 사고를 당했을 때 배상을 요구하게 되는데, 그 주체 항공사가 운항사일 수도, 참여사일 수도 있으며 그 주체 항공사의 규정에 따라 배상된다. 또한 판매 항공사의 회원 자격(프리미엄 회원 등)이 누릴 수 있는 혜택은 공동운항편을 탑승한다고 해도 원래 항공사를 이용할 때와 같은 수준의 서비스(라운지 제공, 무료수하물 허용량 등)를 제공받게 된다.

셋, 공항 내 휴식 라운지 이용은 대개 참여사의 것을 사용한다.

퍼스트나 비즈니스 혹은 상용고객(마일리지가 많은 단골 고객)은 부가 서비스의 일종으로 공항에서 라운지를 무료로 이용할 수 있다. 공동운항편의 경우, 참여사 승객은 참여사의 라운지를 이용하는 것이 기본이나, 참여사 라운지가 없거나 아예 참여사가 없는 공항에서는 운항사의 라운지 이용이 가능하다. 단, 이런 사항에 대해서는 항공권을 판매한 참여사에게 미리 문의하는 것이 좋다.

넷, 코드셰어 항공편의 경우 대부분 사전 좌석지정이 되지 않는다. 그러므로 운항사별로 사전에 좌석을 지정할 수 있는지를 꼭 확인해야 한다. 좌석을 사전에 지정할 수 없는 곳은 체크인 시에 좌석을 배정받을 수 있다. 이럴 경우 공항에 일찍 도착할수록 유리하다. 좋은 자리를 얻거나 일행과 함께 앉기 위해서는 공항에 일찍 가야 한다.

알아두면 알뜰한 여행에 보탬이 되는 항공사 간 공동운항이지만 코드셰어 속에 숨겨진 함정에 여행 시작부터 일이 꼬이는 소비자가 속출하고 있다. 공동운항이라는 명분 아래 무분별한 저비용항공사 운항만 고집하는 것은 분명 잘못된 일이다. 하지만 소비자들도 비행기 예매 시 공동운항 부분에 대한 꼼꼼한 확인도 잊지 말아야 할 것이다.

4. 환불 및 VOID

VOID란 항공권 발권 후 사정이 생겨 항공권을 취소해야 할 경우, 발권한 당일 (23시 59분 전까지)에 한해서는 무료화시켜 주는 것을 말하는데 요즘에는 LCC항공의 발달로 항공사 마다 VOID 규정이 다른 경우도 있으므로, 취소할 일이 있을 경우 사전에 확인하여야 한다. 그리고 발권당일이 지났을 경우에는 환불진행을 해야 하는데, 환불처리의 소요 기간은 대략 15일에서 한 달 정도이며, 항공사의 규정에 따라 일정한 수수료가 있을 수 있으므로 주의해야 한다. 특히 환불이 불가한 항공권도 있으니 이러한 항공권을 구매할 시에는 사전에 미리 신중하게 결정해야 한다.

5. 오픈(Open) 발권

출발편만 지정하고, 귀국일정은 지정하지 않고 항공권을 발권하는 것인데, 주재원으로 가는 비즈니스맨 및 유학생들의 경우 리턴 날짜를 정하기 어려우므로 6개월 또는 1년짜리 Open 항공권을 발권하는 경우가 있다. 그러나 현재는 입국 시 까다로운 절차로 인하여 대략 예상 귀국날짜를 확정하여 입국하는 경우가 많다. 또한 항공사들의 가격경쟁으로 인해 다양한 특별운임이 생겨 Open 발권은 불가하지만 Open 발권이 가능한 정상운임보다 저렴한 특별운임으로, 미리 리턴날짜를 확정해서 발권하는 경우가 점차 늘고 있다.

6. MCO(Micellinious Charges Order)

일종의 어음과 같은 성격을 띠는 유가증권으로서 항공료 이외에 변경수수료, 추가수화물비용 지불 등을 할 때 이용되기도 하며, 항공사에서 탑승객에게 특별한 서비스를 제공해야 할 경우 비용을 바로 현금으로 지불할 수 없어 MCO를 발행하고 승객은 추후 환불 또는 항공권 구매 시 이를 사용할 수 있다.

7. 유류할증료(Fuel Surcharge)

국제선의 유류할증료는 2005년부터, 국내선은 2008년부터 국제유가 인상에 따른 항공사의 경영부담을 줄여주기 위한 목적으로 기본 운임료에 할증 형태로 부과하는 요금이다. 항공요금과 함께 공항이용료·유류할증료·전쟁보험금 등의 '세금'으로 구성되는데 유가의 변동성이 커서 가격이 불안정할 때는 유류할증료에 따라 항공권 가격이 크게 좌우된다.

한국 출발 국제선 노선별 유류할증료(편도)			
대한항공(2023년 8월)			
거리(마일)	주요노선	7월	8월
~499	선양,후쿠오카,다롄,칭다오	14,000	15,600
500~999	나고야,나리타,오사카,타이페이 삿포로,텐진,오키나와,상하이푸동	22,400	26,000
1000~1499	광저우,홍콩,울란바토르	28,000	28,600
1500~1999	마닐라,하노이,세부,다낭	33,600	39,000
2000~2999	방콕,싱가포르,호치민,양곤 쿠알라룸푸르,프놈펜,카투만두,푸켓	43,400	42,900
3000~3999	자카르타,타슈켄트,발리	46,200	44,200
4000~4999	모스크바,두바이,호놀룰루, 이스탄불,브리즈번	71,400	79,300
5000~6499	런던,밴쿠버,로스앤젤레스,시드니 시애틀,파리,오클랜드,프랑크푸르, 암스테르담,파리,비엔나,바르셀로나,프	88,200	96,200
6500~9999	뉴욕,댈러스,보스톤,시카고,워싱턴 토론토,애틀랜타	107,800	114,400

한국 출발 국제선 노선별 유류할증료(편도)			
아시아나항공(2023년 8월)			
거리(마일)	주요노선	7월	8월
~499	후쿠오카,창춘,다롄,칭다오,옌지 옌청,미야자키,웨이하이	14,400	16,900
500~999	오사카,도쿄,오키나와,삿포로,난징 베이징,상하이,타이페이,타이중	22,300	24,700
1000~1499	광저우,시안,홍콩,울란바타르 선전,구이린,가오슝	28,900	33,700
1500~1999	마닐라,하노이,다낭,세부,사이판	35,400	41,500
2000~2499	방콕,팔라우,괌,나트랑,호찌민 프놈펜,푸꾸옥	43,300	49,300
2500~2999	푸켓,싱가포르,알마티	49,900	57,100
3000~3999	자카르타,타슈켄트	56,400	64,900
4000~4999	이스탄불,호놀룰루	70,900	80,500
5000~	로스앤젤레스,샌프란시스코,뉴욕 시애틀,시드니,파리,로마,런던 베네치아,바르셀로나,프랑크푸르트	84,000	96,000

Case 사례 5 항공권을 SNS에 게시하면 안 되는 이유   중앙일보

요즘 SNS을 통하여 하루의 일상을 소개하고, 좋은 사진 한 장 열 광고 부럽지 않은 세상이 되다 보니 지금은 SNS의 시대라고 불릴 만큼 소셜 네트워크 서비스(SNS)는 현재 우리 사회에 깊숙이 자리 잡고 있습니다. SNS시대의 주축이 되는 20대로부터 시작해서 지금은 40대, 50대, 60대까지 그 스펙트럼은 계속해서 넓어지고 있습니다. 많은 사람들이 SNS, 인스타그램을 사용해서 사람들과 자유로운 의사소통과 정보를 공유하고 있습니다. 물론 여행을 갈 때도 마찬가지. 비행기 탑승권과 예약정보들을 SNS에 게시하여 인증을 하곤 합니다. 하지만 흔히 행해지고 있는 이러한 게시를 통해서 자신의 정보가 심각하게 유출될 수도 있습니다. 일반적인 경험을 빗대어서 일반 사람들이 의외로 많이 간과하고 있는 내용과 많은 사람들이 알고 있었으면 하는 내용 중의 하나인 '항공권을 SNS에 게시하면 안 되는 이유'를 중앙일보 정범준 인턴기자의 글을 참고하여 알아보도록 하겠습니다.

코로나 시대인 지금, 여행의 수요가 곤두박질쳤지만 사람은 여전히 본능적으로 새로운 장소를 찾아 여행을 떠나려고 하는 심리가 내재되어 있습니다. 통계에 따르면 코로나 시대 이전에는 대한민국 인구 5,000만 명 중 해마다 3,000만 명의 사람들이 여행을 떠난다고 집계되었습니다. 또한 한 번도 비행기를 타보지 않은 사람은 찾기 힘든 시대가 되었습니다. 이렇듯 많은 사람들이 여행을 떠나고 또 비행기를 탑니다. 그리고 SNS를 보면 심심치 않게 여권과 함께 항공권을 인터넷에 게시하는 사람들을 볼 수 있습니다. 인스타그램에 #항공권 또는 #Boarding Pass라고 검색을 하면 인종과 국가를 불문하고 수십만 개의 사진들을 쉽게 찾을 수 있습니다. 일반적으로 이러한 행동을 아무렇지 않게 하고 있지요? 기내에서 여행에 대한 설레는 마음으로 인증샷을 남깁니다. 하지만 이러한 행동들이 자신의 정보를 유출하게 하는 굉장히 위험한 행동이라는 것입니다.

이러한 항공권을 SNS에 게시를 하면서 생길 수 있는 문제에 대해 열거해 보자면

첫 번째로는 바코드를 통한 개인 신상 노출이 있습니다. '바코드가 무엇이길래 왜 위험하냐'고 할 수 있습니다. 하지만 바코드가 나온 사진을 캡처하고 온라인 바코드 사이트에 입력하면 개인정보가 바로 나옵니다. 어떤 사람의 탑승권인지, 언제 어디로 떠나는지, 마일리지 번호, 숙박 정보, 주소, 심지어 동반자와 카드번호까지 노출이 됩니다. 내가 알지도 모르는 누군가 앙심을 품은 사람이 혹은 장난을 칠 수 있는 사람이 당신의 일거수일투족을 지켜볼 수 있습니다.

두 번째로는 도난이 있습니다. 앞에서도 언급했듯 항공권의 바코드에는 당신의 집주소가 기록되어 있습니다. 이때 남들이 없는 집을 들락날락하는 직업을 가지고 있는 도둑들에게는 이 정보가 아주 귀한 정보의 원천이 됩니다. 당신이 얼마나 오랜 기간 집을 비울 것인지 알 수 있기 때문에 그들에게 당신은 당연히 빈집털이의 대상자가 되는 것입니다. 그래서 항공권 정보를 게시하거나, 버리게 되면 빈집털이를 당하는 것은 시간문제입니다.

세 번째로는 마일리지입니다. 마일리지로 항공권을 구매했거나, 마일리지를 적립한 항공권이어도 문제가 됩니다. 이 역시 바코드를 해킹한 사람이 탑승권에 있는 정보와 회원번호, 카드소유정보 등을 이용해 항공사에 접속하여, 당신이 어렵게 모은 마일리지를 사용하거나 소진하여 항공권을 새로 예매할 수도 있습니다.

마지막으로는 항공권 취소와 보이스피싱입니다. 이 정보를 이용해서 만약 다른 사람이 항공권을 취소하게 된다면 당신이 비행기를 탑승할 때 비행기 승선을 거부당할 수도 있습니다. 또한 보이스피싱으로 당신이 해외에 떠났을 경우, 개인신상정보를 이용해 가족들을 납치했다며 협박 등을 할 수도 있습니다. 가족들은 당신이 국내에 거주할 때와는 달리 해외에 있다는 것만으로 불안감이 상승하게 될 것입니다.

토론주제   항공예약을 학습하고, 주요 토론주제를 가지고 토론하는 시간을 가집니다.

1) 아시아나는 왜 OZ인가?

2) 여행사의 BSP(Billing and Settlement Plan, 항공권 판매대금 집중결제제도) 제도는 무엇인가요?

3) 왜 항공사 아닌 여행사에 발권수수료를 낼까?

4) 코드세어(Code Share, 좌석공유)에 대하여 알아보자.

5) IATA와 ICAO의 차이는 무엇인가?

6) 항공권이 양도가 안 되는 이유에 대하여 알아보자.

7) 항공권을 SNS에 게시하면 안 되는 이유에 대하여 알아보자.

8) 코드세어의 마일리지 적립에 대하여 알아보자.

9) 유럽의 LCC와 우리나라의 LCC에 대하여 토론해 보자.

10) 국내 항공시장은 FSC와 LCC를 구분하고 있다. 향후 시장의 형태를 정의하고 향후 경쟁구도에 대하여 토론해 보자.

여행사의 경영

CHAPTER

10 여행사의 경영

제1절 여행사의 경영특징

여행업은 여행자와 여행에 관련된 시설업과 기타 사업체를 연결하여 중개 및 알선을 하고, 예약·수배하여 일정액의 수수료를 받으며, 여행자를 위하여 여행에 관련된 각종 여행정보 및 서비스의 편의를 제공, 여행상품을 개발·기획·판매하여 적정한 이윤을 추구 영위하는 사업체라고 정의한다. 여행사의 특성은 크게 경영구조의 특성, 사회현상적 특성으로 나누어질 수 있는데, 각각의 주요한 특성 및 내용을 살펴보면 다음과 같다.

1. 경영 구조적 특성

1) 입지위주의 사업

여행상품이 생산과 소비의 장소성, 시간적 동시성을 갖기 때문에 여행사는 다른 업종에 비해 고객이 이용하기 편리한 곳에 위치하고 있어야 한다. 지인의 소개를 통한 인센티브 여행객은 직접 사무실을 방문하여 상담이 이루지는 경우가 많아, 접근성을 갖추어야 하는 입지의존성이 매우 중요한 사업이다. 그러나 산업의 기술에 의한 인터넷의 발달로 인하여 사무실 입지의존성이 점점 낮아지고 있다.

2) 소규모 자본의 특성

여행사는 신규진입의 수월성으로 인하여 과당경쟁을 유발한다. 여행사는 소규모 자본에 의한 경영이 가능하다 보니 타 업종에 비해 고정자본의 구성비가 낮고 인건비가 대부분을 차지하는 경향이 있다.

3) 노동집약적 사업

여행사는 여행전문가가 주체가 되어 업무를 수행해 나가고, 일반전산이나 기계적인 설비는 보조하는 수단으로 여행사 서비스의 특성상 다양한 여행객들의 요구를 수용하기 위해서는 자동화 자체가 한계를 지니고 있기 때문에 노동의존도가 매우 높은 게 현실이다. 현재는 인터넷을 이용한 정보통신의 발달 등에 힘입어 여행사 내에 사무자동화가 되어 있어, 여행사 경영에는 사람이 가장 중요한 자본으로 여겨지는 것도 이 때문이라 할 수 있다.

4) 인간 위주의 경영특성

여행사에서 기획과 상품생산, 그리고 판매되고 운용하고 있는 주체가 직원이라는 점 즉, 여행상품의 질이 종사원에 의해 결정되기 때문에 전문 인력의 확보가 요구되며, 여행업 종사자의 사기도 매우 중요한 역할을 한다. 이에 경영주에게는 인간중심적인 기업경영이 필수적이라 할 수 있다.

5) 과당경쟁사업

여행업은 소규모 자본으로 누구나 창업이 가능하다. 가처분소득, 주 5일 근무로 인한 여가시간의 증대, 라이프스타일의 변화, Mind의 변화 등으로 국내외 여행의 수요가 급증하고 있다. 여행사는 다른 업종에 비해 설립이 매우 용이하기 때문에 신규진입이 쉽게 이루어지고 있다. 또한 무형성을 가지고 있는 여행상품은 모방이 쉽다는 점에서 여행사에서 쉽게 좋은 상품을 모방할 수 있다. 이에 여행사들 사이에 여행상품을 가지고 과도한 경쟁이 이루어지고 있는 실정이다. 여행업의 서비스 품질 저하가 초래되는 이유 중 하나이다.

2. 사회현상적 특성

1) 계절 중심적(집중성)

여행수요는 요일이나 계절에 따라 매우 탄력적이며, 여행평준화를 하기 어렵다. 즉 여행수요는 평일보다는 주말 또는 방학 때 집중되는 현상을 보이고 있으나 현재의 여행트렌드 변화는 성수기를 피해 여행계획을 추진하는 경우도 많다.

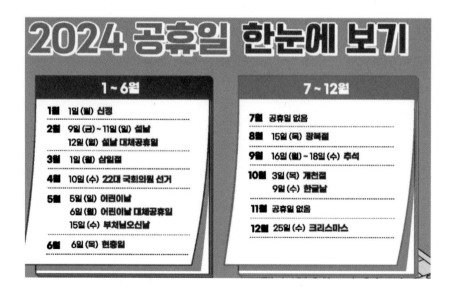

2) 여행상품 수명주기의 단명성

여행상품은 특허권이 없고, 모방이 용이하므로 여행사마다 상품이 거의 동일하다. 쉽게 모방하지 못하도록 여행상품에 독특성을 가미하는 전략을 세우는 전략이 필요하다. 때문에 상품수명주기가 매우 짧은 경향을 보이고 있다.

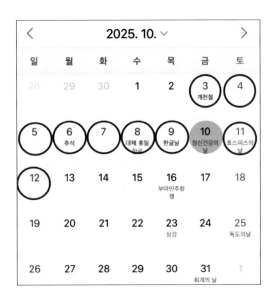

3) 사회적 책임 중시

여행객의 해외여행 시 제2의 민간외교관이라는 생각과 여행사의 경영속성상 전세계를 상대로 경영활동을 한다는 측면에서 여행객들의 여행지에서의 활동이 국가의 이미지에 매우 중요한 영향을 미치기 때문에 경영활동을 수행해 나가는 데 있어 여행사의 국가적, 사회적 책임은 매우 중요시되고 있다.

4) 신용사업

여행객은 여행상품을 구매할 때 브로슈어를 통해, 관련 일정표를 통해 상품을 결정하고, 여행출발 전에 여행경비를 여행사에 지급하고 있으며, 여행소재 공급업자인 랜드사도 여행사에 대한 신뢰를 바탕으로 해서 여행상품을 견적하기 때문에 신용은 여행사 성공의 관건임과 동시에 주요변수가 된다고 할 수 있다.

1. 여행사의 경영조직

1) 여행사 경영조직의 특성

여행사의 경영조직구조는 회사의 규모나 영업의 일반적인 형태, 영업의 범위, 직원들의 업무와 인원수 등에 따라 조직의 구성과 내용이 다르며, 실적에 따라 탄력적인 조직구조를 가지고 있다. 여행사의 특성에 맞는 적절한 조직이 구성되어야 한다. 경영조직의 합리화는 종사원 개개인에게 책임과 권한을 주는 경우, 부서장 및 팀장들에게 권한을 명확히 해주고, 그들 스스로 조직의 일원으로서 자발적으로 협조하도록 동기 부여함으로써 경영효율화를 달성할 수 있다. 인적 구성을 활용해 효율적인 업무형태의 조직을 가지는 것이 여행업의 중요한 부분에 해당된다. 조직 구성은 첫째, 사업목적 달성에 도움을 주어야 하고 둘째, 명령경로가 짧아야 하고 셋째, 직원들의 능력을 발휘할 수 있는 구조를 갖추는 것이라고 드러커(P.F. Drucker, 1976)가 조직의 3원칙을 제시했다. 따라서 여행사 경영조직은 여행사의 업무상 인적의 존도가 높다는 측면에서 종사원의 권한 여부가 매우 중요한 성패요인이 될 수 있다. 일본의 모리타니(森谷, Moritani)가 여행업조직과 관련하여 방향성을 제시한 여행사의 존립은 고객에 의해 좌우된다는 측면에서 조직의 구성은 고객지향적이어야 하며, 조직과 조직 내 인원배치에 있어서도 영업부분의 역할을 가장 강조, 아울러 경쟁이 심화되어 가는 환경에서 기존의 정형화된 조직구성으로는 새로운 환경에 적응할 수 없으므로 미래지향적인 신상품 개발을 위한 조직구성이 가능한 동적 조직으로 이루어져야 한다.

2) 여행사의 조직구조

여행사의 조직은 여행형태별로 특성이 있으므로 일반적으로 국내여행, 국제관광(인바운드여행), 해외여행알선(아웃바운드여행)으로 구분하여 부서를 두고 전체를 위한 경영지원부서를 운영하는 경향이 있다.

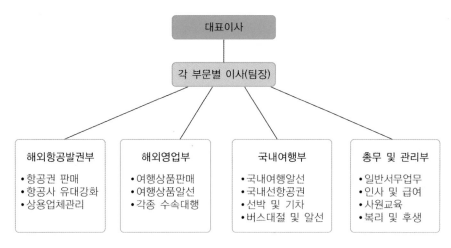

부문별 조직구조

① **기능별 조직구조(Functional Structure)** : 우리나라의 중·대형 여행사들의 조직형태는 기능별 조직구조를 택하고 있다. 각 여행사의 기능별 조직업무로 분류한 것은 한 분야에 전문화를 가져옴으로써 업무에 집중할 수 있는 장점이 있고, 표준화와 전문화를 통해 업무 효율성의 극대화를 이룰 수 있다. 반면에 부서 간의 책임감 결여 및 갈등, 업무 협조의 비효율성 등으로 고객 불편을 가져올 수 있다.

② **사업부 조직구조(Divisional Structure)** : 각 사업부 관리자에게 최고경영자의 조정기능이 분권화된 자율적 사업부단위별 조직구조로 기능별 조직을 극복하고자 생긴 조직형태이다. 이와 같이 독립적인 사업부 관리자는 여행

시장의 환경변화를 고려하여 즉시 전략을 수립할 수 있는 장점이 있으나, 사업부 간 실적과 관련하여 협력이 잘 이루어지지 않으며, 갈등을 유발할 소지가 많다.

③ 라인조직구조 : 소규모 여행사에 적합한 경영조직인 라인조직은 기능을 분화하기 어렵고, 업무지시의 일원화가 유지되어야 할 조직에 적합하다. 현재 우리나라 대부분의 소규모 여행사들은 라인조직구조를 선택하고 있다.

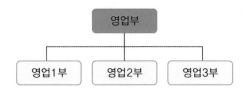

3) 여행사의 조직별 주요 직무

사업분야	주요 영업활동	주요 직무
국내여행부	국내여행	항공, 철도, 영업, 차량수배, 예약
국제여행부 (인바운드)	외국인 국내관광	상품개발 및 기획, 수배, 예약, 안내, 회계
국외여행부 (아웃바운드)	항공권 판매	항공예약, 영업
	패키지여행	상품개발 및 기획, 여행상담, 대리점영업, 여행안내, 수속대행
	주문 여행	항공예약, 여행상담, 영업, 여행안내, 수속여행

4) 여행사 영업조직에 따른 직무

우리나라 여행사들의 조직에 따른 직무는 ㈜세중여행의 예를 들어 살펴본다.

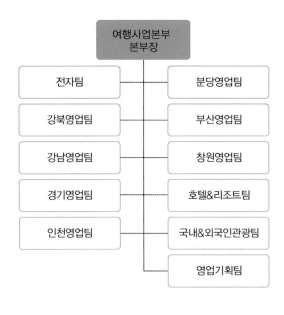

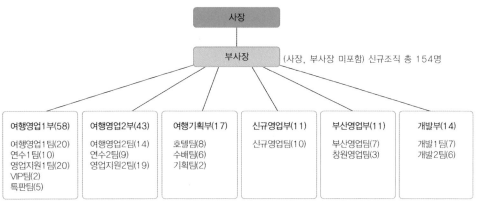

개편 – ㈜세중여행 여행영업본부 조직도

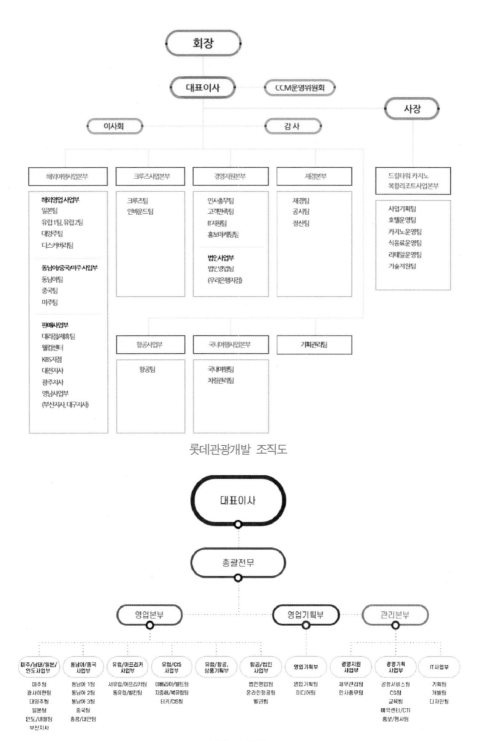

롯데관광개발 조직도

KRT 조직도

롯데JTB 조직도

한진관광 조직도

홍익여행사 조직도

모두투어인터내셔널 조직도

〈표 10-1〉 여행사 조직에 따른 직무

업무내용	업무내용
수속업무	• 여행예약 및 항공예약에 따른 예약수속업무 • 해외출국을 위한 비자업무
발권업무	• 여행업무에 관련한 업무대행 및 여행권 발행 및 교부
수배업무	• 현지의 호텔 및 기타 수배업무 • 지상수배업자를 통한 수배업무예약 및 체크
판매업무	• 여행상품의 판매업무 및 기타
안내업무	• 국내외 여행객 안내업무
정산업무	• 행사종료 후 수입 및 지출에 대한 정산업무
여정관리업무	• 여행사 조직업무에 따른 판매결과의 최종업무로 여행 운영을 도모하는 업무

2. 여행사의 경영수익

1) 여행사의 기본수익원

여행사의 수수료(Commission)는 "여행업무를 대신 처리해 주고 받는 보수"라고 정의한다. 즉, 여행사는 소매업의 여행업자와 항공, 선박 등의 운송업자·호텔 및 리조트, 펜션의 숙박업자 및 기타 랜드사 등의 여행관련업자와 고객의 중간 사이에서 쌍방을 대표하고 대리업무를 수행하면서 여행의 성립을 알선하고 그에 따른 일정한 보수(수수료)를 받는 것이 여행사의 주요 수익원이며, 수수료의 의미이다.

여행사의 기본적인 수익원으로는 항공권 발권수수료, 여행상품 판매수수료, 호텔예약수수료, 비자수속 대행수수료 등이 있다. 인터넷의 확산으로 여행상품의 가격경쟁 등, 여행사의 수익률은 갈수록 저수익구조의 형태로 변화되고 있다. 여행상담업무 서비스 Fee 징수 등의 분야를 중심으로 여행사의 새로운 수익원을 개발하고 경영수익의 향상방안을 강구해야 할 것이다.

3. 여행사의 업종별 수익원

1) 국외여행(Outbound Tour)의 수익원

국외여행업무의 주 수익은 내국인의 해외여행에 따른 제반 업무에서 얻어지는 수수료이다. 전통적으로 국외여행업의 주된 수익원은 국제선의 항공권 발권판매 수수료였으나, 2010년 항공권 발권판매에 대한 항공사의 수수료가 폐지되고 2020년 12월 현재 커미션이 있는 항공사는 AI(에어인디아) / CI(중화항공) / MH(말레이시아 항공)로 3~5%의 커미션이 있다. 여행사 자체의 서비스료(TASF ; Travel Agency Service Fee)로 변경됨에 따라 소비자에게 항공권 발권수수료를 받고 있으나 여행사 간 수수료율 과다경쟁으로 수익구조가 낮아지고 있다.

NO	국외여행업무의 주 수익원
1	국제선항공권 판매에 따른 수수료(일반고객 : 3~7%, 상용고객 : 2~7%)
2	해외여행(인센티브)판매에 따른 수수료
3	해외 패키지여행(Package Tour) 예약에 따른 수수료
4	해외 패키지여행(Package Tour) 알선예약에 따른 수수료
5	국외 호텔예약에 따른 수수료
6	사증(Visa) 및 여행자보험의 대행에 따른 수수료
7	국외 차량 및 관광예약에 따른 수수료
8	국내 전세버스 차량예약에 따른 수수료

2) 국제여행(Inbound Tour)의 수익원

국제여행(인바운드여행)의 주된 수익은 외국인의 국내여행 알선, 안내 및 지상수배에 따른 수입이다. 지상수배에 대한 총 여행경비의 10% 수수료를 가산한 수익금은 지상경비(Land Fee)에서 얻어지는 수익으로, 국제여행업의 난립과 과다경쟁으로 여행상품의 품질과 수익성이 현저히 떨어지고 있으며, 그로 인하여 단체여행보다 개인 국제여행이 증가하고 있다.

NO	국제여행(외국인여행)업무의 주 수익원
1	지상비(Land Fee)에 대한 핸들링 차지(Handling Charge)
2	개인고객(FIT)의 호텔예약에 따른 수수료
3	선택관광(Option Tour)의 판매수수료
4	관광기념품, 면세점 등 판매수수료
5	관광사진 판매수수료
6	음식판매에 따른 수수료
7	카지노 이용객에 따른 수수료
8	교통기관 이용권의 대리판매로 얻어지는 수수료
9	서비스관련 수입

Case 사례 1 '변하지 않으면 죽는다'… 대형 여행사들의 선택은 'OTA'   bizwatch

하나투어·노랑풍선, 잇달아 OTA 사업 진출
글로벌 OTA와 경쟁하려면 투자유치 불가피

코로나19 이후의 여행사 운영에 있어 Business Watch 권미란 기자의 글을 읽고 앞으로
트렌드 변화에 대한 여행사의 대응에 대하여 인용해 본다.
대형 여행사들이 잇달아 온라인 여행 대리점(OTA ; Online Travel Agencies) 플랫폼 사업
에 뛰어들고 있다. 여행 패턴 자체가 패키지에서 자유여행으로 이동하는 구조적인 문제에다
일본 불매운동의 여파로 그나마 남아 있던 여행 수요마저 큰 타격을 받고 있어서다. 실제로
최근 해외여행 패턴이 자유여행, 한 달 살기 등으로 넘어가면서 OTA 사업이 떠오르고 있다.
OTA는 고도화된 온라인 시스템을 바탕으로 호텔·항공권의 가격 비교부터 예약 대행 등의
서비스를 제공하는 온라인 여행업체를 말한다.

■ 하나투어·노랑풍선 등 잇달아 OTA사업 진출
　리서치기관인 컨슈머인사이트 조사에 따르면 올 상반기 해외여행 항공권 구매 채널은 '항
　공사 직접 구입'이 41.6%로 가장 많았다. 다음으로 메타서치(가격비교)와 OTA를 포함한
　'여행상품 전문 웹·앱'이 29.5%로 뒤를 이었다. 반면 종합여행사는 OTA의 절반 수준인
　15.6%에 그쳤다. OTA 시장은 갈수록 커지고 있는 반면 패키지여행은 계속 줄어들고 있
　다는 얘기다. 그러자 하나투어는 올해 초부터 개별여행 플랫폼 운영에 들어갔다. 하나투
　어가 지난 1월 꺼내든 모하지(Mohaji) 플랫폼은 소비자와 판매자를 직접 연결해 전 세계
　여행상품을 빠르고 손쉽게 거래할 수 있는 오픈마켓 플랫폼 서비스다.
　하나투어는 자유여행 OTA들과 달리 패키지 인프라를 십분 활용하고 있다. 주요 여행업체
　및 전 세계에 위치한 판매자들과 계약을 맺고 여행과 문화체험, 교통패스, 액티비티, 레저,
　콘서트, 골프, 레스토랑, 유심과 와이파이 등 다양한 여행상품을 선보이고 있다. 자유여행
　OTA업체들은 해외입장권이나 교통패스 등의 상품군에 마케팅비를 대거 투입하면서 초저
　가 경쟁을 벌이고 있다.

■ 글로벌 OTA에 타 산업까지 갈수록 경쟁 격화
　대형 여행사들이 OTA 플랫폼 사업에 속속 뛰어들면서 어느 정도 성과를 내고 있지만
　아직 성공을 장담하긴 어려운 상황이다. 우선 익스피디아와 트립닷컴, 트립어드바이저
　등과 같이 막강한 자본력을 앞세운 글로벌 OTA의 장벽이 너무 높다.
　여기에다 다른 업종에서도 OTA시장을 넘보고 있다. 숙박 예약업체인 야놀자가 대표적인
　케이스다. 야놀자는 올 초 세계 최대 여행사이트인 트립어드바이저와 협약을 맺고 국내
　숙박에서 해외 숙박으로 영역을 확대하고 있다. 9월엔 항공권 검색 앱 카약과 제휴해
　항공권 검색서비스도 시작했다. 또 현대캐피탈의 카셰어링 딜카와 함께 렌터카 서비스까
　지 추가하며 종합 온라인 여행 및 여가 플랫폼으로 변신하고 있다.
　신라면세점도 지난 10월 항공과 호텔, 투어상품을 한 번에 구매할 수 있는 여행 플랫폼
　서비스 '신라트립'을 선보이며 OTA 시장에 뛰어들었다. 그러다 보니 하나투어와 노랑풍
　선과 같은 기존 여행사들이 이 시장에서 살아남으려면 결국 대규모 투자가 불가피할 것이

란 분석이 나온다. 여행업계 관계자는 "중소 여행사들이 잇따라 폐업할 수밖에 없었던 이유도 결국 자본력 싸움에서 밀린 것"이라며 "후발주자인 국내 대형 여행사들이 경쟁에서 이기려면 결국 야놀자와 같은 전략적 투자 유치에 승패가 달려 있다"라고 분석했다.

3) 국내여행(Domestic Tour)의 수익원

국내여행업무의 주 수익은 내국인을 대상으로 국내여행의 제반업무에서 얻어지는 여행수수료가 주 수입원이다. 학생들의 수학여행, 효도여행 등 다양한 국내여행의 형태를 볼 수 있다. 국내의 주요 관광자원을 찾아가는 국내테마여행, 박물관을 찾아가는 역사와 문화관광을 겸한 답사여행, 일상의 지친 몸과 스트레스 해소를 위해 떠나는 힐링투어 등의 상품은 현재 좋은 반응 속에 많은 여행객들이 이용하는 여행의 패턴이다.

NO	국내여행의 주 수익원
1	국내패키지여행의 판매수수료
2	여행상품의 개발 및 판매에 따른 수수료
3	교통기관 이용권 등의 대리판매에 따른 수수료
4	호텔객실 예약에 따른 수수료
5	관광기념품 및 쇼핑에 따른 수수료
6	전세버스 및 렌터카 예약 및 알선에 따른 수수료

Case 사례 2 TASF(Travel Agent Service Fee)

여행신문

BSP 시스템 통해 '서비스 피' 정산

2010년 시행된 항공권 판매수수료 폐지(제로컴, Zero Commission)로 새롭게 시행되고 있는 TASF 제도에 대해서 알아보겠습니다. TASF는 말 뜻 그대로 풀이하자면 '여행사의 서비스 피'입니다. 서비스 피(Service Fee)라는 개념은 아직 한국에서는 일반화되지 않은 상황이지만 제로컴 시대를 앞서 맞은 해외 국가에서는 상당히 보편적으로 사용되는 용어입니다. 넓게 보면 여행상담 및 수배, 항공 스케줄 상담 및 예약, 발권 등 여행사가 고객에게 제공하는 각종 서비스에 대해서 고객에게 별도의 비용을 부과하는 것입니다. 그러나 TASF에서 사용된 서비스 피의 개념은 항공권 예약 및 발권에 관한 것으로 한정된다고 할 수 있습니다.

IATA는 세계적인 제로컴 추세와 함께 서비스 피가 여행사들의 새로운 대체수익원으로 부상하자, BSP 시스템을 통해 이를 보다 편리하고 효율적으로 고객에게 부과하고 정산할 수 있는 솔루션을 개발해 보급하고 있는데요, 이게 바로 IATA TASF 서비스입니다. 한국에서도 2010부터 대한항공이 항공권 판매수수료 '자유화'를 시행하고 있어 각종 서비스에 별도의 가치를 부여하고 있습니다. 제로컴 추세와는 별개로 여행사들의 서비스도 그에 상응하는 대가를 받아야 한다는 인식이 싹트기 시작한 것입니다.

IATA의 TASF 제도를 한국에 도입하기로 한 것이 그 첫 시도라고 할 수 있습니다. IATA TASF 제도는 BSP 시스템을 통해 항공권 요금을 청구하고 정산하는 것과 마찬가지로 여행사들이 항공권 발권 시 고객에게 부과하는 서비스 피를 BSP 시스템을 통해 정산하는 제도입니다. 여행사가 항공권 발권 시에 항공요금과 함께 CRS·GDS를 통해 서비스 피를 고객에게 부과하면 CRS·GDS를 거쳐서 이 거래내역이 BSP 빌링 시스템에 반영되는 게 기본 흐름입니다. 신용카드로 항공권과 서비스 피를 결제하는 경우에 초점이 맞춰져 있는데요, 고객의 신용카드 전표에는 항공요금과 서비스 피 내역이 각각 별개의 거래항목으로 표시됩니다. 여행사들이 이 IATA TASF 제도를 이용하기 위해서는 별도의 이용료를 내야 합니다. 일단 일정요율의 신용카드 가맹점 수수료가 부과되고, 거래 건별로 BSP 시스템 이용료도 부과됩니다. 만약 해당 CRS·GDS 업체가 여기에 별도의 비용을 요구하면 이것도 추가될 수 있습니다.

토론주제   여행사의 경영을 학습하고, 주요 토론주제를 가지고 토론하는 시간을 가집니다.

1) TASF(Travel Agent Service Fee, 여행사의 서비스 피)에 대하여 토론해 보자.

2) '변하지 않으면 죽는다'… 대형 여행사들의 선택은 'OTA'에 대하여 토론해 보자.

3) 디지털전환 시대의 여행·여행사·여행상품의 미래에 대하여 토론해 보자.

4) 여행사의 B2B 영업은 무엇인가?

5) 인바운드 여행사와 아웃바운드 여행사의 구분에 대하여 토론해 보자.

6) 학생들이 여행사의 대표라고 생각하고 여행사의 홍보전략에 대하여 토론해 보자.

7) 여행사의 고객감동 사례를 알아보자.

8) 패키지여행과 맞춤여행을 비교해 보자.

9) 인터넷 사이트 중, 방문객을 위한 정보 제공 측면에서 잘 되어 있는지 검색해
   보고, 교육투어에 대한 상품을 구성해 놓은 여행사 사이트를 체크해 보자.

10) 여행의 트렌드 변화에 대한 사례를 찾아보고 이에 대하여 토론해 보자.

국외여행인솔 업무

CHAPTER

11 국외여행인솔 업무

제1절 ◦ 국외여행인솔자의 개념

1. 국외여행인솔자의 개념(정의)

국외여행인솔자란 해외여행의 출발에서 종료 시까지 여행자와 동행하여 단체여행에서 원활하고 쾌적하게 안전한 여행을 할 수 있도록 여행일정을 관리하는 자를 말한다. 즉, 여행객의 출발에서 귀국까지의 모든 일정을 원만하게 진행하도

록 단체의 인솔·지위·감독하는 연출자라고 말할 수 있다. 국외여행인솔자를 일반적으로 '투어컨덕터(T/C : Tour Conductor) 또는 인솔자로 표시하는데 국가에 따라 유사한 용어로 Tour Leader, Tour Escort, Tour Manager, Tour Director, Tour Guide 등 다양한 용어들이 사용되고 있으며 이는 각국의 여행문화에 따른 국외여행인솔자 업무의 범위 및 내용의 차이가 조금 있을 뿐 여행을 진행하고 관리하는 기본적인 성격은 같다. 일본에서는 국외여행인솔자를 텐조인(添乘員 : てんじょういん)이라고 한다.

〈표 11-1〉 국외여행인솔자의 각종 용어

용어	해설
Tour Conductor	가장 일반적인 영어표현, Conductor란 오케스트라의 '지휘자'에 비교됨
Tour Leader	'지도자'라는 의미로 유럽이나 동남아에서 사용되는 의미이며 Tour Conductor와 가장 많이 사용됨
Tour Guide	여행자가 현지에 도착하면 그 지역의 일정에 대해 안내하는 자
Tour Escort	'보호자, 호위자'의 의미로서 여행객의 안전관리에 특히 의미를 부여함
Tour Director	'감독자, 지시자'를 의미하는 것으로 여행의 일정을 총괄하여 감독하는 의미로 사용됨
Tour Master	'전문가'의 의미로 유럽지역에서 많이 사용함
添乘員 (てんじょういん)	여행자와 함께하는 의미로 일본에서 사용되는 인솔자의 의미
국외여행인솔자	우리나라 관광진흥법에서 규정한 정식 용어

2. 국외여행인솔자의 역할

국외여행인솔자는 출국에서 귀국까지 여행객과 동행하면서 여행의 원활한 진행과 안전하게 귀국해야 하는 회사의 대표자로서의 권한과 여행담당자로서의 책임을 가지고 모든 여행을 관리하고 감독할 뿐만 아니라 여행객의 안전과 여행의 욕구충족에 관한 서비스 제공에 최선을 다한다. 또한 회사를 대표하는 사람으로서, 여행의 일정을 연출·관리하며, 여행도중 '트러블(Trouble)'이 일어날 경우 중재자로서의 역할과 단체를 대변하며, 여행사고객의 재창출을 위한 재수요 및 충성고객의 확보를 위한 올바른 여행문화의 전달 등이 인솔자(T/C)의 역할이라 할 수 있다.

1) 회사의 대표자

여행지에서 고객을 안내하고 여행일정을 관리하는 인솔자의 역할은 아주 중요하다. 인솔자는 회사를 대표하는 직원의 역할로 여행자의 안전과 여행일정에 대한 책임을 지고 그 직무를 성실하게 수행해야 한다.

2) 여행자의 보호자

패키지여행은 불특정 다수의 사람들이 모여 하나의 단체가 되어 여행하기 때문에 상호 간에 신경을 써야 한다. 여행목적지의 문화에 대하여 잘 모르는 것과 불편한 언어의 이유 등으로 보호해야 할 책임이 있으며, 여행 출발 전 최종확정서의 내용에 맞게 여행목적지에서 서비스내용이 진행되고 있는가를 감독하며, 해외여행 시 행사도중 불안과 불만이 있으면, 인솔자는 고객의 불안과 불만에 대한 빠른 해결에 힘써야 한다. 여행참가자는 회사의 고객으로 보호되어야 한다. 그리고 여행객의 이익과 안전을 지키는 사명감을 지녀야 한다.

3) 여행의 연출자(매니저)

고객의 만족도는 인솔자의 운영능력에 따라 크게 좌우된다. 단체 고객은 인솔자를 주목하고 있으므로 자신의 행동에 주의하고, 현지의 가이드나 운전기사 등은 밝은 분위기를 연출하는 기술 등이 필요하다. 여행객의 심리 및 건강관리, 시간 및 위기관리 등을 책임지는 여행의 연출가로서의 역할을 다해야 한다.

4) 고객의 재창조자(현장 세일즈맨)

인솔자는 충성고객을 유치하는 데 중요한 역할을 담당한다. 사무실에서 손님을 응대하는 고객과는 다른 아주 밀접한 관계가 형성된다. 여행객과의 접촉이 최일선의 위치에서 이루어지기에 진정성 있는 마음이 전달될 수 있도록 하는 것이 중요하며, 여행 후에도 고객과의 유대관계를 통해 고객 재창출을 기대할 수 있다. 패키지의 경우 인솔자 실명제를 통한 여행모객(인솔자 선배정 후상품모객)이 이루어지고 있다.

5) 현장업무의 리더 및 여행일정관리자

여행목적지에서 여행이 진행되는 전 과정에 인솔자는 단체여행객의 중심이 된다. 단체여행객의 리더로서 최선의 역할을 다해야 하며, 여행에 대한 고객의 기대를 충족시킬 수 있도록 여행일정관리에 최선을 다해야 한다. 현지의 가이드와 일정을 협의하여 원만한 여행이 되도록 하고, 가이드가 업무를 훌륭하게 수행할 수 있도록 협력하여 도와줌으로써 여행을 관리, 감독하여 여행일정관리자로서의 역할을 다한다.

6) 문화관광해설사의 역할

출장지역에 대한 정보를 사전에 숙지하여 장거리 이동 시 가이드 설명을 보충할 수 있어야 한다. 또한 현지인 가이드의 설명을 고객들에게 전달해야 하는 경우가 있으므로 그 나라의 역사·문화·예술·자원 등 충분한 지식을 함양하여 여행객에게 문화관광해설사의 안내원 역할도 해야 한다.

제2절 **국외여행인솔자의 자세**

1. 국외여행인솔자의 자세

여행인솔자(T/C : Tour Conductor)는 회사의 명을 받아 단체여행에 동행하여 역할을 이행해야 하기 때문에 고객과 회사에 대하여 투철한 책임감을 가져야 한다. 여행 중 의례적인 인사라 하더라도 에티켓으로 인사하는 것은 기본적으로 사회생활의 예의이다. 즉 철저한 서비스정신으로 사소한 것에도 신경을 써야 하며, 여행 중에 기분이 좋지 않음을 내색하지 말아야 한다. 상호 간에 여행객을 대함에 있어 공평무사하게 처리하여 불만이 생기지 않도록 한다. 인솔자의 절대조건으로 외국어를 구사할 줄 알아야 하며, 리더십을 발휘하여 여행객 상호 간에 불평불만이 없도록 하여 안전한 여행이 되도록 하고, 여행이 원활하게 진행될 수 있도록 배려심이 특히 요구된다.

> - 책임감
> - 리더십
> - 서비스정신
> - 배려심
> - 공평무사한 일처리
> - 외국어 구사능력

2. 국외여행인솔자의 기본적인 태도

미소(Smile)는 인솔자가 갖추어야 할 가장 기본적인 덕목 중 하나이다. 인솔자는 항상 웃는 얼굴을 함으로써 밝은 분위기를 유도해야 한다. 공항에서 여행객의 첫 대면 시 단정하고 세련된(Smartness) 옷차림은 그 여행사의 믿음뿐만 아니라 인솔자로서의 신뢰와 믿음을 준다. 고객들과의 여행기간 동안 인솔자의 말 한마디, 행동 하나하나 진실된 모습과 진정성 있는 성실함(Sincerity)이 여행의 만족감을 최고로 올릴 수 있고, 신속한(Speed) 업무처리로 다양한 성향을 가진 고객들에게 현장에서의 불만을 최소화할 수 있다. 또한 인솔자는 현지의 모든 업무에 대해 신속하게 고객응대를 한다고 해서 대충 처리하는 것보다 확실하게(Sureness) 처리하는 것이 무엇보다 중요하다.

3. 국외여행인솔자의 자격

1993년 관광진흥법 개정 시 '국외여행인솔자' 제도의 필요성에 따라 도입되어 '관광통역안내원자격증을 취득한 자' 또는 '여행업체에서 2년 이상 근무하고 국외여행경험이 있는 자로서 외국어를 구사할 수 있는 자'로 규정되었다. 관광진흥법 시행규칙 제22조에 근거한 국외여행인솔자의 자격요건은 다음과 같다.

- 관광통역안내사 자격 취득
- 여행업체에서 6개월 이상 근무, 국외여행 경험이 있는 자로서 문화체육관광부장관이 정하는 소양교육 이수
- 문화체육관광부장관이 지정하는 교육기관에서 국외여행 인솔에 필요한 양성교육 이수

1) 소양교육

- 자격대상 : 여행업체에서 6개월 이상 근무하고 해외경험이 있는 자
- 교육시간 : 15시간 이상

2) 양성교육

- 자격대상 : 전문대학 이상의 학교에서 관광관련학과를 졸업한 자 또는 졸업예정자, 관광고등학교를 졸업한 자

• 교육시간 : 80시간 이상으로 외국어시험 점수 및 급수를 제출할 경우 외국어
  교육기간 면제

제3절   국외여행인솔자의 유형

1989년 해외여행자유화 이후 여행사의 일반사원들이 출장형식을 빌려 인솔자
업무를 하는 것이 일반적이었으나, 여행사의 업무량이 많아지고 분업화·다양화됨
에 따라 인솔업무가 빈번해지게 되었다. 인솔자의 유형은 소속 및 보수형태에 따
라 여행사의 일반직원 T/C(Tour Conductor), 여행사소속 전문 T/C, 전속 T/C, 프리랜
스 T/C, 안내사 겸 T/C로 구분할 수 있다.

1. 여행사의 일반직원 T/C

여행사의 직원이 평소에는 영업, 판매, 발권 등 각자가 담당하고 있는 업무를
수행하다가 여행의 단체가 형성되어 담당하게 되거나 회사의 결정에 따라 인솔업

무를 수행하는 것이다. 통상 초창기에는 대부분 여행사의 일반직원이 인솔업무를 했으며, 소규모 여행사의 경우 또는 중요한 단체의 경우 상품담당자 또는 대표가 인솔하여 고객을 재창출하는 경우가 많다.

2. 여행사소속 전문 T/C

여행사의 정식직원으로 인솔업무만 전담하는 전문인솔자를 말한다. 비상근 직원으로 국외여행단체가 발생하면 인솔자로서 출장을 가게 된다. 일반적으로 기본적인 보수 외에 출장박수에 따른 해외출장비를 지급받는다.

3. 여행사전속 전문 T/C

여행사전속 전문 인솔자는 패키지여행을 주로 판매하는 대형 여행사에 소속된 경우가 대부분이다. 여행사와 전속계약을 체결하여 패키지여행의 관광객을 인솔하는 전문적인 인솔자이다. 일정한 보수 없이 출장박수에 따른 출장비를 지급받는다. 비상근직으로 단체관광이 없으면 여행사에 출근하지 않아도 되는, 좋은 직업군 중의 하나이다.

4. 프리랜스 T/C

여행사의 의뢰를 받아 인솔업무를 담당하는 T/C로 특정 여행사에 소속되어 있지 않고 전속계약도 체결하지 않는다. 다양한 인솔경험이 있는 T/C가 여행사를 선별하고, 여행상품을 선택하여 출장을 가는 경우가 많다. 여행사의 유경험자 또는 전직 항공사 승무원 출신들이 프리랜스 인솔자를 많이 하고 있다. 쇼핑과 선택 관광의 수수료 및 팁은 별도의 수입원이 된다.

5. 안내사 겸 T/C(Through Guide)

일반적으로는 공항출발 시 T/C업무를 수행하면서 현지도착 이후에는 가이드를 겸하는 인솔자로서 주로 일본지역에서 이루어지는 형태의 T/C를 말한다. IMF 이후에 생긴 T/C로, 랜드사(지상수배업자)의 가이드비용이 비싸기 때문에 상품 구성후 원가 절감을 위해 일본어 관광통역안내원이 인솔자 겸 가이드의 역할을 하는 형태의 T/C이다.

Case 사례 1 "스타가이드 여행이 더 즐겁다"

여행신문

- H투어 유럽 '서비스 감동' 상품 기획
- 문화, 와인, 역사 등 각 분야 전문가들

최근 불황을 타고 저가 상품들이 넘쳐나고 있다. 소비자들 입장에서는 저렴한 여행 기회도 좋지만 한편으로 상품의 질이 우려되기도 한다. 이에 H투어는 서비스 만족을 상품 경쟁력으로 한 '스타가이드와 함께 유럽으로 떠나자'를 기획해 선보이고 있다.

스타가이드는 H투어 홈페이지 게시판 등을 통해 지난 1년 동안 칭찬 횟수가 많았던 14명의 인솔자를 선정했다. 이들은 대체로 경력 10년 이상으로 유럽지역 인솔만 100회 이상의 경험을 가진 전문가들이다. 또한 각자 취향이나 전공에 따라 역사, 와인, 성지, 박물관 등 전문분야가 있어 여행의 깊이를 더해준다.

"일반여행자들이 자국의 공항에서부터 출발하는 전문인솔자(T/C)와 여행목적지의 가이드를 구별하는 것이 어려운 듯하여 상품기획명은 '스타가이드'로 했다"며 "H투어 전문 인솔자는 약 150여 명 정도 활동하고 있는데, 그중에 10%에 해당하는 베스트 오브 베스트라고 할 수 있다"고 설명했다. 여행인솔자도 좋은 직업군의 하나로 평가받고 있다.

T/C의 기본업무

여행인솔자의 기본업무는 출발이 확정되면 출국준비부터 귀국하여 정산 및 관광객에 대한 사후업무까지가 포함된다. 인솔자의 역할이 여행의 지휘자라고 할 정도로 중요한 위치에 있고 고객 재창출의 역할까지 함에 있어 인솔자의 기본업무와 출장 후 사후관리까지의 역할에 대하여 알아보자.

① 사전정보 수집 : 여행상품, 고객, 목적지
② 출발 전 설명회
③ 개인준비물
④ 체크리스트 확인 : 국외여행계약서

1. 출장준비

T/C출장이 확정되면 2~3일 전부터 여행객의 성향파악, 현지의 관광 관련정보, 특히 현지의 업체방문을 위한 상용여행의 경우 관련업체 방문의 체크 및 수배담당자의 인수인계를 받아 준비물 체크리스트를 작성해 가면서 준비를 철저히 해야 한다. 해외경험이 많더라도 최신정보를 수집해야 하고, 처음 가는 출장이라면 사전에 더 많은 정보를 수집하여 우왕좌왕하는 모습을 보이지 않아야 한다. 특히 고객의 성향 등을 잘 파악하고, 특별히 챙겨야 하는 부분이 무엇인지 등에 대하여 세심하게 준비해야 한다.

1) 여행계약서

여 행 계 약 서

(주)부산세중여행과 당사를 이용하는 이용자 (　　) 는 다음 조건으로 여행계약을 체결합니다.

* 해당란에 기록하거나 √표기, (　) 는 선택입니다

여행상품	우즈베키스탄 11일(아시아나항공)		여행기간	2023. 07. 12. ~ 07. 22. (9박 11일)
보험가입	☐ 공제 ☑ 영업보증 ☐ 예치금 금액 : 15억원 보험기간 : 2023.07.12 ~ 2019.07.22			피보험자 : 일반여행업협회
여행인원	27명 **최저행사인원**	27명	여행지역	*여행 일정표 참조
여행경비	1인 경비 : ₩2,350,000 (인천-부산 국내선 포함)	예약금선납 금액 :	잔액 완납일 : 2023.07.27 잔액:
	* 영수증, 지로용지, 은행구좌 등은 여행사명이나 대표자명으로 작성시만 유효			
입금계좌	하나은행 32*~81000*~***** 예금주 : (주)부산세중			
교통수단	☑ 항공기(일반석)등　☐ 기차(　)등　☐ 선박(　)등　☐ 기타(　)			
숙박시설	☑ 관광호텔 4성급　☐ 일반호텔　☐ 여관　☐ 여인숙　☐ 기타 * 1인실　　*2인실　　*3인실			
식사회수	☑일정표에 표시 / 조식 (　)회, 중식 (　)회, 석식 (　)회　* 기내식 포함			
여행인솔자	☑ 유　☐유		현지안내원	☑ 유　☐ 무 * 일정표 참조
현지교통수단	☑ 버스(45인승 1대)　☐ 승용차　☐기타		현지여행사	☑ 유　☐ 무 * 일정표 참조
여행경비 포함여부	**필수포함항목**		**기본포함항목**	
	☑ 국내외 공항세 ☑ 관광진흥개발기금 ☑ 제세금 ☑ 일정표내 관광지입장료 * 희망여행인 경우 해당란에 ☑표시		☐ 여권발급비　☐ 비자발급비　☐ 봉사료 ☐ 포터비　☑ 여행자보험료 ☑ 쇼핑 0회　(최고한도액: 2억원) ☐ 선택관광 ☑기타 (현지/기사/가이드팁 포함)	
기타사항	* 부가세 포함			

○ 기타 여행조건은 공정거래위원회가 승인한 표준여행약관에 따릅니다.
○ 본 계약과 관련한 다툼이 있을 경우 문화관광부고시에 의거 운영되는 관광불편신고처리 위원회 (전화: 02-779-6957)의 우선적인 중재를 상호 요청할 수 있습니다.
○ 본인은 뒷면의 계약내용을 숙지하였음에 서명 날인하여 본 계약서를 작성합니다.
　(본 계약이 체결됨과 동시에 약관설명 의무를 다한 것으로 본다)

작성일 : 2023. 05 . 12.

"갑"여행사	○ 상　　호: (주)부산세중
	○ 주　　소: 부산광역시 금정구 금샘로 485번길 65, A동127호
	○ 대 표 자: 최복룡　　　전　화: 051-518-7080
	○ 등록번호: 605-85-29605　　담당자: 최복룡 대표이사　(인)

"정"(대리판매 여행사)	○ 상　　호:
	○ 주　　소:
	○ 대 표 자:　　(인)　　전　화:
	○ 등록번호:　　담당자:　　(인)

"을"여행자	○ 이　　름: 최 * *　　(인)
	○ 주　　소: 부산시 금정구 구서동 구서중앙로20번지 2동 1101호

2) 일정표

세중여행

www.sejoong.com

수 신 : **박원호 대표님**	발 신 : (주)부산세중여행 최복룡대표
일 정 : 하얼빈 빙등축제 및 역사탐방4일	호 텔 : 일정중의 호텔기준 2인1실기준
출발일 : 2024년 1월11일(목)~1월14일(일)	발신일 : 2023년 8월11일(금)

여행경비	**₩1,650,000**
호텔안내	포츈데이즈호텔(Fortune Days Hotel) 福順天天大酒店 0451)8236-8888
현지가이드	
포함사항	일정중의 호텔, 식사, 차량, 관광, 발안마, 가이드/기사팁 등 포함
불포함사항	식사시 주류 및 개인소비 비용 불포함
REMARK	**모임장소 : 김해공항 국제선 2층 2번 게이트 앞** **모임시간 : 05시30분(시간엄수)** 부산출발 : 07시00분 인천출발 : 12시20분 **하얼빈도착:13시30분(현지시간 시차 -1)** 하얼빈기온:
	은행 구좌 안내해 드립니다. 부산은행 : (주) 세중 113 – 20** – 65** – 00**
	즐겁고 편안한 여행이 될수 있도록 항상 최선을 다 하겠습니다.

일 정 표

날 짜	지 역	교통수단	시간	세 부 일 정
제 1 일 01/11 (목)	부 산 인 천 하얼빈	OZ8532 OZ 339 전용차	05:30 07:00 08:05 12:20 13:30 14:30 15:15	김해공항 국제선2층 2번게이트 앞 미팅(시간엄수) 김해공항 출발 인천 국제공항 도착 후 환승 인천 국제공항 출발 하얼빈 국제공항도착 입국수속후 가이드미팅후 전용차 이동(45분경) ☞ 러시아, 유럽풍의 건물들이 늘어선 독특한 매력과 아름다움을 　　 지닌 1898년부터 건설된 하얼빈의 번화가 중앙대로 관광(45분경) ☞ 송화강의 천연얼음으로 만든 다양한 빙등조각들을 볼수 있는 　　 빙등의 발원지인 조린공원 빙등제 관광(60분경) 석식후 호텔 체크인후 휴식
호텔: 포춘데이즈호텔(Fortune Days Hotel) 　　 福順天天大酒店　 0451)8236-8888				중식: 기내식　　　　　　석식: 현지식
제 2 일 01/12 (금)	하얼빈	전용차	전 일	기상 및 호텔조식후 호텔출발 전용차 이동(30분경) ☞ 높이 336메터로 아세아에서 가장 높은 철탑 – 룡탑 관광(60분경) ☞ 흑룡강역사박물관 관광(45분경) ☞ 멸종위기에 처한 동북호랑이를 볼수 있는 중국에서 제일 큰 　　 동북호랑이 종족 보존을 위한 생태공원 – 동북호림원 관광(60분경) ☞ 눈조각으로 만들어진 예술 조각들을 볼수 있는 태양도풍경구의 　　 태양도눈조각예술축제(전동차포함) 관광(80분경) ☞ 1985년 제1회 하얼빈 빙설제부터 시작되었고, 현재는 전 세계의 　　 유명 얼음조각가들이 얼음조각을 만들고 조명을 넣어 아름다운 　　 장관을 연출하는 세계 최대의 빙등축제장–빙설대세계관광(120분경) 석식후 전용차 이동(30분경) 호텔도착후 휴식
호텔: 포춘데이즈호텔(Fortune Days Hotel) 　　 福順天天大酒店　 0451)8236-8888				조식: 호텔식　　　중식: 현지식　　　석식: 한 식
제 3 일 01/13 (토)	하얼빈	전용차	전 일	기상 및 호텔조식후 호텔출발 전용차 이동(30분경) ☞ 안중근의사기념관 방문 견학(45분경) 　　 안중근의사가 11일간 하얼빈에 머물며 역사적 의거를 기획하고 　　 달성한 과정이 기록되고, 1909년10월26일 하얼빈역에서 이토히로부미를 　　 저격한 의거를 재현한 모형 및 동상, 손도장, 유필 등 자료가 전시되어 있다. ☞ 하얼빈조선족민속박물관 견학(30분경) ☞ 인민음악가로 불리는 정율성기념관 견학(30분경) ☞ 안중근의사를 감금했던 옛 일본영사관터 – 화원소학교외관 견학 ☞ 하얼빈 옛거리를 재현한 쇼핑몰 – 관동고항 견학(45분경) ☞ 그리스 정교회의 성당–소피아성당(하얼빈건축예술관) (30분경) ☞ 발맛사지로 피로 풀고(60분경) 호텔도착후 휴식
호텔: 포춘데이즈호텔(Fortune Days Hotel) 　　 福順天天大酒店　 0451)8236-8888				조식: 호텔식　　　중식: 현지식　　　석식: 현지식 샤부샤부
제 4 일 01/14 (일)	하얼빈 인 천 부 산	전용차 OZ 340 OZ8531	 11:30 13:00 14:35 18:10 19:50 20:50	기상 및 호텔조식후 호텔출발 전용차 이동(1시간경) ☞ 1939년 이시이 시로가 창설한 생화학실험기지로 중국, 한국, 러시아 　　 포로를 상대로 일본침략군이 만행을 저지른 731세균부대유적견학(60분) 중식후 전용차 이동(45분경) 하얼빈 국제공항도착 국제선 탑승수속후 하얼빈 국제공항출발 인천 국제공항도착 후 환승 인천 국제공항 출발 김해 국제공항 도착 후 해산
				조식: 호텔식　　　중식: 현지식 교자　　　석식: 기내식
※ 상기 일정은 항공 및 현지 사정에 따라 변경될 수 있습니다.				

3) 체크리스트

sejoong
세중여행

www.sejoong.com

The Most innovative Travel Services

◆◆ : 매우 중요 ◆ : 꼭 필요합니다. ◇ : 꼭 필요하지는 않으나 준비하시면 좋습니다.

준비물	비 고	CHICK
하드 케이스	일정과 짐의 크기를 고려해 준비해 주십시오 (3박 4일 일정)	◆
작은 손가방	관광 시 어깨에 맬 수 있는 가방(카메라 및 간단한 화장품 휴대)	◆
여 권	여권의 유효기간을 꼭 확인합니다. (원본을 꼭 지참해 주십시오)	◆ ◆
환 전	팁과 쇼핑을 생각해 환전하고 소액권으로 준비 하시면 좋습니다.	◆
현지 화폐	물이나 현지 음식을 사 먹을 시에 요긴하게 쓰입니다. (엔화)	◆
신용카드	해외에서 사용할 수 있는 것을 준비합니다. (각 카드사 개인 확인)	◆
의 류	한국의 가을날씨와 비슷합니다. 평균기온 최저 기온 7.5℃ 최고기온 16℃. 한낮은 덥지 않고 아침저녁으로는 쌀쌀한 기온에 대비할 수 있는 얇은 긴 소매 옷차림을 추천합니다.	◆
모 자	사방에 창이 있는 것이 좋습니다.	◇
선글라스	케이스와 같이 준비해 주시면서 보관하시면 좋습니다.	◇
썬 크 림	자외선이 강하니 준비하십시오(자외선 차단지수 높은것)	◇
세면도구	개인용품위주로 준비하면 좋습니다(비누와 수건은 호텔에 있음) 남자분은 면도기 그리고 치약 칫솔은 꼭 준비해야 합니다.	◆
의 약 품	조제의 어려움이 있으니 장기간 복용하고 있는 의약품이 있다면 꼭 준비하고 프로회복제, 감기약, 지사제, 밴드는 소량으로 준비합니다.	◆ ◆
필기도구	출입국 카드등 문서작성에 필요합니다.	◆
비 닐 팩	젖은 옷이나 사용한 옷 분류에 사용하면 유용합니다	◇
신 발	새것은 피하시고 편한 것으로 준비하시기 바랍니다.(운동화 및 등산화)	◆
카 메 라	고급 카메라는 피하시고 평소에 쓰시던 걸로 준비해주십시오	◇
손목시계	현지와의 시차는 한국과 동일합니다.	◆
여행정보지	방문하는 곳의 정보지를 한권정도 준비하면 좋습니다.	◇
아답터	일본지역은 전압이 110V입니다. 그림의 아답터를 준비해주십시오.	◆

2. 공항수속

인솔자는 고객들과 만나기로 한 시간보다 최소 30분 이상 빨리 나와 탑승수속을 위한 항공사의 카운터를 확인하고 좌석배치 등도 미리 체크해 둔다. 여행사 단체 여행의 경우 단체수속을 하는 경우가 있으나 고객들이 대부분 여권과 항공권 (E-Ticket)을 가지고 해당카운터로 이동하여 개개인의 탑승수속을 도와준다.(요즘 은 키오스크를 통한 출국수속으로 비행기에 부칠 짐만 해당 항공사의 카운터에서 부친다). 출국절차에 대한 간략한 설명과 탑승구에 대한 안내를 하며 탑승시간에 늦지 않도록 공지한다. 세관검사 후 출국심사를 마치면 탑승시간에 맞추어 탑승시 작 30분 전에 탑승구에 도착하고, 관광객의 기내 입장 완료를 확인 후 마지막으로 기내로 들어간다.

3. 기내업무

항공사의 승무원이 기내 서비스를 제공하기 때문에 인솔자가 할 일이 없다고 생각할 수 있으나 현지에서의 원활한 여행을 위해서는 기내에서의 서비스가 매우 중요하다. 단체수속의 경우 사전에 항공사 카운터에서 받은 좌석배정 좌석표를 보 고 탑승 유무를 체크한다. 부부의 경우 또는 가족의 경우 같이 앉기를 희망하는 고객이 있을 경우 단체배정 좌석표를 참고하여 좌석을 재조정한다. 국적항공기의 경우 기내식 서비스 시 큰 문제가 없지만 외국항공사의 경우 사전에 기내식에 대해 체크해서 고객들에게 이야기해 줄 필요가 있다. 비교적 장거리 여행 시 인솔자는 기내에서 충분한 시간을 가질 수 있다. 입국신고서 작성 및 여행목적지 입국 시 세관신고서를 작성하거나 도착 직후의 일정 등을 재확인할 수 있다. 또한 여행객의 이름을 외우거나 기내를 다니면서 여행객의 불편한 점 등을 확인하여 적극적인 자세로 소통하면 여행출발부터 순조롭게 진행된다.

Case 사례 2 경유(Transit) 및 환승(Transfer)

항공사 간 좌석공유 및 노선확충으로 경유(Transit) 지역이 많다. 여행인솔자는 경유와 환승에 대한 정확한 정보를 가지고 있어야 한다. 경유는 같은 항공기를 계속해서 타고 가는 경우인데, 보통 승무원의 교대, 항공기 내의 청소, 연료보급, 중간 기착지 승객의 탑승 등을 이유로 항공기를 갈아타는 것이다. 경유하는 경우 중간 기착지 승객의 탑승이 가장 많다. 터미널이 바뀌는 경우에는 이동방법에 대해 확인해 두어야 하는데 신입 인솔자가 가장 어려움을 토로하는 부분이다. 타 항공사로 갈아타는 경우를 환승한다고 하는데 비행기에서 내리면 한곳에 모이게 한 다음 환승하는 항공사에 가서 수속을 밟는다. 탁송한 짐은 Through Check-In(일괄수속)하였으므로 짐의 개수를 이야기한다. 항공권을 주고 탑승권을 받으면 단체여행객에게 배분하고 탑승안내를 기다린다.

경유(經由, Transit)와 환승(換乘, Transfer)

경유(經由)는 여객손님이 다른 비행편으로 바꾸어 타지 않은 채 자기를 태운 비행편이 중간지점에 착륙하였다가 계속 운송하는 상태를 말하며, (예) 인천 - 호놀룰루의 경우, 중간에 동경 나리타 경유) **환승(換乘)**은 어떤 운항편으로 도착해서 제한된 시간 내에 동일 항공사 또는 타 항공사의 다른 운항편으로 계속되는 수송을 말한다. 즉 경유는 항공편명이 바뀌지 않으나 환승은 항공편명이 바뀌며, 또한 도중수속이 있다.

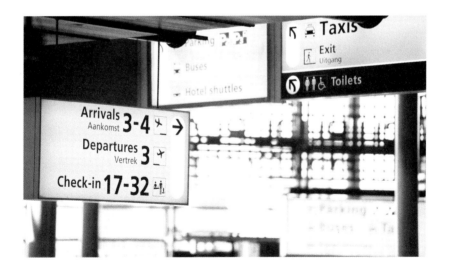

경유(經由, Transit) : 타고 왔던 비행기를 다시 타는 경우

- 항공기가 최초 출발지를 출발하여 경유지에 착륙한다.

  (예) KE001 인천(ICN) - 호놀룰루(HNL) 경유지 : 동경 나리타(NRT)

- 경유지에서는 여권 및 귀중품은 반드시 휴대한다.

- 항공사 직원으로부터 Transit Card를 받는다.

- Transit Area 부근에서 기다리며, 자유시간을 갖는다.

- 재탑승시간 및 게이트 번호를 안내한다.

- 재탑승 시 T/C(Tour Conductor)는 인원 파악 후 마지막에 탑승한다.

환승(換乘, transfer) : 타고 왔던 비행기가 아닌 다른 비행기로 갈아타는 경우.

- 휴대품 및 모든 수하물을 가지고 내려야 한다.

  (예) CX5311 부산(PUS - 홍콩(HKG) / CX239 홍콩(HKG) - 런던(LHR)

- Boarding을 받아야 할 경우, 고객들을 한곳으로 모이게 한 후 해당항공사의 연결편 카운터로 가서 수속한다.

- 카운터에서 보딩패스를 교부받아 고객들에게 나누어주고 탑승한다.

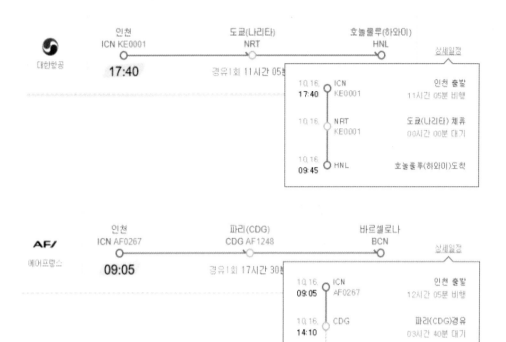

4. 입국수속

1) 검역검사

선박이나 비행기로 목적지에 도착한 후 제일 먼저 밟게 되는 것이 검역수속이다. 기내에서 기입한 검역서류가 있다면 제출한다. 일반적으로 전염병이 발생한 지역을 여행한 경우가 아니라면 특별한 예정접종은 필요없다. 특히 Sars, 메르스 및 2020년의 코로나19로 인하여 각 나라마다 검역검사를 철저히 하였다.

2) 입국심사

출입국 카드

여행 목적지에 도착하면 비행기에서 내려 Immigration, Passport Control 또는 Arrival의 표지판을 따라서 이동한다. 일반적으로 입국심사대에 도착하면 외국인 (Foreigner) 심사대와 자국민(Resident)으로 분리하여 심사하므로 외국인 전용 심사대에서 입국심사를 받도록 한다. 여권과 E/D카드를 제시하면 입국 스탬프를 찍어준다. 유럽연합의 경우에는 'EU'와 'Other'로 구분하고 있다. 또한 단체를 위한 수속 창구가 있는 경우도 있으니 그럴 경우(대표적인 나라 중국) 인솔자(T/C)가 제일 먼저 입국수속을 하면서 입국심사관에서 단체의 인원, 호텔숙박, 여행기간 등을 알려주고 입국심사를 원활하게 할 수 있도록 돕는다.

3) 세관검사

입국심사대를 나오면 수화물 모니터를 통해 수화물 수취대를 파악하고 수화물을 찾아 세관통과 준비를 위한 세관검사대로 이동한다. 세관(稅關, Custom) 검사를 통과하기 위해서 개별적인 세관통과보다는 단체로 세관통관을 하는 경우 단체여행이라는 것과 여행일수, 방문의 목적, 숙박호텔명 등을 미리 이야기하여 가이드가 먼저 손님에 대한 정보를 제공하고 통과한다. 근래 들어 패키지여행의 경우 세관검사도 개인적으로 하므로 공항 입국장을 빠져나와 현지의 가이드와 미팅을 한다.

5. 현지관광

현지관광은 도착시간에 따라 호텔체크인을 바로 하는 경우와 여행을 바로 시작하는 경우가 있다. 버스에 탑승하면 인솔자가 있을 경우 먼저 가이드를 소개한다. 현지관광은 사전일정표에 따라 진행하나 현지사정에 따라 변경될 수 있다는 것을 이야기하고 현지 가이드에게 맡기는 것이 일반적이나 T/C의 역할을 감안하여 일정 조정 및 기타 유익한 여행이 될 수 있도록 가이드와 협의하여 진행한다.

1) 여행 및 공식일정 방문

예정된 일정대로 여행일정을 가이드가 진행하나 산업시찰 및 특수목적여행의 경우 공식 일정이 있을 경우, 시간에 늦지 않도록 복장 등에 신경 써서 방문하도록 한다. 예정된 패키지여행의 경우 현지의 가이드가 단체를 리드하며 인솔자는 단체의 이탈자가 발생하지 않도록 인원 및 기타 사항 등을 체크한다.

2) 여행일정 중 선택 관광(옵션투어)

여행의 종류에 따라 선택 관광이 많을 경우와 현지의 선택 관광이 포함되어 있는 경우가 있다. 여행의 즐거움을 배가시킬 수 있는 것과 기분을 상하게 할 수 있는 경우가 있으니 인솔자는 가이드와 잘 상의하여 여행객에게 내용을 알려주고 스스로 결정하도록 한다. 동남아 여행의 경우 선택 관광을 부추기거나 강요하는 경우가 있으므로 선택 관광의 내용을 잘 파악하여 가치 있는 선택 관광을 추천해 준다. 저가 여행의 경우 현지에서 선택 관광을 많이 해야 하는 경우가 있으니 특히 주의해야 한다.

3) 여행 중의 쇼핑 및 식사

여행의 즐거움 중에 쇼핑을 빼놓고 이야기할 수가 없다. 쇼핑은 기념이 될 만한 것, 우리나라에 없는 것, 상품대비 저렴한 것을 쇼핑의 기본요소라 한다. 쇼핑은 사전에 여행지의 특산품, 상품의 품질, 가격 및 먼저 여행을 다녀온 손님들의 평판 등 정확한 안내를 하여 서로가 기분 상하는 일이 없도록 한다.

6. 호텔

호텔에 도착하면 운전수 및 벨 캡틴(bell caption)의 책임하에 수하물을 하차시키고 손님들은 로비에 잠시 대기하도록 한 후 T/C는 현지가이드와 프런트 데스크

(front desk) 또는 리셉션(reception)에서 체크인 수속을 한다, 숙박등록(registration)을 마치면 객실번호가 적힌 리스트와 객실 키를 받는다. 미리 준비한 Room List에 싱글, 트윈 등 객실타입별로 객실번호를 기재한 후 인원수에 맞게 복사를 준비한다.

1) 객실배정 및 열쇠(카드) 전달

예약된 객실 및 타입이 맞는지 확인한다. 호텔 측의 사정으로 트윈(Twin)룸을 더블(Double)룸으로 배정하는 경우가 많다. 특히 남성 2명이 숙박할 경우 더블룸 배정은 컴플레인(Complain)의 소지가 있다. 호텔객실은 전망이 좋은 방과 그렇지 못한 방이 있으니 체크인 전에 미리 조사한 후 객실배정을 한다. 욕조가 없는 방이 있는 경우 고객들의 연령 등을 고려하여 배정한다. 미리 준비한 객실 배정표를 재확인 후 고객 각각의 객실번호를 알려주면서 객실 열쇠(카드)를 전달한다. 객실카드의 취급방법에 대한 안내는 대다수의 호텔이 자동잠금장치가 되어 있기 때문에 객실 문을 나올 때는 반드시 열쇠를 가지고 나오도록 주의한다. 수화물은 개인적으로 가지고 올라갈 경우와 포터(Porter)를 이용하는 경우가 있으나 유럽의 경우 늦게 배달되는 경우가 있어 가급적이면 가지고 올라가도록 유도한다.

2) 수화물 배달의 경우 확인 및 객실점검

수화물은 각자 책임하에 가지고 가게 하거나 포터(Porter)에게 객실배정표를 주고 배달을 시키면 된다. 나라에 따라 호텔에 따라 손님들이 직접 가지고 가는 경우도 있으나 벨보이를 통해 배달시키는 경우도 많다. 짐의 배달에 시간이 많이 걸리는 경우가 있으니 사전에 이야기 하도록 한다. 만약 수화물이 배달되지 않으면 벨 캡틴(Bell Caption) 또는 컨시어지(Concierge)를 통하여 원인을 체크한다.

3) 호텔에서의 식사

관광의 요소 중 볼거리, 즐길거리와 함께 먹거리는 가장 중요한 부분 중에 하나이다. 식당 및 메뉴 선택은 T/C가 신경을 써야 할 부분이다. 단체의 성향에 따라 한식을 고집하는 경우와 현지식을 선호하는 경우가 있다. 적절히 배분하여 불만사항이 생기지 않도록 신중을 기해야 한다. 호텔에서의 식사도 고객의 기호에 맞게 준비하여 매일 같은 요리를 반복해서 제공하는 일이 없도록 한다. 고객 중에는 당뇨병, 고혈압, 위가 약한 손님들이 있을 수 있으므로 T/C는 항상 고객들의 건강상태를 잘 파악하여 적절하게 메뉴를 정한다.

4) 체크아웃

단체여행의 경우 대부분 같은 호텔을 이용하여, 일정도 대부분 비슷하다. 관광지 호텔에서 체크아웃 시간은 타 여행사의 단체와 중복되어 혼잡할 수 있으니 충분한 시간을 가지고 체크아웃에 임한다. 인솔자는 현지가이드에게 객실별로 개인이 지불해야 할 청구금액 및 기타 사항을 체크해 두고 여행객이 직접 확인 후 지불하도록 한다. 호텔을 출발하기 전에 잊어버린 물건이 있을 수 있으니 한 번 더 주의를 환기시키는 것이 중요하다. 일본 온천호텔의 경우 객실 열쇠 키를 사용하는 경우가 있어 반납되지 않을 경우 벌금이 부과되므로 주의해야 한다.

7. 귀국 후 업무

1) 간단한 귀국보고

귀국을 위한 입국수속 후 공항 내 또는 별도 공간에서 손님들에게 여행의 마무리 인사를 하고 손님과 헤어진 후 인솔자는 담당자에게 유선상으로 간단히 귀국보고를 한다. 여행 일정 중에 사고나 문제점이 있었다면 사전에 담당자에게 이에 관한 정확한 내용을 보고하여 해결할 수 있도록 해야 한다. 특히 여행 중의 불만을 제기할 고객이 있을 경우 해당 내용을 자세히 보고하여 만일의 사태에 대비한다.

2) 출장보고서 작성

인솔자가 여행 중에 경험한 여행에 대한 평가, 관광, 차량, 식사, 숙박 등의 일정 전반에 대해 평가하는 T/C의 귀국보고서이다. 여행 중에 새롭게 알게 된 관광정보나 호텔의 정보, 식사 등도 포함하여 기록한다. 랜드사와 계약된 계약 이행 여부, 가이드에 대한 평가, 고객의 평판, 고객의 불만사항 등 여행일정 중에 발생한 제반사항을 고객의 입장에서 자세히 기록하는 것이 중요하다. 출장보고서를 통해 랜드사의 문제점 및 가이드의 평가 등 향후 개선책을 수립하고 인솔을 처음 가는 직원들의 교육 안내사항으로도 중요하며, 신상품 개발에도 활용할 수 있는 중요한 자료가 된다.

출장보고서

담당	파트장	부서장

단체명	상해/주장/항주 4일	여행기간	2023년 08월 01일(화)~08월 04일(금)
인솔자	박**	여행인원	성인 13명 + 아동 4명 = 총 17명 + 1T/C
가이드	이**		

항목	내용
관 광	• 관광객의 만족도, 일정의 배분성, 흥미로운 해설 등
호 텔	• 등급, 서비스와 친절도, 조식의 내용, 객실에 대한 청결도
식 당	• 분위기, 맛, 서비스, 위치 및 접근성
차 량	• 차량의 상태와 쾌적성, 안정성, 편리성 등
현지 가이드	• 친절성, 성실성, 관광지 설명의 전문성 등
선택관광 및 쇼핑	• 적정한 옵션, 계약된 횟수, 물품의 다양성, 접근성 및 가격
특이사항	• T/C의 의견 및 컴플레인 및 기타

3) T/C정산서

T/C정산서는 여행 종료 후에 회사의 양식에 따라 행사비, 예비비의 지출 및 추가지출에 대한 여행 시 손익계산의 수지계산서이다. 즉 지상비, 선택관광, 쇼핑수입 등 여행일정 중에 발생한 모든 수입과 지출을 분석하는 것이다. 인솔자는 여행일정 중 발생하는 제반 경비의 수입과 지출에 대해 빠짐없이 기록하여 영수증과 같은 증빙서류의 보관도 꼼꼼하게 준비하여 T/C정산을 한다.

4) 고객관리

자신이 인솔한 고객에게 귀국 후 가까운 시일 내에 여행에 참가한 전원에게 감사의 안부 전화를 드린다. 인솔한 여행에서 행사를 무사히 마칠 수 있도록 협조해준 것에 대한 감사의 인사와 향후에도 자사의 여행상품 이용과 새로운 고객의 소개를 당부하는 말을 전하는 것이 좋다. 여행객과 지속적인 우호관계를 유지하면서 인사장 발송 및 여행상품 소개 등을 통해 충성심 높은 고객으로 만들 수 있는 계기가 되며, 구전의 홍보효과를 가져올 수 있다.

Case 사례 2 해외여행 도우미 – 가이드와 TC는 어떻게 다른가요?
여행신문

- 가이드는 '현지 여행만 안내'
- TC는 '출발부터 함께 동행'

패키지여행 상품 내용을 보면 전문 인솔자가 동행한다는 안내를 볼 때가 있습니다. 유럽 여행 등의 경우도 능력 있는 전문 인솔자를 강조한 홍보마케팅 문구를 접한 적이 있을 것입니다. 여행을 가면 여행목적지에서 안내를 위한 가이드가 있고 출발국 공항에서 동행하는 인솔자가 있습니다. 이 둘은 모두 여행을 돕는 일을 담당합니다. 일반적으로 버스에서 관광지 안내 및 그 나라 문화에 대하여 말하는 사람이 가이드이고, 여행객들과 함께 앉아 있는 사람이 인솔자라고 구분하기도 하는데, 구체적으로 무엇이 다른지 알아보겠습니다. 가이드(Guide)는 여행을 안내하고 정보를 제공하는 사람을 말합니다. 나라에 따라 관광산업의 비중이 다르고, 또 가이드를 관리하는 방식도 다릅니다. 그러나 기본적으로 가이드는 외래객을 상대하기에 국가 이미지와 관련이 높고, 또 프리랜서 형태로 일하기 때문에 이에 대한 관리를 국가가 법으로 정해놓는 경우가 대부분입니다.

우리나라의 인바운드(Inbound, 외국인의 한국여행) 여행의 경우 공식명칭은 가이드가 아닌 '관광통역안내원'으로 1962년부터 도입했습니다. 국가에서 실시하는 자격증 시험에 통과해야 하고, 또 정기적으로 소양을 유지하기 위한 교육도 받아야 합니다. 여행사에서 실제로 근무하는 관광통역안내원은 시기에 따라 자격증 소지가 필수인 경우도 있고 권고사항일 때도 있었습니다. 실무 능력과 자격증 간의 간극 때문이기도 하고, 또 현장에서 필요한 인력 수급이 원활하지 못해서입니다. 월드컵 등과 같은 국제 이벤트가 있어 외국인이 많을 때는 부득이하게 국가에서 교육을 실시하고 임시 자격증을 내주기도 한 것입니다. 현재는 다시 자격증 소지자를 고용토록 의무화하는 정책을 실시하고 있습니다.

해외에서도 가이드에 대한 관리 방법이 제각각입니다. 국적에 상관없이 자격증 시험이나 일정 이상의 소양을 갖추면 가이드로 활동할 수 있게 하는 나라도 있지만, 정책적으로 반드시 자국민을 쓰도록 하는 경우도 있습니다. 또 지역에 따라 지역 가이드를 반드시 동행토록 하기도 합니다. 그런 경우 한국인 가이드가 지역 가이드의 언어를 통역해 주는 2단계를 거쳐야 할 때도 있습니다. 번거롭기도 하지만 제대로 된 지식을 전하기 위해 이와 같은 방식을 취하기도 합니다.

패키지여행 시 동행하는 인솔자로 더 잘 알려진 국외여행인솔자는 영어로 TC(Tour Conductor)라고 부릅니다. 여행사에서 보조로 출장을 보내는 것처럼 보이지만, 엄연히 관광법상에서도 지정하고 있고, 교육이수와 자격증이 필요한 전문직입니다. 또 가이드와 마찬가지로 프리랜서로 활동하는 이들이 많습니다.

인솔자의 역할은 '내국인이 단체로 해외여행을 갈 때 출발에서부터 도착할 때까지의 모든 여행일정을 관리하면서 여행자들이 안전하고 불편함 없이 즐거운 여행을 할 수 있도록 도와주는 것'입니다. 해외 패키지여행은 불특정 다수가 일정 기간 동안 정해진 프로그램에 따라줘야 하기 때문에 이를 조율할 사람이 필요합니다. 또 비행기를 갈아타거나 장거리를 이동하고 할 때 현지에서 가이드가 바뀌기도 하고, 또 한국 측 회사를 대표해 여행객을 보호해야 하는 등의 일을 인솔자가 담당합니다. 여행객 가운데는 현지에서 문제가 생겼을 때 인솔자와 가이드가 한 편이라며 의심하기도 합니다. 그러나 가이드나 현지 여행프로그램 운영업체는 협력사이기는 하지만, 인솔자는 단체여행객을 돕습니다.

한편 일본여행을 갈 경우 '스루가이드'라고 불리는 사람이 있습니다. 스루가이드는 인솔자와 가이드 역할을 동시에 하는 사람을 말합니다. 일본은 특성상 한국에서 가이드를 파견하는 경우가 많기 때문에 별도의 인솔자를 두지 않고 병행토록 한 것입니다. 또 중국이나 동남아 리조트여행 등과 같이 일정이 짧고 단순한 여정의 경우 인솔자를 파견하지 않는 경우도 많습니다.

〈표 11-2〉 사후 고객관리의 구체적 방안

방안	내용
안부전화 및 인사장 발송 (문자 및 SNS를 통한 인사)	• 여행 중의 협조에 대한 감사의 표시 • 자신의 부족했던 서비스에 대한 사과 • 자사 여행사의 계속적인 이용 부탁
사진송부 및 사진교환회 개최	• 여행 중 함께 찍은 사진 송부 • 중요 사진현상 후 교환회의 개최 • 여행경험담 및 감상문 발표 및 전시
여행 Leaflet 및 Brochure 발송	• 신상품 소개 리플릿 • 새로운 여행정보 소개 브로슈어
엽서 및 카드 발송과 동호회모임의 주선	• 각종 기념일에 편지나 카드 발송 및 SNS 안내 • 여행동호회의 모임 주선

Case 사례 3 미팅 미스의 사례

미팅 미스(meeting miss)란 현지여행사의 가이드가 지정된 장소에 늦게 나오거나, 나오지 않는 것을 말하며, 미팅 미스의 원인은 다음과 같다.

① 한 도시의 여러 공항(airport)에서 기다리고 있는 경우
> 예 오사카의 이타미공항과 칸사이공항의 도착 공항을 미체크하여 일어난 경우

② 다른 출구(gate)에서 기다리고 있는 경우
> 예 동남아의 경우 단체와 개인의 미팅 포인트가 다른 경우

③ 도착일자(arrival date)와 도착시간(arrival time)을 잘못 알고 있는 경우
> 예 홍콩(22 : 40) ~ 방콕(00 : 20), 날짜를 잘못 체크하여 발생한 미팅 미스의 경우

④ 항공편명(flight number) 및 시간을 잘못 알고 있는 경우

⑤ 현지의 교통사정(traffic jam)으로 늦게 도착한 경우
> 예 예기치 못한 교통사고, 도로공사로 인한 정체 등, 가장 흔한 미팅 미스의 유형이다.

⑥ 항공기나 다른 교통편의 지연(delay)으로 인해 만나기로 한 약속시간을 넘긴 경우
> 예 2개 여행사의 핸들링으로 도착항공편의 지연(delay) 시에 발생하는 케이스

⑦ 현지여행사와의 업무착오로 단체수배가 되어 있지 않은 경우
> 예 초창기 여행사에서 실수가 많았으나, 현재는 단체수배의뢰서를 통한 수배 후 전화 통화로 거의 일어나지 않는 실수

⑧ 현지 가이드의 실수(late arrival)
> 예 지나친 과음이나 늦잠 등으로 인한 실수

토론주제   국외여행인솔업무를 학습하고, 주요 토론주제를 가지고 토론하는 시간을 가집니다.

1) 스타가이드 여행이 더 즐겁다.

2) 여행도우미-인솔자와 가이드는 어떻게 다른가?

3) 항공사의 오버부킹의 사례에 대하여 토론해 보자.

4) 입국 거절당하는 여러 가지 사례에 대하여 토론해 보자.

5) 인솔자는 어떤 일을 하는지 토론해 보자.

6) 인솔자의 자격에 대하여 알아보자.

7) 인솔자(가이드)의 종류에 대하여 알아보자.

8) 인솔자가 공항에서 겪은 에피소드에 대하여 이야기해 보자.

9) 인솔자는 출장 시 어떤 준비를 해가면 좋은지 이야기해 보자.

여행업의 창업 경영

CHAPTER

12   여행업의 창업 경영

제1절 **여행업 창업의 기초**

1. 여행업 창업의 기초

    소득수준이 높아지고 삶의 질을 중시하며 여행객의 수요가 높아짐에 따라 여행사의 창업도 증가한다. 최근의 관광추세가 개별여행중심으로 변화하고 단품이나 개인 취향 맞춤형 여행상품 수요가 증가하는 여행시장 환경의 변화로 전통적인 패키지여행에서 벗어난 최근의 여행산업은 항공, 숙박, 가이드 등을 연결해 주는 플랫폼을 운영하는 새로운 형태의 창업도 있다. 여행업은 여행자(Traveller)와 항공사, 호텔 등의 여행시설업자(Principal) 및 여행공급자를 대신하여 여행과 관련된 상품이나 여행서비스를 일반소비자에게 판매하는 관광서비스사업체이며, 여행사가 판매하는 무형의 여행상품을 가지고 전문화된 직원의 인적서비스를 통해 여행알선 및 상품을 판매하는 구조적 특성을 가지고 있다. 2019년 6월 관광진흥법 시행령 및 시행규칙 개정으로 현재의 '일반여행업'을 '종합여행업'으로 명칭을 변경하고, 국외여행업을 '국내외여행업'으로 변경해 한 번 등록으로 국외 및 국내여행업을 모두 영위할 수 있도록 했다. 새로운 여행업종도 신설되어야 한다. 국내 및 인바운드 부문의 개별여행화 추세를 감안해 이들에게 개별여행 맞춤형 여행상품을 전문적으로 제공할 '관광안내업'이다. 관광안내업은 국내를 여행하는 내국인 및 외국인을 대상으로 관광안내를 제공하는 여행업으로, 영업일 1일을 초과하거나 운송·숙박시설을 포함하는 경우는 제외되나 이번 법 개정에는 포함되지 않았다. 이러한 여행업의 경영환경 변화에 맞추어 인터넷의 전자상거래 시장 및 OTA(Online Travel Agency)의 급속한 발전 등 과거와는 다른 변화를 보이고 있다. 신규 여행업을 창업하고자 하는 창업자는 이러한 변화의 환경 속에서 자질과 경영능력이 여행사 창업의 성패를 좌우하는 중요한 요소가 되므로 다음과 같은 부분을 선행 검토하여야 한다. 여행업의 특성을 파악하고, 사업의 방향을 설정하며, 여행업 경영 시 3년간의 마케팅 계획을 수립한다. 그리고 직원들의 업무 전문성과 인사관리의 계획을 수립하여야 한다.

2. 창업의 개념

창업은 사업을 새로이 창조하는 일을 뜻한다. 사업을 처음으로 일으키고, 기초를 닦고, 인적, 물적 자원을 적절히 결합하여 기업의 목적을 달성하기 위하여 상품이나 서비스를 조달, 생산, 판매하는 것이다. 기존에 없던 새로운 것을 생산하거나 기존의 가치를 바꾸어 새로운 가치를 생성하는 것을 창업이라 하고 그 사람을 창업가라 한다. 여행업의 창업은 여행의 경험을 무기로 창업의 사례가 많았으나 현재는 인터넷의 발달로 인하여 젊은층을 테마로 하는 신규창업이 늘어나고 있으며, 여행 경험이 많은 사람이나 여행사의 경력이 많은 사람만이 창업한다는 고정관념이 없어지고 있다.

3. 창업의 요소

여행사를 비롯한 창업과 관련한 기본요소는 일반적으로 사업자본, 창업아이디어, 사업장의 장소, 인적자원 등과 같은 많은 요소들이 필요하다. 여행사의 창업에 필요한 3요소는 기업가 정신(창업자), 창업아이템, 창업자금이다. 또한 여행사의 창업에 성공하기 위한 조건이며, 사업계획의 필요요소들이다. 기업가 정신은 창업아이디어 확보 및 사업계획 수립과 계획의 실행 등을 주도하고 책임지는 사람이다. 창업아이템은 창업자가 사업을 추진하는 기본 도구이며, 지금 구상하고 있는 아이템이 사업적으로 타당한지, 즉 어떤 상품을 생산하고 서비스할 것인지를 나타내는 사업동기를 말한다. 창업자금은 여행사를 설립하는 데 필요한 금전적인 자원뿐만 아니라 창업아이템을 구체적으로 상품화하는 데 필요한 사무실 임대, 설비시설, 인적자원 확보 등 유·무형자산을 형성하는 데 필요한 것을 말한다.

4. 여행업 신규창업

1989년 해외여행 자유화 이후 여행의 경험이 많은 사람이나 여행사의 경력이 많은 사람만이 창업의 주류였으나 현재는 변화하는 여행패턴과 여행자의 소비패

턴을 여행사가 따라가지 못함에 인터넷을 기반 및 테마로 하는 젊은층의 1인 창업
이 많이 이루어지고 있다. 최근의 관광추세가 개별여행중심으로 변화하고 단품이
나 개인 취향 맞춤형 여행상품 수요가 증가하는 여행시장 환경으로 인하여 인터넷
을 기반으로 한 1인 창업이 늘어나고 있다. 1인 창업의 장점은 내가 가진 아이디어
및 여행콘텐츠를 누구의 간섭이나 절차 없이 바로 상품으로 구성해 볼 수 있다는
것과 다양한 여행 테마상품을 출시하여 판매할 수 있다는 것이다.

출처: 그랜드투어

제2절 ● **여행업의 창업형태**(여행업 경영의 유형결정/업종 선정 및 사업계획 수립)

여행사를 창업하고자 한다면 자신에게 맞는 방법을 선택해야 한다. 개인기업과
법인기업 및 독립경영의 대리점으로 구분할 수 있다. 출자의 형태에 따라 개인기
업과 공동기업, 기업의 법률적 형태에 따라 개인기업과 법인기업으로 구분한다.

1. 개인기업

개인기업은 개인이 사업의 주체가 되므로 개인사업과 관련하여 발생하는 모든 채무에 대해서 책임을 져야 한다. 여행사를 개인기업으로 하려면 먼저 관할관청에 인·허가를 받고, 세무서에 사업자등록증을 발급받기 위한 신청서를 제출한 후 사업자등록증을 교부받음으로써 여행사업을 개시할 수 있다.

2. 신규창업

개인기업이나 법인기업으로 여행사의 신규창업은 새로운 여행사를 개업하는 형태로서 소규모 자본으로 창업할 수 있어 일반적으로 신규창업을 선택하고 있다. 투자비용이 많이 드는 신규창업의 경우 사업에 대한 확실한 아이디어 및 차별화된 상품을 가지고 있다면 비교적 경쟁력 있는 창업방식이라 할 수 있다.

3. 법인기업

우리나라의 일반적인 법인기업의 형태는 주식회사이며, 여행사를 설립하는 경우에는 관할 지방법원이나 등기소에 설립등기를 한 후에 법인설립신고를 하는 절차를 거쳐야 하므로 개인기업에 비해 절차가 복잡하고 비용과 시간이 많이 소요된다.

4. 인수창업

어떤 업종의 여행사를 경영할 것인지를 선택하여 인수기업에 대한 정보를 수집한다. 독립경영의 여행사 및 대리점 여행사를 구분하여 정보를 수집한다. 여행사의 인수창업은 기존에 운영하고 있는 여행사와 시설물 및 권리금 등을 주고 인수하여 운영하는 형태로, 사전에 인수하는 여행사에 대한 양도조건과 법적 절차 여부 등 세밀한 검토가 있어야 한다. 독립경영 여행사의 경우 여행상품을 직접 만들거나, 다른 여러 여행도매업자의 여행상품을 판매하는 것이 가능하다.

5. 대리점 창업

도매여행사는 계약을 통해 대리점 여행사에게 브랜드를 사용할 수 있는 권리를 주는 것으로 여행상품의 판매 및 ERP(Enterprise Resource Planning), 기업의 고객관리, 회계, 인사, 예약, 정산 등 업무에 필요한 종합 시스템 등을 제공하고, 대리점 여행사는 그 대가로 가맹비, 보증금, 로열티 등을 제공하는 형태를 말한다. 대리점 창업은 대형 도매여행사들이 소규모 여행사를 통해 프랜차이즈 모집을 하여 브랜드 사용, 여행상품, 점포인테리어, 광고, 서비스 및 대리점의 교육지원, 판촉지원 등 경영 노하우를 제공하고 대리점에 여행상품판매의 수수료를 주는 형태이다.

출처: 하나투어

출처: 노랑풍선

출처: 모두투어

제3절 ┈ 여행업의 창업절차

첫 번째, 제일 먼저 여행업의 업종을 선정하고, 사업 분석을 통하여 구체적인 사업계획서를 수립한다. 내국인을 대상으로 하는 국내여행업, 국내외를 여행하는 내국인을 대상으로 하는 국내외여행업, 국내 또는 내국인의 국외여행 및 외국인을 대상을 하는 종합여행업을 기준으로 어느 업종을 선택하여 사업을 추진할 것인지 결정해야 한다. 여행업을 창업하고자 할 때에는 창업자의 자본력, 여행의 경험, 다양한 콘텐츠로 여행상품을 구성하는 능력 및 판매유통의 다양성, 인적자원의 능력 등을 충분히 고려해야 한다. 여행사를 설립하기 위한 법적 자본금은 국내여행업은 1천5백만 원, 국내외여행업은 3천만 원, 종합여행업은 5천만 원 이상의 자본금이 필요하다. 업종을 선택하면 SWOT 분석을 통하여 구체적인 사업계획을 통한 사업 타당성 분석을 수립하여야 한다.

〈표 12-1〉 여행사 창업단계

구분	자본금	업무범위
국내 여행업	1천5백만 원 이상	• 내국인 대상 국내여행 상품기획 판매 및 알선
	국내여행업은 내국인의 국내여행업무만 취급할 수 있는 업종으로 'Domestic Tours'라는 용어로 통용되고 있다.	
국내외 여행업	3천만 원 이상	• 내국인 대상 국내여행 상품기획 판매 및 알선 • 내국인 대상 국외여행 상품기획 판매 및 알선
	국내외여행업은 내국인의 국외여행업무와 내국인의 국내여행업무를 취급할 수 있는 업종으로 '아웃바운드(Outbound Tour)'라는 용어로 통용되고 있다.	
종합 여행업	5천만 원 이상	• 내국인 대상 국내여행 상품기획 판매 및 알선 • 내국인 대상 국외여행 상품기획 판매 및 알선 • 외국인 대상 국내여행 상품기획 판매 및 알선
	종합여행업은 세 가지 형태의 여행업 중 포괄적인 업무범위를 지닌 형태로 • 내국인을 위한 국내·외 여행 관련업무 취급 • 외국인을 위한 국제여행(Inbound Tour) 관련업무 취급	

두 번째, 여행업의 업종을 선정하고, 사업계획서를 수립한 다음, 사무실 입지 선정 후 계약과 사업계획서를 작성하는 단계로 사업의 타당성 및 시장성, 재무타 당성을 검토하는 단계이다.

〈표 12-2〉 여행사 설립단계별 사업계획

단계	단계별 사업계획
1단계	• 사업계획의 전략단위 결정 - 여행상품의 다양한 콘텐츠는 기업 성장을 좌우하는 중요 요소이다.
2단계	• 사업단위별 환경변화 예측 - 외부환경분석을 통한 트렌드 변화나 라이프사이클 변화 등 분석
3단계	• 사업의 구체적 방향설정 - 사업의 방향성을 결정하는 단계이다.
4단계	• 사업의 성공을 위한 기본전략과 중점사항 파악 - 상품의 차별화 전략 및 Market Target 집중전략

5단계	• 마케팅전략과 전략 시나리오 작성 - 전략적인 포지셔닝 설정
6단계	• 실행계획 수립 - 경영 전반에 걸친 경영과정의 예측이 필요한 단계이다.

　세 번째, 사업계획서를 토대로 여러 가지 사업을 개시하기 위한 사무실 및 인적 구성, 해당관청에 사업의 인·허가를 취득하고, 사업자등록 및 법인설립등기를 하는 단계이다.

〈표 12-3〉 설립단계

사무실 및 인적자원 구성	• 사무실 위치 선정 및 입주 • 내부인테리어 및 직원구성 및 채용
신규법인설립 및 사업자등록증 교부	※법인설립 준비 • 회사설립에 필요한 각종서류 준비 ※법인설립 신고 • 법인설립 신고에 따른 신고는 관할 세무서의 법인설립신고서의 양식에 의거하여 준비
사업자등록증 취득	• 법인등기등록 후에 법인설립신고서와 사업자등록증 취득과정을 관할 세무서에서 처리한다.
관광사업자등록증 신청 및 교부	• 관광사업등록 신청서와 사업계획서 등 구비서류를 관광사업 등록관청에 제출 후 발급받는다.

　마지막 단계는 여행사 개업을 실행하는 단계로, 여행업 운영을 위한 모든 절차를 종료한 후 실질적인 영업을 실행하는 단계이다.

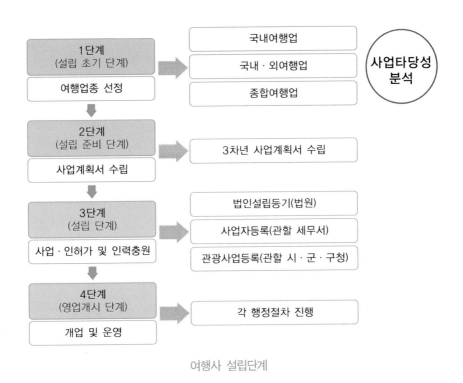

여행사 설립단계

제4절 · 여행업 신규 등록

여행사 창업을 위한 신규 등록 신청에 관한 서류는 다음과 같다.

1. 여행업 신규 등록 신청안내

모든 여행업(관광사업자)의 등록은 시청 및 구청, 도청의 문화관광과나 담당부서에 신청하면 된다.

1) 관광사업등록신청서(※구비서류)

- 개인사업자 : 서명 또는 개인인감날인
- 법인사업자 : 법인인감날인

※ 종합여행업 신청자는 영문 대표자명, 영문 상호명도 함께 기재요망
※ 법인등기부등본 및 부동산등기부등본은 담당공무원이 확인 가능(행정정보공동이용에 동의 시)
※ 법인등기부등본상 법인의 목적에 등록을 원하는 여행업의 종류(종합여행업, 국내외여행업, 국내여행업) 명시 필수
※ 법인등기부등본상 소재지는 호수까지 정확히 기재

예 1. 국내여행업, 국내외여행업, 종합여행업

2. 국제회의기획업

3. 외국인환자유치업

4. 항공권 예약, 발권 및 판매업

5. 국내, 외국 관광여행사의 대리점업

6. 사업 및 무형 재산권 중개업, 무형재산권 임대업

7. 인터넷정보제공 및 전자상거래광고

8. 선표 발권 및 판매업

9. 레저스포츠 및 문화예술 서비스업

10. 여행, 숙박, 레포츠, 면세점 및 일반쇼핑, 중개알선

11. 골프 예약, 골프투어, 골프여행상품 개발, 판매 및 관련 서비스업

12. 여행관련 용품, 출산, 산후용품, 육아관련용품, 화장품 도소매 및 수출입업

13. 전세버스 알선 중개업

14. 부동산 임대, 매매, 전대업

2) 사업계획서

① 회사개요(목적)

※ 유의: 중복상호 등록 불가(tourinfo.or.kr)

② 주요 사업내용

③ 향후 3년간 여행알선 계획(상세기재 요망)

④ 향후 3년간 추정 손익계산서(상세기재 요망)

⑤ 업무수행을 위한 기구 및 조직

예 영업부/발권부/기획부

⑥ 사무실 배치도

⑦ 사무실 위치도

3) 임원명부

성명, 직책, 주민번호, 주민등록상의 주소, 등록기준지(구 본적지) 등 결격사유 조회용으로 '번지'까지 상세 기재

■ 관광진흥법 제7조(결격사유)

① 다음 각 호의 어느 하나에 해당하는 자는 관광사업의 등록증을 받거나 신고를 할 수 없고, 제15조 제1항 및 제2항에 따른 사업계획의 승인을 받을 수 없다. 법인의 경우 그 임원 중에 다음 각 호의 어느 하나에 해당하는 자가 있는 경우에도 또한 같다.

1. 금치산자 · 한정치산자

2. 파산선고를 받고 복권되지 아니한 자

3. 관광진흥법에 따라 등록증 또는 사업계획의 승인이 취소되거나 제36조 제1항에 따라 영업소가 폐쇄된 후 2년이 지나지 아니한 자

4. 관광진흥법을 위반하여 징역 이상의 실형을 선고받고, 그 집행이 끝나거나 집행을 받지 아니하기로 확정된 후 2년이 지나지 아니한 자 또는 형의 집행유예 기간 중에 있는 자

4) 부동산의 사용권 또는 소유권을 증명할 수 있는 서류
(층수, 호수, 면적, 용도, 계약기간, 계약일 표시)

건축물 대장상 용도가 사무실 또는 1, 2종 근린시설인 사무실의 임대차 계약서 사본 1부 - 가정집이나 아파트 등은 등록이 안 됨

※**자기소유인 경우** : 부동산등기부등본(담당공무원 확인 가능)

※**전대차계약인 경우** : 전대차계약서 및 원소유주의 전대차동의서 첨부

• 건축법상 건축물이 사무실 용도에 적합하여야 함(주택, 아파트용도 등 등록 불가)

- 전대인이 대표자가 다른 여행업체일 경우 소유주가 전대 동의를 했더라도 여행업 등록 반려사유될 수 있으니 주의 요망

※**임대차계약인 경우**

- 임대차계약서 원본 혹은 사본에 원본대조필 후 제출
- 법인은 계약서상 법인명 기재 및 법인인감날인
- 개인은 대표자명 기재 및 대표자 도장 날인
- 대표자가 다수일 경우(개인 해당) : 대표인들 각각의 성명과 날인을 임차인란에 기재
- 대표자가 다수일 경우(법인 해당) : 법인명, 대표자들의 성명, 법인인감날인을 임차인란에 기재

5) 자본금 등록기준

※**국내여행업** : 1,500만 원 이상

※**국내외여행업** : 3천만 원 이상

※**종합여행업** : 5천만 원 이상

※**증빙서류**

- 개인 : 영업용자산명세서(공인회계사 또는 세무사 확인)와 그 증명서류
- 법인 : 공인회계사 또는 세무사가 확인한 등록신청 당시의 대차대조표
  - 대차대조표상 자본총계(부채, 결손금 등을 차액한 실질 자본금) 계정의 금액이 자본금 등록기준에 부합해야 함
  - 대차대조표 작성 기준일 기재

처음 법인설립 시 자본금이 나중에 준비되거나 투자될 경우는 자본금 규정에 맞는 공법인을 양도받아서 사업을 진행할 수 있습니다. 공법인이란 설립등기만 한 법인으로 사업자신청을 한 번도 하지 않은 법인을 말하며 부채나 다른 어떤 문제도 없는 깨끗한 법인을 말하는 용어입니다.

6) 기타

※공제 또는 보증보험 가입 : 등록 직후, 영업 개시 전

※업종별 가입금액 및 가입처

- 국내여행업, 2천만원, 서울보증보험 또는 한국여행업협회
- 국외여행업, 3천만원, 서울보증보험 또는 한국여행업협회
- 일반여행업, 5천만원, 서울보증보험 또는 한국여행업협회

■ 관광진흥법 시행규칙 [별지 제1호서식] <개정 2016.3.28.>

관광사업 등록신청서

※ 뒤쪽의 제출서류를 참고하시기 바라며, 색상이 어두운 란은 신청인이 적지 않습니다.
(앞쪽)

접수번호		접수일	발급일	처리기간	○ 여행업, 관광숙박업 및 야영장업: 7일 ○ 종합휴양업: 12일 ○ 외국인관광 도시민박업: 14일 ○ 기타: 5일
신청인	성 명(대표자)			주민등록번호 (외국인등록번호)	
	주 소			전화번호	
상호(명칭)				업종	
주사업장 소재지				전화번호	
자본금					
영업개시 연월일					

「관광진흥법」 제4조제1항 및 같은 법 시행규칙 제2조에 따라 위와 같이 관광사업의 등록을 신청합니다.

년   월   일

신청인 성명

(서명 또는 인)

특별자치도지사
시장 · 군수 · 구청장   귀하

제출서류	뒤쪽 참조	수수료 ○ 외국인관광 도시민박업의 경우: 20,000원 ○ 그 밖의 관광사업의 경우: 30,000원 (숙박시설이 있는 경우 매 실당 700원 을 가산한 금액으로 합니다)

행정정보 공동이용 동의서
(호텔업 또는 국제회의시설업 신청인만 해당합니다)

본인은 이 건 업무처리와 관련하여 담당 공무원이 「전자정부법」 제36조제1항에 따른 행정정보의 공동이용을 통하여 뒤쪽의 담당 공무원 확인사항 중 제3호를 확인하는 것에 동의합니다. * 동의하지 아니하는 경우에는 신청인이 직접 관련 서류를 제출하여야 합니다.

신청인   (서명 또는 인)

처리절차

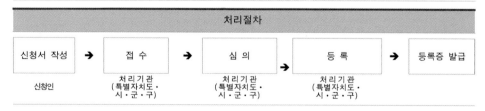

210mm×297mm[백상지 80g/㎡]

(뒤쪽)

신청인 (대표자) 제출서류	여행업 및 국제회의 기획 업의 경우	1. 사업계획서 1부 2. 신청인(법인의 경우에는 대표자 및 임원)이 내국인인 경우에는 성명 및 주민등록번호를 기재한 서류 1부 3. 신청인(법인의 경우에는 대표자 및 임원)이 외국인인 경우에는 「관광진흥법」 제7조제1항 각 호에 해당하지 아니함을 증명하는 다음 각 목의 어느 하나에 해당하는 서류. 다만, 「관광진흥법」 또는 다른 법령에 따라 인·허가 등을 받아 사업자등록을 하고 해당 영업 또는 사업을 영위하고 있는 자(법인의 경우에는 최근 1년 이내에 법인세를 납부한 시점부터 등록 신청 시점까지의 기간 동안 대표자 및 임원의 변경이 없는 경우로 한정합니다)는 해당 영업 또는 사업의 인·허가증 등 인·허가 등을 받았음을 증명하는 서류와 최근 1년 이내에 소득세(법인의 경우에는 법인세를 말합니다)를 납부한 사실을 증명하는 서류를 제출하는 경우에는 그 영위하고 있는 영업 또는 사업의 결격사유 규정과 중복되는 「관광진흥법」 제7조제1항의 결격사유에 한하여 다음 각 목의 서류를 제출하지 아니할 수 있습니다. 　가. 해당 국가의 정부나 그 밖의 권한 있는 기관이 발행한 서류 또는 공증인이 공증한 신청인의 진술서로서 「재외공관 공증법」에 따라 해당 국가에 주재하는 대한민국공관의 영사관이 확인한 서류 1부 　나. 「외국공문서에 대한 인증의 요구를 폐지하는 협약」을 체결한 국가의 경우에는 해당 국가의 정부나 그 밖의 권한 있는 기관이 발행한 서류 또는 공증인이 공증한 신청인의 진술서로서 해당 국가의 아포스티유(Apostille) 확인서 발급 권한이 있는 기관이 그 확인서를 발급한 서류 1부 4. 부동산의 소유권 또는 사용권을 증명하는 서류(담당 공무원이 부동산의 등기사항증명서를 통하여 부동산의 소유권 또는 사용권을 확인할 수 없는 경우에만 해당합니다) 5. 「외국인투자 촉진법」에 따른 외국인투자를 증명하는 서류(외국인투자기업의 경우에만 해당합니다) 1부 6. 공인회계사 또는 세무사가 확인한 등록신청 당시의 대차대조표(개인의 경우에는 영업용 자산명세서 및 그 증명서류) 1부
	관광숙박업· 관광객 이용 시설업 및 국제회의 시설업의 경우	1. 사업계획서 1부 2. 신청인(법인의 경우에는 대표자 및 임원)이 내국인인 경우에는 성명 및 주민등록번호를 기재한 서류 1부 3. 신청인(법인의 경우에는 대표자 및 임원)이 외국인인 경우에는 「관광진흥법」 제7조제1항 각 호에 해당하지 아니함을 증명하는 다음 각 목의 어느 하나에 해당하는 서류. 다만, 「관광진흥법」 또는 다른 법령에 따라 인·허가 등을 받아 사업자등록을 하고 해당 영업 또는 사업을 영위하고 있는 자(법인의 경우에는 최근 1년 이내에 법인세를 납부한 시점부터 등록 신청 시점까지의 기간 동안 대표자 및 임원의 변경이 없는 경우로 한정합니다)는 해당 영업 또는 사업의 인·허가증 등 인·허가 등을 받았음을 증명하는 서류와 최근 1년 이내에 소득세(법인의 경우에는 법인세를 말합니다)를 납부한 사실을 증명하는 서류를 제출하는 경우에는 그 영위하고 있는 영업 또는 사업의 결격사유 규정과 중복되는 법 제7조제1항의 결격사유에 한하여 다음 각 목의 서류를 제출하지 아니할 수 있습니다. 　가. 해당 국가의 정부나 그 밖의 권한 있는 기관이 발행한 서류 또는 공증인이 공증한 신청인의 진술서로서 「재외공관 공증법」에 따라 해당 국가에 주재하는 대한민국공관의 영사관이 확인한 서류 1부 　나. 「외국공문서에 대한 인증의 요구를 폐지하는 협약」을 체결한 국가의 경우에는 해당 국가의 정부나 그 밖의 권한 있는 기관이 발행한 서류 또는 공증인이 공증한 신청인의 진술서로서 해당 국가의 아포스티유(Apostille) 확인서 발급 권한이 있는 기관이 그 확인서를 발급한 서류 1부 4. 부동산의 소유권 또는 사용권을 증명하는 서류(담당 공무원이 부동산의 등기사항증명서를 통하여 부동산의 소유권 또는 사용권을 확인할 수 없는 경우에만 해당합니다) 5. 회원을 모집할 계획인 호텔업·휴양콘도미니엄업의 경우로서 각 부동산에 저당권이 설정되어 있는 경우에는 「관광진흥법 시행령」 제24조제1항제2호 단서에 따른 보증보험가입 증명서류 6. 「외국인투자 촉진법」에 따른 외국인투자를 증명하는 서류(외국인투자기업의 경우에만 해당합니다) 1부 7. 「관광진흥법」 제15조에 따라 승인을 받은 사업계획에 포함된 부대영업을 하기 위하여 다른 법령에 따라 소관관청에 신고를 하였거나 인·허가 등을 받은 경우에는 각각 이를 증명하는 서류(제8호 또는 제9호의 서류에 따라 증명되는 경우에는 제외합니다) 1부 8. 「관광진흥법」 제18조제1항에 따라 신고를 하였거나 인·허가 등을 받은 것으로 의제되는 경우에는 각각 그 신고서 또는 신청서와 그 첨부서류 1부 9. 「관광진흥법」 제18조제1항 각 호에서 규정된 신고를 하였거나 인·허가 등을 받은 경우에는 각각 이를 증명하는 서류 10. 야영장업을 경영하기 위하여 다른 법령에 따른 인·허가 등을 받은 경우 이를 증명하는 서류 각 1부(야영장업 등록의 경우에만 해당합니다) 11. 시설의 평면도 및 배치도 각 1부 12. 시설별 일람표 각 1부 　가. 관광숙박업: 별지 제2호서식의 시설별 일람표 　나. 전문휴양업 및 종합휴양업: 별지 제3호서식의 시설별 일람표 　다. 야영장업: 별지 제3호의2서식의 시설별 일람표 　라. 국제회의시설업: 별지 제4호서식의 시설별 일람표
담당 공무원 확인사항	여행업 및 국제회의 기획업의 경우	1. 법인 등기사항증명서(법인인 경우에만 해당합니다) 2. 부동산의 등기사항증명서
	관광숙박업· 관광객 이용 시설업 및 국제회의 시설업의 경우	1. 법인 등기사항증명서(법인인 경우에만 해당합니다) 2. 부동산의 등기사항증명서 3. 전기안전점검확인서(호텔업 또는 국제회의시설업 등록의 경우에만 해당합니다)

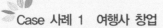

Case 사례 1 여행사 창업

여행신문

여행사를 설립하는 법적인 절차는 크게 세 단계다. 첫째, 주식회사 또는 개인회사를 설립해야 한다. 둘째, 관광사업 등록을 신청한다. 마지막으로 관할세무서에 사업자등록을 하면 된다. 절차는 대개 2주 정도 걸린다. 회사를 설립하고 관광사업 및 사업자등록을 하는 것은 사실 간단한 일이다. 하지만 처음 해보는 경우 직접 하기에는 너무 많은 시간 소비와 비용부담이 따른다. 따라서 전문가에게 의뢰하여 회사를 설립하는 절차를 밟는 것이 효과적이다. 여행사를 시작하려면 우선 사무실을 확보해야 한다. 사무실(사무실은 업무용 사무실이어야 한다.)을 구매하거나 임대차계약을 해야 한다. 아직 법인설립이 되지 않았으므로 개인 명의로 계약을 하며 임대인에게 차후에 법인 명의로 수정해 줄 것을 사전에 동의를 받아야 한다. 그래야 여행사 등록을 할 수 있다.

사무실이 있어야 법인을 설립할 수 있다. 사무실 주소가 필요하기 때문이다. 회사명도 정해야 한다. 그러나 회사 상호는 명칭의 제한은 없지만 다른 회사의 이름과 같아서는 안 된다. 즉 법인의 상호는 같은 업종에서 동일 또는 유사한 상호를 사용할 수 없다. 따라서 법무사 사무실을 통해서 상호를 검색하고 사용이 가능한 상호를 정해야 한다. 상호가 결정되면 법무사 사무실에서 요청하는 서류를 제출하면 2일 정도면 법인등기가 완료된다. 참고로 대표이사가 세금을 체납하거나 기타 법률상의 문제가 있는 경우에는 어렵다. 법인등기가 끝나면 당초 개인 명의로 사무실을 구하고 임대차계약을 한 것을 법인 명의로 임대차 계약서를 변경하여야 한다. 법인상호와 법인등록번호, 법인인감이 날인된 걸로 한다. 여행업 등록은 구청에서 받는다. 등록신청서에는 임원의 본적, 호주, 호주와의 관계가 기입된다. 원칙적으로 처리기간은 7일이다.

여행사를 설립하려면 일정한 자본금과 사무실을 갖추고 관광사업 등록신청서에 사업계획서, 법인등기부등본 등의 서류를 제출하면 된다. 인터넷에서 영업하려면 통신판매업, 인터넷에서 신용카드 결제를 하려면 부가통신판매업의 신고를 해야 한다. 「관광진흥법」 제3조는 여행업에 관하여 "여행자 또는 운송시설·숙박시설, 그 밖에 여행에 딸리는 시설의 경영자 등을 위하여 그 시설 이용 알선이나 계약 체결의 대리, 여행에 관한 안내, 그 밖의 여행 편의를 제공하는 업"이라고 규정하고 있다. 이에 따라 여행업을 경영하고자 하는 자는 여행업 등록을 하여야 하고 등록을 하지 않고 여행업을 하는 경우에 처벌한다고 규정하고 있다. 여행업의 등록의무를 규정한 취지는 무분별한 관광사업자의 난립을 규제하여 국내 또는 국외를 여행하는 내국인 및 외국인 여행자들을 보호하고 등록된 관광사업자들에 대한 지도·감독 및 정부보조를 통한 지원 등을 원활히 하려는 것이다.

일반여행업은 5,000만 원 이상, 국외여행업은 3,000만 원 이상, 관광안내업은 1,500만 원 이상, 국내여행업은 1,500만 원 이상으로 적용된다. 관광안내업은 관광안내서비스를 전문적으로 제공하는 업으로, 여행환경 변화에 맞추어 개별관광객 맞춤형 관광안내 서비스 제공으로 국내를 여행하는 내외국인을 대상으로 관광안내를 제공할 수 있다. 국내에서 외국인 관광객 티켓 등의 여행 상담을 하는 여행사는 일반여행업등록을 해야 한다. 또한 국외여행업업체 등을 입찰할 때 관공서 등이 일반여행업업체들을 기준으로 입찰을 한다. 따라서 국외여행업이나 국내여행업을 일반여행으로 전환할 필요가 있다.

여행사의 기준자본금을 정한 것은 일정한도의 자금능력을 보유한 사람만 여행사를 할 수 있도록 하기 위함이다. 그러면 자본금이란 무엇인가? 일반적으로 법인인 경우에는 등기부상 자본금을 말하고 개인인 경우에는 공인회계사가 확인한 대차대조표상의 자본금을 말한다. 여행사 설립 시 실제 자본금의 존재 여부는 세 번 확인한다. 법인등기 시 은행잔고증명서에 의해 법원에서 확인하고, 관광사업 등록 시 구청 또는 시청(일반여행업의 경우)에서 확인하며 사업자등록 시 세무서에서 자본금을 확인한다. 따라서 여행사를 창업하려는 자는 자본금의 존재를 입증해야 하며 일반적으로 은행예금통장에 의한다. 자본금은 원칙적으로 자기 자본으로 한다. 자기 자금이 부족한 경우 그 자금을 은행을 통하든, 개인한테 빌리든 우선 빌려서라도 자금을 동원해야 한다. 그리고 그 돈으로 자본금을 불입한 후 법인을 설립한다. 이후 개인이 빌린 돈은 그 주주와 빌린 사람 간의 채권·채무관계이므로 문제되지 않는다. 여행사 창업 시 개인과 법인 중 무엇으로 할 것인지를 결정해야 한다. 개인일 경우는 비용을 아낄 수 있지만 무한 책임을 지고, 항공사와의 거래 시 문제가 될 수도 있다. 대외적으로 신용도 또한 떨어질 수 있다. 법인으로 설립 시 우선 등기비용이 든다.

'관광안내업' 신설…
일반 → 종합, 국외 → 국내외로

여행업 종류가 개편되고 진입장벽도 한층 낮아진다. 여행사 책임 범위에 대한 규정을 보다 명확히 하는 대신 규정 위반 시 여행사에 대한 행정처분 수위가 한층 높아진다. 이런 내용을 담은 관광진흥법 개정안이 입법예고돼 사안에 따라 의견이 분분할 전망이다. 문화체육관광부가 최근 입법예고한 관광진흥법 시행령 및 시행규칙 개정안에 따르면, 현재의 '일반여행업'을 '종합여행업'으로 명칭을 변경하고, 국외여행업을 '국내외여행업'으로 변경해 한 번 등록으로 국외 및 국내여행업을 모두 영위할 수 있도록 했다. 새로운 여행업종도 신설한다. 국내 및 인바운드 부문의 개별여행화 추세를 감안해 이들에게 개별여행 맞춤형 여행상품을 전문적으로 제공할 '관광안내업'을 새로 마련했다. 관광안내업은 국내를 여행하는 내국인 및 외국인을 대상으로 관광안내를 제공하는 여행업으로, 영업일 1일을 초과하거나 운송·숙박시설을 포함하는 경우는 제외된다.

여행업 등록자본금도 인하해 여행사 창업을 촉진한다. 일반여행업에서 '종합여행업'으로 명칭이 변경되는 여행업종의 최소 등록자본금을 현행 1억 원에서 5,000만 원으로 인하한다. 문관부는 '틈새시장형 소규모 창업을 활성화하기 위한 진입규제 완화가 필요하다'고 설명했다. 소비자 보호를 위해 여행사 제재는 한층 강화한다. 행정처분 기준 중 '고의로 여행계약을 위반한 경우(여행업자만 해당한다)'에 대해 1차 적발 시 시정명령에 이어 2차만으로 여행업 등록을 취소할 수 있도록 했다. 여행사의 고의적 폐업으로 인한 여행객 피해를 막고 신속한 배상을 위해 등록취소 절차를 단축할 필요가 있다는 설명이다. 여행업 보증보험의 손해배상 범위도 '여행 알선과 관련한 사고'에서 '여행계약의 이행과 관련된 사고'로 변경해 구체화했다. 여행업 보증보험 등의 가입 갱신기간이 도래할 경우 해당 지자체가 해당 여행사에 이를 안내하도록 하는 근거도 신설했다.

토론주제   여행사의 창업경영을 학습하고, 주요 토론주제를 가지고 토론하는 시간을 가집니다.

1) 여행업종 개편으로 진입장벽이 낮아졌다. 이에 따라 여행사 창업이 쉬워진 것
   에 대하여 토론해 본다.

2) 바뀌는 여행업 구분 합리적인가?

3) 학생들이 직접 여행사를 창업한다고 생각하고 어떤 테마를 가지고 창업할 것인
   지에 대하여 토론해 본다.

4) 다양한 여행사 창업에 성공한 케이스에 대하여 토론해 보자.

5) 국내 공유 숙박 플랫폼 '미스터맨션' 성공사례에 대하여 토론해 보자.

6) 온라인 여행사의 창업과 성공사례에 대하여 토론해 보자.

7) 여행사 망하는 코로나 불황, 400억 투자 받은 '마이리얼트립'의 성공사례에 대
   하여 토론해 보자.

CHAPTER

13

직장예절과 서비스 매너

CHAPTER

13 직장예절과 서비스 매너

서비스의 어원은 라틴어 '세르부스(Servus)'에서 유래되어, '노예가 주인이나 권력자의 이익을 위해 자기를 희생하고 충성을 바친다'는 의미에서 출발하였다. 현대사회에서는 무형의 가치로 산업영역의 중심축 역할을 수행하며, 상대를 위한 봉사의 의미와 일상적인 봉사의 의미로 사용되고 있다. '인간이 할 수 있는 최고의 선물은 봉사하는 것이다'라고 말한 슈바이처 박사의 말처럼, 자기의 정성과 노력을 남을 위하여 사용한다는 오늘날의 서비스의 의미로 변했으며, 서로를 존중하고 배려하는 예절과 감사하는 마음을 행동으로 표현하여 상대방의 기쁨이 나의 기쁨으로 승화한다는 차원에서 출발하는 것이다.

1. 인사예절

1) 인사의 의미

서로 마주 대하거나 헤어질 때 예를 표하는 말이나 행동으로, 처음 만나는 사람들끼리 자기를 소개하는 말이나 행동이다. 또한 평소에 입은 은혜를 갚거나 치하해야 할 일 등에 예의를 차리는 말이나 행동이다.

2) 인사는 무엇을 표현하는가?

- 자신의 교양과 인격을 표현
- 상대를 존중하는 마음이다.
- 호감을 드러내는 표시이다.
- 인간관계의 시작이고 끝이다.
- 마음의 문을 여는 열쇠이다.
- 고객에 대한 봉사정신의 표현이다.
- 동료에 대한 우애의 상징이다.
- 회사에 대한 애사심의 표현이다.

3) 인사의 기본자세

기본 인사법

여러분은 어떤 의미를 가지고 인사를 나누고 있습니까?

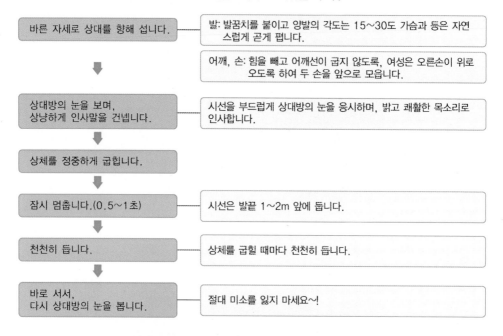

바른 자세로 상대를 향해 섭니다.	발: 발꿈치를 붙이고 양발의 각도는 15~30도 가슴과 등은 자연스럽게 곧게 폅니다.
	어깨, 손: 힘을 빼고 어깨선이 굽지 않도록, 여성은 오른손이 위로 오도록 하여 두 손을 앞으로 모읍니다.
상대방의 눈을 보며, 상냥하게 인사말을 건넵니다.	시선을 부드럽게 상대방의 눈을 응시하며, 밝고 쾌활한 목소리로 인사합니다.
상체를 정중하게 굽힙니다.	
잠시 멈춥니다.(0.5~1초)	시선은 발끝 1~2m 앞에 둡니다.
천천히 듭니다.	상체를 굽힐 때마다 천천히 듭니다.
바로 서서, 다시 상대방의 눈을 봅니다.	절대 미소를 잃지 마세요~!

2. 직장예절

1) 출근 시 매너

- 지각하지 않도록 여유 있게 출근한다. 출근시간은 적어도 20~30분 정도의 여유를 두고 준비한다.
- 직장동료를 만나면 "내가 먼저"라는 마음으로 활기찬 아침 인사를 한다. 밝고 큰 소리로 인사하는 것을 생활화하여 동료들에게 좋은 이미지를 줄 수 있도록 노력한다.
- 무단결근은 금물이다. 부득이하게 결근해야 할 상황이 생기면 직장상사에게 전화로 사과와 함께 이유를 설명한다.

2) 근무 중 매너

- 조직분위기는 내가 만든다는 생각으로 명랑 쾌활하게 일한다.
- 사명감을 가지고 최선을 다해 회사생활에 임하며, 사람들과 좋은 관계를 유지하는 것이 기본이다.
- 모든 일은 스스로 찾아서 하고 자신이 한 일과 행동에 책임을 짐으로써 조직에 꼭 필요한 인재가 되도록 노력한다.
- 통행 중 상사나 직원들을 만나면 가볍게 인사를 한다.

3) 외출 시 매너

- 외출 시에는 반드시 상사의 허가를 받는다.
- 외근 시에는 행선지, 용건, 돌아올 시간 등을 상사에게 보고하고 예정일정을 정확히 메모한다.
- 업무가 늦어질 시에도 상사에게 연락을 하며, 바로 퇴근하게 될 경우에도 상사에게 꼭 보고한다.

4) 퇴근 시 매너

• 근무시간 종료와 함께 퇴근하는 것은 바람직하지 않으며, 상사보다 먼저 퇴근해야 하는 경우에는 양해를 얻고 퇴근한다.

• 동료들이 일하고 있는데 혼자만 퇴근하는 것은 팀워크를 저해하는 행동으로, 뭔가 도울 일이 있는지 물어보고 함께 일을 마무리한다.

• 책상 위의 서류와 문서는 깨끗하게 정리한다.

출퇴근 시 예절

'출근예절'
사무실에 들어오면
아침인사를 나눕니다.

'퇴근예절'
책상과 주변 정리를
한 후 동료와 상사에게
인사 후 퇴근합니다.

3. 전화예절의 중요성

전화는 우리 생활에 없어서는 안 될 Communication의 수단이다. 보이지 않기 때문에 소홀해질 수 있지만 한 번의 전화응대가 자신의 얼굴이라는 생각을 가지고, 보이는 것 이상의 예를 갖추어야 한다. 전화는 고객 접점의 제1선이며, 회사의 이미지이다.

1) 전화응대의 특성

- 고객과 기업의 얼굴 없는 만남이다.
- 전화 통화로 모든 것이 결정되는 기업의 이미지이다.
- 예고 없이 찾아오는 손님이다.
- 기업과 고객의 첫 번째 접점이다.

2) 전화응대의 기본원칙

① 신속
- 전화를 빨리 받는 것부터 친절한 응대다.
- 전화벨이 3번 울리기 전에 받는 것이 좋다.
- 부득이하게 시간이 지체된 경우 상대의 입장까지 배려해야 한다.

② 친절
- 친절성은 고객이 가장 기대하는 사항이다.
- 음성에만 의존하기 때문에 목소리에 상냥함이 배어 있어야 한다.
 (여성은 '솔', 남성은 '미' 음이 가장 사교적인 음성 톤이다)
- 음성뿐만 아니라 고객의 요구 충족을 위해 애쓰는 태도도 전달되어야 한다.

③ 정확
- 정확한 업무 내용은 전화 서비스를 완성시킨다.
- 복잡한 용건, 중요한 용건은 반드시 복창하여 메모하도록 한다.

• 고객이 전화하는 이유는 궁극적으로 자신이 궁금한 것을 알아보기 위함이므로 업무에 대해 정확히 알고 응대해야 한다.

4. 전화예절의 기본 에티켓

전화상담의 대응 화법을 교육받아 신속·친절·정확하게 응대해야 한다. 신속한 응대를 위해서는 정확한 정보와 응대방법에 대한 교육을 철저하게 해둘 필요가 있다. 전화벨이 울리는 즉시 받고, 대화의 톤은 밝고 간결하고 쉽게 말하며 자신의 신분을 밝히고 명료한 발음으로 응대해야 한다.

전화 예절

'용건은 간단히'
'태도는 친절하게, 말투는 정중하게'
'의사소통은 정확하게'

Case 사례 1 친절 서비스는 눈 맞춤에서 시작합니다.

(주)세중여행
서비스교육 중에서

친절 서비스는 눈 맞춤에서 시작해서 눈 맞춤으로 끝이 난다고 해도 과언이 아닙니다. 그 사소한 눈길에서 친절함이 전달됩니다. 눈 맞춤은 고객에게 들을 준비가 되어 있다는 표현이며, 고객을 응대하는 기본적인 태도입니다. 우린 아침에 눈을 떠서 잘 때까지 눈을 뜨고 생활하지만 하루에 눈 맞춤은 한 번도 하지 않고 지낼 때도 많습니다.

프로페셔널 서비스맨은 눈 맞춤을 잘합니다. 눈 맞춤은 그냥 쳐다보는 것이 아닙니다. 고객과 눈을 마주치고 느낌을 주고받아야 하는 것입니다. 그 사소한 눈길에서 고객에게는 친절함이 전달되고 상사에게는 근무의욕이 전달됩니다. 여러분이 어떤 회사를 방문하였을 때 모두들 제 일에 바빠 아무도 눈을 마주치지 않아 곤혹스러웠던 경험이 없으십니까? 혹은 직장에서 동료가 종일 외면하고 있어서 불안하였던 경험은 없으십니까? 또는 레스토랑에서 종업원을 부르려 했으나 다른 데만 보고 있어 소리내어 부를 수밖에 없었던 기억도 있으실 것입니다. 눈을 마주치지 않는 것은 상대에게 오해를 불러일으킵니다. 눈을 마주치지 않으면 아무리 열심히 일해도 화난 듯 느껴집니다. 또 무엇인가 불만이 있는 것 같고, 숨기고 있다는 느낌도 줍니다. 우리는 누군가를 무시할 때 혹은 자신감이 없을 때 눈을 마주치지 못하고 외면합니다. 누구도 외면당하는 것을 반가워하지 않습니다.

"Eye-contact" 친절 테크닉의 기본입니다. 눈 맞춤에는 친절하겠다는 의지가 담겨 있습니다. 아주 짧은 시간에 이루어지는 눈 맞춤으로 친절과 관심을 표현하고, 고객의 욕구를 알아낼 수 있습니다. 예절을 표현할 때는 고객의 눈을 바라보십시오. 얼굴과 몸을 고객을 향하고 바라보십시오. 동공을 살짝 크게 뜨고 입 꼬리에 살짝 힘을 주어 올리고 눈을 바라보십시오. 그렇다고 뚫어지게 주시하라는 것은 아닙니다. 감사와 관심의 마음을 지닌 채 도와드리겠다는 마음가짐으로 바라보는 것입니다. 근무하는 회사에 고객이 오십니까? 바라보십시오. 그리고 고객에게 눈 맞춤을 해보세요. 고객응대는 눈 맞춤으로 시작됩니다.

5. 고객불만 응대법

고객만족과 불만족에 있어서 직원들의 전화응대 태도가 절대적인 영향을 미친다. 그만큼 인적서비스의 중요성을 이야기하는 말이다. 『서비스 아메리카』의 저자 칼 알브레히트(Karl Albrecht)는 서비스업에서 공통으로 발견되는 직원들의 응대태도에 대한 불량을 7가지로 정리하였다.

1) 무관심(Apathy)

나와는 관계없다는 태도로 고객이 다가와도 무시하거나 쳐다보지 않으며, 적극적으로 응대하지 않는 직원의 태도

2) 무시(Brush-off)

고객의 클레임 문제를 건성으로 대하고, 고객을 피하는 태도로 기분을 상하게 하는 일

3) 냉담(Coldness)

고객을 퉁명스럽게 대하고 귀찮아하며, 친근하지 않은 모습을 보이는 일

4) 생색내는 일(Condescension)

낯설어하는 고객에게 생색을 너무 내거나 건방진 태도로 무시

5) 인간미가 없는 로봇화(Robotism)

따뜻함이나 인간미를 전혀 느끼지 못할 정도로 기계적으로 응대

6) 규정핑계(Rule Book)

예외를 인정하지 않고, 융통성이 부족한 경우로 고객만족보다는 내부규정을 앞세우는 것

7) 전화 돌리기(Runaround)

여기저기 전화를 돌리는 것. 담당이 아니니 다시 전화를 걸어주세요.

6. 다양한 문화의 이해

국제화 시대인 만큼 다문화를 이해하고 받아들일 자세가 되어 있어야 한다. 그 나라에 가면 그 나라의 전통을 따라야 한다는 말이 있다. 그 사회에서 전통적으로 존중되어 온 예의범절이다. 각 나라의 예절은 다르고, 시대에 따라 변한다. 세계화, 국제화와 함께 우리의 예절을 간직하면서 외국의 매너를 이해하는 시간을 가져본다. 우리는 해외여행 시 민간외교관이라는 마음으로 성숙한 시민으로서 다양한 문화에 대한 에티켓을 알아보자.

1) 음주문화

- 일본은 우리나라와 반대로 윗사람이 아랫사람에게 잔을 건넨다.
- 프랑스는 식사 도중 와인을 마실 때 직접 따라 마시지 않고 주인이 따라주기를 기다려야 한다.
- 중국은 식사 시 술을 마신다. 상대방 잔에 술을 따라주는 문화이지만 강제로 권하거나 잔을 돌리지 않는다.

2) 흡연예절

- 일본은 흡연문화가 개방적인 편으로, 부부지간에 맞담배를 피우기도 한다. 거리에서 담배를 피우지 않지만 재떨이가 있는 경우에는 자유롭게 담배를 피운다.
- 미국은 식사 중 금연이지만 식탁에 재떨이가 있을 경우에는 피워도 좋다는 뜻이다. 담배를 피우기 전에 상대방에게 먼저 권하는 것이 예의이다.

• 싱가포르는 대부분의 공간에서 금연해야 하며, 위반 시 높은 벌금을 부과한다. 또한 담배꽁초를 버리다 적발되어도 벌금을 부과한다.

| 토론주제 | 직장예절과 서비스 매너를 학습하고, 주요 토론주제를 가지고 토론하는 시간을 가집니다. |

1) 전화예절교육-친절 서비스는 눈 맞춤에서 시작합니다.

---

2) 직장에서의 인사예절에 대하여 토론해 보자.

---

3) 글로벌시대의 매너에 대하여 토론해 보자.

---

4) 다양한 문화의 글로벌 에티켓에 대하여 토론해 보자.

---

5) 비즈니스 매너에 대하여 토론해 보자.

---

6) 친절사례에 대하여 토론해 보자.

여행 · 항공 관련 용어설명

CHAPTER

14   여행·항공 관련 용어설명

A

Accommodation(숙박시설) 호텔·모텔 등의 고대식 숙박시설은 전통적 숙박시설(Traditional Accommodation)이라 하고, 오두막·방갈로·캠프장의 Cabin 등은 추가적 숙박시설(Supplementary Accommodation)이라 한다.

Accompanied Baggage(동반수하물) 승객과 동일항공기편으로 동시에 운송되는 수하물로 대부분의 수하물이 여기에 해당된다.

Address 5자리 혹은 6자리로 구성된 항공예약코드

ACM(Air Credit Memo) 여행사에서 항공권 발권 시 실수로 인하여 해당요금보다 비싸게 발권함으로써 해당금액보다 많은 금액이 항공사에 입금된 것을 발견했을 때 차액에 대한 반환 청구를 신청하는 것을 말한다.

Actual Flying Time 항공기의 실제 비행시간

AD(Agent Discount) 항공사가 여행사에 제공하는 대리점 할인 항공권을 말한다.

Add-On 항공여정을 구성할 때 운임표에 언급되지 않는 구간으로 국내선 또는 많이 연결되지 않는 국제선 등을 따로 추가하여 계산하는 것

ADM(Air Debit Memo) 항공사에서 지정한 요금보다 여행사에서 저렴하게 항공권을 발권함으로써 BSP(Billing and Settlement Plan)에 항공요금보다 적게 입금되었을 때 그 차액을 여행사 측에 입금시킬 것을 청구하는 신청을 말한다.

Adult Fare(대인여객항공운임) 만 12세 이상의 여객에게 적용되는 요금을 말하며, 만 2세 미만은 Infant Fare이고, 만 2세 이상 ~ 만 12세 미만인 항공여객에게 적용되는 요금이 Child Fare이다.

Advance Seating Product(ASP) 항공편 예약 시 원하는 좌석을 미리 예약할 수 있도록 하는 사전좌석배정제도이다.

Airport Facts 공항에서 Check-In 시 필요한 승객에 관련된 정보

Affinity Charter(유연단체 차터) 이는 유연단체(Affinity Group)를 위해 행해지는 대절편(차터)으로서 흔히 Prorata Charter(인원수에 의한 대절비행·전세비행)라고도 한다. 이 유연단체는 단순한 여행 이외의 다른 성격을 띤 목적이 있어야 하고,

회원 수는 2만 명 이하. 회원은 가입 후 6개월 이상이어야 대절편이 허용된다는 규정이 있다.

Affinity Group(유연단체) 항공운용상의 용어로 사교단체·종교단체·업종단체·동호회 등과 같이 여행 이외의 목적을 띤 단체로, 예를 들면 의사회·약사회·노인회·부인회 등 또는 모임(YMCA, YWCA, Rotary, Lions, JC 등)이다.

Agency Commission 여행사가 공급자 간에 판매대리점 체결 후 판매로 인한 공급업자가 여행사에 주는 수수료를 말한다.

Agent(대리점, 대리인) 대리인을 말하고, 타인을 대신해서 공급업자의 서비스나 상품을 판매할 수 있는 사람이며, 여행업계에서는 일반적으로 여행업자(Travel Agent) 또는 IATA 공인대리점(Approval Agent) 의미로 사용된다.

Agent Discounted Fare(AD : 대리점할인운임) 항공사와 대리점계약을 체결한 여행대리점의 사원이 항공여행을 하고자 할 때 각 항공사가 연간 2회에 걸쳐서 통상운임의 75%를 할인한 항공권을 발행해 주고 있으며, 항공권의 유효기간은 발행일로부터 3개월이다.

Air Cargo 항공사에서 항공화물을 말한다.

Air Carrier 항공회사를 말한다.

Airline Codes(항공사코드) 전 세계적으로 항공사나 여행사에서 이용되는 항공사, 공항·요금 등을 표시하는 약어체계다. 대한항공은 KE, 아시아나항공은 OZ, 싱가포르항공은 SQ라는 코드를 사용한다.

Airline Tax(공항세) 공항시설의 개선과 보수 및 유지를 위해 징수하는 목적세의 성격을 가지나, 경우에 따라서는 단지 세수를 올리거나 때로는 자국민의 해외여행 제한을 위한 하나의 방편으로 고객의 세금을 징수하는 나라도 있다. 국가에 따라서는 Airport Embarkation Tax, Airport Service Charge라고도 한다.

Air Traffic Control(항공교통관제) 항공기의 안전과 질서 그리고 신속한 운행을 위해 관계당국이 실시하는 서비스로서 항공관제탑으로부터 무선전화에 의하여 이착륙의 허가나 항로 및 고도의 지시 따위를 행한다.

All-expense Tour(포괄경비관광) 대부분의 식사·투어·세금 및 기타 비용 등이 모두 포함된 포괄여행(Inclusive Tour)의 한 종류를 말한다.

All Inclusive Tour(포괄관광) 교통비·숙박비·식사비·관람료·가이드비 등 여행에 필요한 제반 경비가 전부 포함된 여행을 의미한다.

Allowance(허용량, 허용금액) 무료수화물 취급허용량(Free Baggage Allowance) 또는 여행용 외화할당금액(Travel Allowance)의 경우에 사용된다.

APEX Fare(사전구입 회유운임) Advanced Purchased Fare의 약자로서 이 운임은 해외에서 체재일수가 보통 25일에서 45일까지 비교적 장기간 해외여행을 하는 개인여행에게 판매되는 할인운임이다. 보통운임보다 약 35% 정도 저렴한 항공운임이다.

APIS(Advance Passenger Information System) 특정 국가의 입국심사에 필요한 승객의 정보를 사전에 알려줌으로써 입국 시 승객의 편의를 도모하기 위한 것

Arrival Time 항공사에서 비행기의 도착시간을 말하며, 호텔에서는 고객이 호텔에 도착한 시간을 말한다.

ARNK(Arrival Unknown) 승객의 여정 중에서 항공기를 이용하지 않는 구간 즉, 도착지점과 다음 여정의 출발지점이 다른 경우의 대체 여정을 말함

ASA(As Soon As Possible) 가능한 빨리

ATR(Airline Ticketing Request) 여객대리점 중에 BSP 담보능력 부족으로 항공권을 자체적으로 발권하지 못하고 고객에게 요청받은 항공권을 해당

항공사 발권카운터 또는 상용전문여행사의 발권 카운터에서 구입하는 여행사대리점을 말한다.

Automated Ticket Machines(ATM) 공항터미널에 설치된 항공권 자동발매기

AVS Advice Flight Status 항공사/시스템 간 좌석 상태 전송 Message

B

Baby Bassinet 항공기 객실 앞의 벽면에 설치하여 사용되는 기내용 유아요람을 말한다.

Baby Kit 항공사가 유아를 위해 비행 중 기내에 준비하고 있는 식품과 그 밖의 용품 세트를 의미한다.

Back to Back Charter 왕복항공편을 함께 이용하는 여러 편의 차터기 운영방식을 의미한다. 한 그룹이 도착하면 다른 그룹이 그 항공편을 이용하는 형태를 취하는데, 이는 되돌아오는 비행기가 승객이 없는 상태에서 운항하거나 승객을 기다리는 것을 피할 수 있게 해준다.

Baggage(수하물) 여행객이 여행 시에 착용하거나 사용하기 위해 준비하는 적당량의 물품과 신변품 및 기타 휴대용품을 의미한다. 위탁수화물(Checked Baggage), 기내휴대 수화물(Hand Carriage Baggage), 동반수화물(Accompanied Baggage), 비동반수화물(Unaccompanied Baggage) 등의 4종류가 있다.

Baggage Check 항공권의 일부로서 여객의 예탁수화물의 운송을 약속하고 그 여객의 수하물에 대해 항공사가 발행하는 예탁수하물증을 말한다.

Baggage Claim Tag(수탁수하물표) 수탁수하물의 식별을 용이하게 하기 위해 항공사가 발행하는 증표를 말하는 것으로서, 수하물에 붙어 있는 물표와 교환하도록 만든 인환권을 말한다. 즉 수하물 꼬리표다.

Baggage Declaration Form 여행자가 출/입국 시 휴대품 신고서 또는 통관수속을 위한 신고서를 말한다.

Baggage Through Check in 동일 항공편으로 여행일정이 끝나지 않고 접속 항공티켓을 사용하여 여행자의 수화물을 최종 목적지까지 부치는 것을 말한다.

Banquet Room 호텔이나 식당의 연회장을 말한다.

Bed and Breakfast(B & B) 아침이 포함된 게스트하우스나 다른 숙박업소의 식사제공형태, 즉 객실료와 영국식 또는 콘티넨탈 아침식사를 제공하며 호텔숙박료를 계산하는 제도이다.

Bel Boy 호텔의 프런트 근처에 대기하고 있으면서 체크인을 마친 숙박객의 짐을 들고 객실로 안내하는 역할을 하는 호텔종업원이다.

Block 호텔의 객실이나 항공기의 좌석 등을 시리즈로 이용일자를 예약하여 확보해 두는 것을 말한다.

Boarding Pass 비행기 탑승권을 말하며, 항공사 카운터에서 여행자에게 주는 탑승표로서 항공기의 편명, 여행자의 성명, 좌석번호, 목적지, 탑승시간 및 탑승 게이트 등이 적혀 있다.

Boarding Procedures(탑승수속) 여행객이 공항에 도착하면 먼저 항공사의 탑승수속대에 가서 여권과 항공권을 제시하고 수하물의 검사와 탁송을 의뢰한 뒤 수하물표와 탑승권을 수령하게 되는데, 이러한 일련의 절차를 탑승수속이라 한다.

Brochure 여행사나 호텔에서 광고나 홍보목적으로 고객에게 나누어주는 소책자

BSP(Billing and Settlement Plan) 항공사/여행사 간 항공권 판매대금 정산을 은행에서 대행하는 은행 집중결제방식의 제도를 말한다.

Bucket Shops 항공티켓이나 여행 패키지를 매우 낮은 가격에 판매하는 회사

Budget Tour 통상요금보다 저렴하게 책정된 염가형 여행

Business Class 항공사의 서비스 분류 중 하나로 퍼스트 클래스와 이코노미 클래스의 중간이며, 넓은 자리, 무료 칵테일, 빠른 탑승수속의 서비스기 제공된다.

C

Cabin Crew 항공기 기내에서 여객의 서비스를 담당하는 직원을 말한다.

Cabotage 어떤 나라의 항공기가 타국 국내선의 운항을 금지하는 것을 의미한다. 원칙적으로 외국항공회사는 타 국가에서 국내구간의 운항은 금지된다는 '시카고조약'의 내용이다.

Cancellation Charge(예약취소료) 항공사에 예약된 좌석을 이용하지 않거나 호텔의 예약된 객실을 예정대로 고객이 사용하지 않은 것에 대하여 부과하는 요금을 말한다.

Carrier Open Ticket 여행자가 출발 시와 귀국 시의 항공회사를 다르게 이용할 수 있는 항공권을 말한다.

Catering 파티나 음식서비스를 위하여 고객의 가정이나 특정장소로 출장서비스를 하는 것

Confirmation 예약의 확인

Charter Flight 운항구간, 운항시기, 운항 스케줄 등이 부정기적인 항공운송형태를 말한다.

Charter Tour(전세여행) 교통기관을 전세 내어 실시하는 여행

Checked Baggage(위탁수화물) 항공사가 여행객으로부터 위탁을 받아 보관하여 운송하는 수하물로서 항공사는 수하물을 접수함과 동시에 수하물표(Baggage Claim Tag)를 여행객에게 교부한다.

Checked-in 호텔에서 객실을 배정받는 숙박수속이 있고, 또한 여행객이 공항의 항공사 카운터에서 항공권 · 여권 및 수하물에 대한 수속을 하고 좌석이 지정된 탑승권(Boarding Pass)을 받기까지의 수속과정을 말한다.

Checked-out 숙박객이 숙박한 호텔에서 제반 비용의 지불을 마치고 출발하는 것을 뜻한다.

Child(소아항공운임) 항공사에서 Child를 보통 만 2세부터 만 12세까지로 분류한다.

City Excursion(시내관광) City Sightseeing이라고도 한다.

Claim Tag 수하물을 맡겼을 때의 짐표

City Tour 자동차를 이용하여 가이드가 안내하는 도시 관광

CIQ(Customs, Immigration, Quarantine (세관, 출입국심사, 검역)의 약자로 출국 또는 입국 시에 공항에서 행하는 제반 수속절차를 말한다.

Commercial Rate(커머셜요금) 회사 · 그룹 · 개인 등 특정의 기준을 갖춘 업체나 개인에게 제공되는 특별할인요금을 의미한다.

Commission 항공 · 호텔 · 여행 · 렌터카 등의 제품이나 서비스를 판매한 대가로 여행사가 받는 수수료, 즉 여행소재 공급자가 여행사가 판매한 판매액에 대해 일정률의 금액을 지불하는 것을 말한다.

Complimentary Service 항공사에서 통과여객에 대하여 지상에서 머무르는 시간 동안에 무료로 제공하는 우대서비스를 말한다.

Conducted Tour(인솔자동반여행) 단체여행으로 출발에서부터 도착에 이르기까지 투어리더(Tour Leader)가 함께 숙박하며 안내를 행하는 여행, Escorted Tour라고도 한다.

Connecting Flight 여행 중 비행기를 갈아타게 되는

것으로 연결항공편

Connecting Room 복도를 이용하지 않고 방과 방 사이 객실의 연결문을 통해 들어갈 수 있는 호텔 객실을 말한다.

Connecting Time(연결시간, 접속시간) 어떤 지점에 도착한 항공기에서 연결항공편으로 갈아타는 데 필요한 시간을 말한다.

Continental Breakfast 음료와 빵 그리고 버터나 잼만으로 하는 식사로 조식에 제공된다.

Convention Tour(국제회의여행) 국제회의 · 미팅 · 전시회 · 산업전과 같은 회의에 참가하는 협회나 단체에게 판매하기 위해 상품을 패키지화 한 여행을 말한다.

Cork Age Charge 손님이 식당이나 연회장 이용 시 별도로 술을 가지고 올 경우 글라스, 얼음 등의 서비스를 제공해 주고 요금을 받는 것을 말한다.

CRS(Computer Reservation System, 컴퓨터 예약시스템) 각 여행사를 중앙 컴퓨터와 연결시켜 항공 좌석의 예약 · 발권 · 운임계산 등의 예약, 호텔 · 렌터카 및 기타 여행 서비스의 즉각적인 조회 · 문의 · 예약이 가능하게 하는 컴퓨터예약시스템

CRT(Cathode Ray Tube) On-Line 예약을 할 수 있는 단말 컴퓨터를 지칭함

Cruise Tour(유람선여행) 유람선 선박을 이용하여 실시되는 여행

Customs Declaration Form 여행자가 출/입국 시 통관물품을 작성하기 위한 세관신고서를 말한다.

Customs Inspection 세관검사

D

Day Excursion 당일 돌아오는 여행(Day Trip)

Day Use 호텔의 객실사용 시간요금으로 24시간 미만의 투숙객 혹은 이용객에게 시간별로 부과하는 객실료를 말한다.

DBC(Denied Boarding Compensation) 해당 항공편 초과예약이나 항공사의 귀책사유로 인해 탑승이 불가능한 승객으로 서류상의 표현으로 많이 사용한다.

Deadline 최종기한, 마감시간이란 말로 여행의 모집기한이나 운임 등의 지급기간에 쓰인다.

Deposit(공탁금, 예치금) 항공사가 여행사에 항공권을 배포하는 경우에는 매상금 지연납입과 같은 문제에 미리 대비하기 위하여 일정 금액을 보증금으로 예치하도록 요청하고 있다.

Destination(목적지) 관광여행의 최종목적지 또는 관광여행의 완료지점을 말한다.

Double Booking(이중예약) 동일한 고객이 동일노선 1회의 여행에 대하여 2번 이상 중복하여 예약을 하거나, 또는 동일한 투숙객이 객실을 2회 이상 동일한 호텔에 대하여 예약하는 경우로 흔히 Duplicated Rseservarion이라고도 한다.

Down Grade 낮은 수준의 서비스가 제공되는 항공 좌석과 호텔객실로 옮겨지는 것을 말하며, 반대 개념이 Up-Grade이다.

Dupe Booking 동일한 승객이 동일한 구간을 두 번 이상 중복 예약하는 경우

Duty Free Shop(면세품판매점) 해외여행객을 위하여 각국의 유명상품을 면세로 들여와 판매하는 점포를 의미하며, 공항의 출발 라운지 내에 또는 시내의 유명백화점 내에 시설을 갖추고 있다.

E

EATA(East Asia Travel Association : 동아시아관광협회) 1966년 3월에 일본의 국제관광진흥회의 제창에 의해서 설립된 동아시아 7개국의 공동선전기

관이며, 사무국은 동경에 있다.

Economy Hotel(염가호텔) 2급 호텔 또는 관광호텔로 불리는 저렴한 호텔을 찾는 여행객을 주요 대상으로 제한된 시설과 서비스를 제공하는 호텔

E/D 카드(출입국신고카드) Embarkation/ Disembarkation의 약어로서 해외여행객이 출입국 시 자신의 신분에 대하여 자세히 기입한 후 이를 공항이나 항공에 위치한 출입국관리사무소에 제출하는 출입국카드이다.

Endorsement(배서 또는 확인) 항공권의 배서란 예정된 항공편의 일정을 여객 본인이나 해당 항공사의 사정에 의해 타 항공편을 변경하고자 할 때 그 예정된 항공사가 행하는 배서이다. 이 배서는 여행대리점에서는 할 수가 없고, 반드시 발권항공사에서만 가능하다.

Entry Visa(입국사증, 입국비자) 방문국의 정부(대사관 또는 영사관)에서 입국을 허가해 주는 입국허가증으로 소지여권의 사증란에 스티커나 스탬프를 찍어 발급한다.

ETA(Estimated Time Arrival) 비행기의 예정도착시간을 말한다.

ETD(Estimated Time Departure : 출발예정시각) 운송기관이 발행하는 시간표(Time Table)에 표시되어 있는 출발시간은 모두 ETD로 표시되어 있다. 물론 도착시간도 ETA(Estimated Time of Arrival)에 의거하여 기록된 것이다.

ETAS(Electronic Travel Authority System) 호주입국비자 전산발급시스템

Excess Baggage(초과수하물) 무료수하물 허용량을 초과하는 수하물을 의미한다. 초과수하물에 적용되는 초과수하물운임의 요율은 여행객이 이용하는 항공여행구간에서 일등석편도 직행요금의 1%이다.

Excursion 목적지 도시를 벗어나는 간단한 여행으로 투어나 관광 등의 용어와 바꾸어 사용할 수 있다.

Excursion Fare(회유운임) 최소 또는 최장 체류기간(항공권의 유효기간)이 정해져 있고, 행선지 등이 한정되는 등 조건이 많이 따르는 항공권으로 사전에 구입할 경우에 적용되는 왕복요금으로 아주 저렴한 운임이다.

Expire Ticket(유효기간을 초과한 항공권) 국제선 항공권의 유효기간은 발행일로부터 1년간 또는 여행을 개시한 날로부터 1년간인데, 이 유효기간을 경과한 항공권을 말한다.

F

Familiarization(시찰초대여행) 여행사 · 랜드사 · 여행기자 등 여러 관광관련 분야에 종사하는 관계자들을 무료 또는 특별할인요금에 초대하여 신상품의 판매를 촉진하고자 제공하는 여행이다. 줄여서 Fam Tour라고도 부른다.

Final Itinerary 최종일정표, 여행일정표로서 출발일시 · 비행편명 · 호텔명 및 기타 세부적인 것까지 출발 전 모두 예약 · 확인되어 전달되는 일정표를 말한다.

First Class Hotel 높은 수준의 표준적이고 다양한 서비스를 제공하는 호텔로 유럽에서는 디럭스 또는 그랜드급 아래 단계이며, 아시아에서는 최고급인 별 5개급의 아래 단계인 별 4개를 의미한다.

First Class Service 비싼 요금을 지불한 고객을 위해 최고수준의 서비스와 편안한 수면이 가능한 넓고 안락한 좌석이 제공되는 항공사 등의 운송서비스

Flag Carrier(국적항공사) 그 나라를 대표하는 항공회사를 지칭하는 말이며, 그 나라의 국적항공사를 의미한다.

Flight Meals 항공사의 기내식을 말한다.

Flight Number 항공편명을 말한다.

FIT(Foreign Independent Tour) 에스코트가 없는 개별여행형태의 외국여행을 의미한다. 일부 공급업자들은 FIT를 자유로운 개별여행객이라고 하며, 개인이 직접 수배하여 여행하는 여행객을 의미하기도 한다.

FOC(Free of Charge) 항공사에서 무료로 제공받는 티켓으로 일반적으로 항공업계에서는 무료 항공권을 의미하는 FOC항공권이라는 표현으로 주로 사용한다.

Fragile 공항에서 수화물 탁송 시 깨지기 쉬운 수화물에 붙이는 꼬리표를 말한다.

Fragile Tag 고객이 물품보관소에 수화물을 보관할 경우 깨지고 부서지기 쉬운 물품의 취급에 주위를 요하는 표시를 말한다.

F&B(Food and Beverage) 호텔에서 식음료를 말한다.

G

Gate 승객이 비행기를 타기 위한 탑승구를 말한다.

Gateway City 어느 지역을 방문하는 방문객에게 위치, 인구, 항공교통의 형태 등의 이유로 중요 입국장소로서의 역할을 하는 도시

General Declaration 항공기 출항허가를 받기 위해 관계기관에 제출하는 서류의 하나이며, 항공편의 일반적 사항과 승무원의 명단 및 여행상의 특이사항 등이 기재되어 있다.

GFAX(General Facts) 항공사가 참고하게 될 승객에 관련된 일반적인 정보

GIT(Group Inclusive Tour : 그룹포괄여행) 전체 일정을 함께하고 같은 비행기로 왕복여행하는 것을 전제로 특별항공요금과 운송 · 숙박 · 관광 및 기타 서비스의 전체 요금을 사전에 지불하는 여행

Give Away 기내에서 탑승객에게 제공하는 탑승기념품

Go Show(Stand By) 예약을 하지 않았거나, 예약을 못한 승객이 남는 좌석을 기대하고 무작정 공항에 나와 탑승을 기다리는 것, 또는 예약이 확인되지 않은 여행객이 여행 출발 당일에 직접 공항에 나가 남은 좌석을 이용하는 것을 말한다. 이와 같이 공항에서 대기하는 여행객을 Go Show Passenger 또는 Stand By Passenger라 한다.

GSA(General Sales Agency : 총판매대리점) 항공사나 호텔 등 특정 기업이 직접 영업소를 개설하여 판매활동을 적극적으로 전개하기가 어려울 경우 여행사나 다른 항공사 등을 총판매대리점으로 지정하여 해당 지역 영업활동을 수행하고 감독하게 된다. 총판매대리점은 영업 및 홍보활동을 통해 그 목적을 수행한다. 이때 총판매대리점은 그 지역에서의 독점적인 판매권을 가지게 된다.

GTR(Government Transportation Request) 공무로 해외여행을 하는 공무원 및 이에 준하는 사람들에 대한 할인 및 우대 서비스를 말한다.

Guaranteed Reservation(지불보증예약) 사전예치금을 지불한 여행객에게 호텔이 방을 확보해 놓고 여행객이 늦게 도착할 경우에도 방을 준비해 둔다. 이 경우 여행객은 방의 실제 사용 여부에 관계없이 방값을 지불해야 한다.

Guide Tour 여행사에서 안내하는 여행을 말한다.

H

Hand Carriage Baggage(기내휴대품) 승객이 기내에 들고 갈 수 있는 짐을 말하며, 기내휴대품은 승객의 안전과 편안함을 위해 제한되고 있다.

Hostels 기숙시설과 비슷하고, 특히 젊은 여행객들을 위한 숙박시설을 말한다.

Hotel Voucher 호텔숙박권을 말한다.

Hotel Chain 동일한 자본계열에 의해서 운영되는 호텔계열화를 의미한다. 이와 같은 방법에 의한 호텔의 경영은 서비스수준의 표준화, 인력자원의 효율적인 배분, 경영 노하우의 전파기능, 효과적인 마케팅활동의 전개라는 많은 이점이 있다.

Hotel Classification 호텔의 등급약자

Hub and Spoke Concept(부챗살 모양의 중심공항 개념) 특정도시가 중심지역으로 지정되어 장거리 항공노선이 정기적으로 운항하고 그 지점에서 다른 도시들로 가는 운항노선들이 준비되어 있는 개념으로 중심연결도시를 통하여 정기항공의 루트는 많은 승객을 확보할 수 있다.

I

IACA(International Association of Civil Airport) 국제민간공항협회

ICAO(International Civil Aviation Organization) 국제민간항공협정에 의하여 1947년에 설립된 국제민간항공기구이다.

IATA(International Air Transport Association) 국제항공운송협회

ICT(Inclusive Conducted Tour) 안내원이 전 여행기간을 동반하며 안내하는 여행상품으로, 단체여행에 많은 형태이다.

IIT(Inclusive Independent Tour) 여행출발 시 인솔자가 함께 동반하지 아니하고 각 관광지에서만 안내원이 나와서 여행안내 서비스를 하는 여행상품으로 Local Guide System이라고도 한다.

Immigration(출입국관리) 여행객의 출입국을 총괄적으로 관리하는 정부기관으로 법무부에 속한다.

Inbound 해외에 있는 외국인 또는 내국인이 국내로 들어오는 것

Inbound Tour(인바운드 관광) 외국인의 국내관광을 말하는 것으로, 내국인의 해외여행(Outbound Tour)과 반대되는 개념이다.

Incentive Travel(포상여행) 판매·유통 및 기업체 등 기타 단체에 근무하는 사람들에게 특정 목표 이상의 판매나 업무성과를 달성한 경우에 대한 보상으로 제공되는 여행

Inclusive Tour(IT : 포괄여행) 여행업자가 고객으로부터 투어의 신청을 받아 희망하는 일정 또는 코스에 따라 기획하여 이를 운영·알선하는 여행이다. 여행숙박 및 기타 여행요소인 이동 및 관광 등이 포함된 여행상품

Infant Fare(유아운임) IATA에 규정된 2세 미만의 유아에게 적용되는 운임으로 성인요금의 10% 수준이다.

Itinerary(일정표) 승객이 여행하려는 모든 여정으로 여행사가 고객에게 제공하는 여행일정표이다.

J

JNTO(Japan National Tourist Organization) 일본관광진흥청을 말한다.

Jifney 소수의 승객을 나르는 밴이나 소형 버스 등의 차

Joint Operation(공동운항) 항공협정상의 문제나 경쟁력 강화를 목적으로 2개 이상의 항공회사가 공동으로 운항하는 것을 의미하는데, 한 회사가 항공편을 운항하고 다른 회사는 영업이나 홍보를 전담하는 형태를 취하기도 한다. Code Share라고도 한다.

JTB(Japan Travel Bureau) 일본 최대의 여행사인 일본교통공사를 말한다.

K

KAL(Korean Airline) 대한항공을 말한다.

KE Share 대한항공과 또 다른 항공사가 제휴한 지역을 공동 운항할 때 좌석에 대한 대한항공의 몫을 말한다.

Kiosk 역전 광장에 위치한 신문매장, 광고탑, 지하철입구 매장 등을 의미한다.

KNTO(Korean National Tourism Organization) 한국관광공사를 말한다.

L

Land Arrangement(지상수배) 관광여행객들이 외국의 여행목적지에 도착하여 그 나라를 떠날 때까지 Tour Operator에 의해서 이루어지는 모든 서비스를 의미한다.

Land Operator 여행의 현지 지상수배를 전문으로 하는 자를 말한다.

Late Cancellation 여행 계획의 변경으로 출발일시에 임박하여 예약을 취소하는 경우로써 통상 출발 몇 시간 이내의 취소를 의미

Load Factor(좌석이용률) 판매된 좌석 수에 대한 판매 가능한 최대좌석 수의 이용률로 비율을 구하는 방식은 요금을 지불한 승객 수를 이용 가능한 최대좌석 수로 나누는 방법 등이 있다.

Local Agent 여행을 가고자 하는 행선지의 여행업자를 말한다.

Local Time(현지시간) 표준시(GMT)에 대한 현지지방의 시간을 의미한다. 모든 운송기관의 출발·도착시간표는 현지시간으로 기록되어 있다.

Luggage(수하물) Baggage를 영국식으로 표기한 것

M

Market Share(시장점유율) 산업 전체의 매출액에 대한 특정 생산자의 제품매출액의 비율

MCO(Miscellaneous Charge Order : 재비용청구서) 추후 발행될 항공권의 운임 또는 해당 승객의 항공여행 중 부대 서비스 Charge를 징수한 경우에 발행되는 지불증표

MCT(Minimum Connecting Time) 여행객이 공항에서 연결편에 탑승하기 위해 항공기를 갈아타는데 걸리는 최소 시간을 의미하며, 규정에 의해 공항마다 다르다.

Meeting Service 공항에서 승객의 출입국에 대한 제반업무의 서비스를 말한다.

Minimum Group Size 단체를 구성하는 최소한의 인원수

Minimum Stay 최소 허용 체류기간을 말한다.

Motor coach 화장실시설이 갖추어진 관광객을 위해 준비된 버스

Morning Call 호텔에 투숙한 고객이 다음날 아침 자신이 정해놓은 시간에 전화로 깨워 달라고 호텔 측에 요청하는 것을 말한다.

Multi-Airport(복수공항) 한 도시 안에 2개 이상의 복수공항이 있는 것으로, 예를 들어 미국 뉴욕에는 라가디아공항, 뉴욕공항, 존에프케네디공항 등이 있다.

Multi Visa 복수사증으로 일정기간 여러 번 입/출국이 가능한 사증을 말한다.

N

Net Rate 소매용 이윤이 포함되어 있지 않은 도매점용 가격을 말한다.

Non Endorsable(변경불가) 항공사가 항공권을 발행할 때 항공권에 타 항공사 항공편으로의 변경불가로 표시하는 것을 의미한다. 이것은 대폭 할인된 항공권을 이용할 때의 제한조건 중 하나이다.

No Record 승객이 여행사를 통해 예약을 하였으나, 해당 항공사 쪽에는 예약이 접수된 기록이 없는 상태

Non Refundable 항공권 발권상의 의미로는 환불을 금지 또는 제한하는 의미의 표시이다. 이는 주로 할부방식에 의해 항공권을 구매하는 경우나 운임 자체가 어떤 경우로 대폭 할인되어 있는 환불을 금지하는 경우에 사용된다.

Non Smoking 금연석

Non Stop 목적지까지 중간기항지 없이 무착륙으로 비행하는 것을 말한다.

Normal Fare(정상운임) 1년간 유효한 운임으로서 특별운임(Special Fare)에 따르는 일반제한조건이 일체 적용되지 않는 운임이다.

No Show 항공권을 구입하고 예약확인도 한 여행객이 예약된 탑승편에 아무런 사전 통고 없이 탑승하지 않은 것을 의미한다. 이 경우 지불하는 위약금을 No Show Charge라고 한다. 호텔의 경우도 예약을 하고 사전통고 없이 객실을 이용하지 않은 경우 No Show라고 한다.

No Visa 외국여행 시 비자가 필요한 나라는 비자를 받아야 하나, 비자 없이 입국이 가능한 무사증을 말한다.

O

OAG(Official Airline Guide) 전 세계 항공사의 운항시간표 및 여행관련 각종 정보가 수록되어 있는 간행물로 항공안내서를 말한다.

Occupied 항공의 기내나 호텔에서 사용 중임을 나타내는 말

Off Line 자사항공편이 취항하지 않는 지점 또는 구간을 말한다.

Off Season Fare(비수기운임) 여행비수기에 관광사

업체들이 여행객을 확보하기 위해서 제공하는 할인운임을 의미한다.

OK 항공좌석이 확인되어 있는 것으로 항공권의 하단 Status난에 기입하는 용어

Open 항공권 발권상의 용어로 탑승구간만 정해져 있을 뿐 탑승편과 일시에 관한 예약이 이루어지지 않은 상태를 말한다.

Open Ticket 구체적인 출발과 도착일 및 시간예약이 되어 있지 않은 항공권을 말한다.

Optional Tour(임의여행) 고객이 추가비용을 지불하고 참여하는 여행의 연장이나 추가적인 선택관광을 말한다. 패키지 투어의 자유행동시간에 행하는 것으로, 주로 여행일정에 없었던 계획을 현지에서 만들어 현지에서 모집·참가하도록 하는 소(小)여행 또는 선택여행이라고도 부른다.

Organized Tour 여행사가 아닌 제3자가 기획하여 조직한 여행을 말한다.

Organizer 숙박과 지상교통기관을 수배하고 이들 여행요소에 대해 사전에 지불함과 동시에, 팸플릿 등을 통해 여행을 선전해서 고객을 모집하여 여행을 기획하고 조직하는 개인을 의미한다.

Outbound Tour(아웃바운드 관광) 내국인의 해외여행을 말한다.

Overbooking(초과예약) 호텔이나 항공사가 자신의 수용력 이상으로 호텔의 방이나 비행기의 좌석을 예약접수하거나 사전판매하는 것을 말한다.

Override Commission(추가수수료) 통상적인 수수료 이외에 항공사 등이 여행사의 판매실적이나 판매량의 점진적 증가 등에 대해서 추가적으로 지급하는 수수료로서 대리점 판매촉진 일환으로 이용한다.

P

Package Tour 주최여행의 전형적인 형태로서 여

행경비를 미리 정해 단기간에 가급적 저렴한 경비로 호텔숙박·식사·관광·교통 및 관광지로 구성된 여행을 말한다.

Passport(여권) 정부가 자국민에게 해외여행을 위해 그 나라의 국민임을 증명하기 위해 발행하는 신분증명서이다.

PAX(Passenger) 여행객의 인원수를 나타낼 때 사용된다.

PCC(Pseudo City Code) ABACUS시스템 상에서 각 사용자들을 구분하기 위해 여행사 단위로 부여한 고유의 인식 코드

RCFM(Reconfirmation) 좌석 예약 재확인

Pension(펜션) 프랑스나 유럽에서 널리 이용되는 대중숙박시설

Plant Tour 테크니컬 투어라고도 한다. 공장견학, 연구소방문 등 전문적인 내용의 시설을 방문하는 것을 의미한다.

Pick Up Service 여행업자가 공항으로 여행자를 마중 나가는 것을 말한다.

PNR(Passenger Name Record) 항공사의 컴퓨터 시스템에 저장된 항공예약기록으로 승객이름·비행편·여정·승객전화번호 등의 정보가 기록되어 있다.

Principal 여행에 있어서는 주요 상품(소재) 공급업자로서 항공사·호텔·선박회사·버스회사·관광지를 의미하며, 그 상품의 판매에 대해 수수료를 지불하는 사람이나 회사를 말한다.

PTA(여객운임선불제도) Pre-Pade Ticket Advice의 약자로 항공운임을 지불하는 사람과 실제 탑승하는 여객이 지리적으로 멀리 떨어져 있는 경우에 지불인으로부터 항공요금을 영수한 항공회사가 탑승객이 있는 지역의 항공회사에 항공권을 여행객에게 전달해 주도록 의뢰하는 통지를 의미한다.

Q

Quarantine(검역) 평상시에는 문제가 되지 않으나 타국에 전염병이 돌았을 때 전염병의 침입을 방지하는 것을 목적으로 사람 또는 물건의 공항출입 시 검사하는 일이며, 한국에서는 검역관에게 예방접종증명서를 제출한다.

Quarantine Certificate 검역증명서

Quotation Sheet 여행경비의 견적서를 말한다.

R

Reentry Permit(재입국허가) 외국인거주자가 해외여행을 한 후 재입국할 때 입국관리사무소에서 필요로 하는 절차이다.

Refund(환불) 항공권 구입자에게 사용하지 않은 항공권에 대하여 전체나 부분의 운임 및 요금을 되돌려주는 것을 의미한다.

Regional Carrier(지역항공사) 특정 지역에서만 서비스를 제공하는 항공사

Reissue(항공권 재발행) 적용운임에 변경이 있는 경우, 여정변경, 항공사변경, 좌석변경 등의 사유로 차액을 징수하거나 차액을 지불하여 항공권을 재발행하여 주는 행위를 의미한다.

Retail Travel Agency(여행소매점) 항공사·선박회사·호텔·렌터카 등의 주요 공급자를 대신하여 그 여행상품을 소매하여 고객에게 직접 판매하는 여행사

Rooming List 단체여행 시 호텔에서 숙박할 여행객들에게 할당된 객실 리스트를 말하며, 보통 2인 1실 기준으로 작성한다.

Room Service 호텔에 투숙한 고객의 요청에 의해 객실로 식사·음료 등을 보내주는 호텔의 서비스를 말한다.

Routing(노선) 두 지점 간 항공사에 의해 인가된 노선상의 비행로를 의미한다.

Routing Map(노선지도) 두 지점 간의 여정 요금

S

Seasonality(계절성) 방문객 흡인능력이나 지역매력물의 특수성에 의해 시장수요에 있어서 1년 동안의 성수기와 비수기의 변동을 뜻한다.

Sending 여행자의 출발을 위하여 공항 등으로 전송 가는 것을 말한다.

SEG(Segment) 승객의 여정이 될 수 있는 모든 구간, 여객의 탑승지점에서 하기지점까지의 여행구간을 의미한다. 서울과 부산을 왕복하는 경우, 서울 · 부산이 한 세그먼트가 되고, 다시 부산 · 서울이 한 세그먼트가 된다.

Service Charge 여행상품 이용 시 봉사료를 말한다.

Series Tour 동일한 형태 · 목적 · 기간 · 코스로 정기적으로 실시되는 여행을 말한다.

Shore Excursion(기항지상륙여행) 항공기 또는 선박이 기항지에 도착한 후 그 기항지를 출발할 때까지의 기간을 이용하여 일시 상륙허가를 얻어 여객이 그 항구 부근의 도시 · 명승지 등을 구경하는 여행을 말한다.

Sightseeing Tour 도시 내에서 그 도시의 흥미 있는 지역, 경관, 역사적 장소, 교회, 박물관, 기념물 등을 고객에게 보여주는 관광

Special Fare(특별운임) 일반요금과는 달리 특별요금은 많은 규제사항을 가지고 있다. 예를 들면, 사전구입, 특정 체류기간, 제한적이거나 불가능한 일정변경 및 취소의 불가능 등이 있다.

Special Interest Tour(특별흥미여행) 고객이 관심과 흥미를 가질 만한 특별한 테마를 소재로 하는 관광여행이다. 특정 분야에 대한 학습이나 활동을

하는 모임의 요청을 충족시키기 위해 계획된 패키지로서 줄여서 SIT라 부르기도 한다.

Special Tour Operators(전문투어 오퍼레이터) 이 도매업자는 주로 자전거여행, 가든 투어, 스쿠버다이빙 투어와 같은 특정한 세분시장의 기호에 적합하게 기획된 하나의 상품을 제공하는 중개업자이다.

Stopover(도중체류) 여행객이 항공사의 사전승인을 얻어 국내선은 4시간, 국제선은 24시간 이상 의도적으로 여행을 중지하는 여행의 계획적 중단을 뜻한다.

Subject TO Load(SUBLO) 예약과 상관없이 공석이 있는 경우에만 탑승할 수 있는 무임 또는 할인운임승객(항공사 직원 등)

Suite(스위트) 호텔객실의 한 종류로 하나 또는 그 이상의 침실에 거실이나 응접실이 딸려 있는 방

T

T/C(Travel's Check) 여행자수표, 여행자가 가지고 다니면서 쓰는 자기앞수표와 같은 것이다. 현금과 같이 사용할 수 있으며, 서명해서 사용하기 때문에 위조할 수 없게 되어 있다. 여행자수표는 분실 · 도난 시 재발행이 가능하고, 환율도 외화 현금으로 바꿀 때보다 유리하다는 장점을 내세워 2000년대 초반까지 폭넓게 사용되었으나, 2020년 5월부터 여행자수표의 판매를 중지했다.

TCP(The Complete Party) 동일 여정으로 여행하는 총인원

Through Check(일괄수속) 여행객이 항공기 스케줄상 한 항공편으로는 여정을 종료할 수 없어서 여러 항공편을 이용하여 목적지에 가야 할 경우 공항에서 수하물 수속 시에 자신의 수하물을 최종목적지에서 찾을 수 있도록 요청할 수 있다. 이와 같이 여행객이 최종여행목적지로 수하물을 부치는 것을 의미한다.

Ticketing Time Limit(항공권 구입시한) 좌석예약관계로 항공권을 구입하지 않으면 자동적으로 예약이 취소되는 것을 말하며, 출발예정시간의 72시간 또는 좌석확인 후 48시간 이내에 항공권을 구입하여야 한다. 보통 성수기 시즌에 해당된다.

TIMATIC(or TIM) (The Complete Party Travel Information Manual) 여권/비자/검역 등 출입국에 필요한 각종 여행정보를 수록한 책자를 전산화한 것

Tour Conductor(여행인솔자) IATA에서는 10명 이상의 단체여행객을 인솔하고 여행하는 책임자를 Tour Conductor라고 규정하고 있는데, 투어에스코트, 투어리더, 투어매니저라고도 부른다.

Tour Desk 관광과 패키지상품 등을 판매하는 호텔이나 항공사에 있는 데스크

Tourist(관광객) 방문지에서 최소한 24시간 이상 체류하고, 여행목적이 레저 · 레크리에이션 · 휴가 · 건강 · 학습 · 종교 · 스포츠 · 업무 · 가족 · 모임 등으로 분류되는 일시적인 방문객을 뜻한다.

Tour Operator(지상수배업체) 관광목적지의 가이드 · 관광버스 · 식당 · 관광지 및 방문기업 등의 수배를 전문으로 하는 자로 현지체류 중의 일정을 작성하여 정확한 여행정보를 가지고 있다.

Tour Package 여행객이 각각 구입해야 할 서비스들을 하나로 조합해서 낮은 가격으로 여행객들에게 제공하는 상품이다. 투어 패키지의 요금은 왕복비행기표 · 숙박 · 식사 · 관광버스 · 입장료 등이 포함되어 있다.

Transfer(환승)

Transit(통과지점) 중간 기착지에서 비행기를 갈아타지 않고 잠시 기다렸다가 다시 다음 목적지로 출발하는 것

TTL(or TL) (Ticket Time Limit) 예약 시 일정 시점까지 항공권을 구입하도록 하는 항공권 구매시한

Transit without Visa(TWOV) 비자 없이 여행객이 특정 국가에 단기 체류하는 것으로서 여행객이 규정된 조건하에서 입국비자(사증) 없이 입국하여 짧은 기간 동안 체류할 수 있는 경우를 말한다.

TWOV(Transit without Visa) TWOV는 비자가 있어야만 입국할 수 있는 국가를 체류가 아닌 단순 경유할 때 무비자로 통과하는 것을 의미한다.

Travel Agent Commission(여행사 커미션) 여행사가 공급업자의 여행상품을 판매한 대가로 항공사나 공급업자로부터 받는 일정 금액의 수수료를 의미한다.

Travel Consultant(여행 컨설턴트) 고객에게 휴가여행상품의 정보를 제공하고 판매한다. 이들은 휴가 목적지, 투어 패키지, 여행일정계획에 대하여 특별한 지식을 가지고 있다.

U

UG(Undesirable Guest) 호텔에서 무리한 주문이 많다거나 호텔의 품위에 상처를 주고 손해를 입히는 바람직하지 못한 고객을 말한다.

UM(Unaccompanied Minor) 생후 3개월 이상 12세 미만의 유아나 어린이가 성인의 동반 없이 혼자서 항공여행을 하는 경우를 의미한다.

Unaccompanied Baggage(별송수하물) 이용하는 항공편 이외의 편으로 보내는 수하물로서 항공사의 취급부주의로 인해 수하물이 후일 또는 여행객 입국 후 여행객과 별도로 운송되는 경우를 말한다. 이 경우 통관수속 시에 별송품신고서를 작성해야 한다. 보통의 경우 면세기준은 휴대품과 별송품을 함께 합쳐서 모든 수량 및 가격에 대해서 이루어진다.

Up Grade 항공좌석의 상급 Class에의 등급변화를 말한다.

V

Vacancy 호텔의 객실이나 비행기 내의 화장실 등

이 비어 있는 것을 말한다.

Vacation Program 여행업자가 휴가여행객을 모집하여 계획하는 투어 프로그램

Validator 항공권에 찍는 스탬프를 의미하며, 발행회사명, 지명, 발행 연월일이 새겨져 있다. 이는 해당 항공권이 그 항공사에 의해 공식적으로 발행되었음을 증명하는 것으로서 이 스탬프가 찍히지 않은 항공권은 무효이다.

Valid Passport(유효여권) 유효기간이 넘지 않은 여권을 말한다. 외국 입국 시 가장 일반적으로 요구되는 것으로 보통 6개월이 남아 있어야 한다.

VIP(Very Important Person) 특별히 정중하게 취급해야 할 고객이나 인사를 의미한다.

Visa(비자) 비자란 방문국의 정부에서 입국을 허가해 주는 입국허가증으로 소지여권의 사증란에 인증하는 제도이다.

Visa Waiver Agreement(VWA) 국가 간에 관광·상용 등 단기목적으로 여행 시 협정체결국가에 비자 없이 입국이 가능하도록 한 협정이다.

W

Waiting List 이미 예약된 승객이 예약을 취소할 경우 우선적으로 좌석을 확보하기 위하여 대기 예약자로 등록되어 있는 것

Wake up Call 호텔에서 손님의 요청에 따라 교환원이 아침에 깨워주는 서비스를 말한다.

Wave 항공사에서 승객의 티켓에 대해서 규정에는 벗어나지만 규정위배 부분을 묵인 승인해 주는 것을 말한다.

Wholesaler(여행도매업자) 소매여행사를 통해 판매할 목적으로 공급업자의 상품을 대량으로 구매하거나 패키지와 포괄여행(Inclusive Tour) 등을 만들고 판매하는 회사를 의미한다.

Y

Yellow Card 예방접종증명서를 말한다.

Youth Hostel 청소년을 위한 저렴한 숙박시설로서 독일에서 시작한 유스호스텔 운동에 의하여 오늘날 세계적으로 보급되었다. 이 운동은 청소년이 국내외의 지역을 여행하면서 견문을 넓히고, 규율 있는 행동을 행함으로써 인간생활의 향상을 기도함을 목적으로 하고 있다. 이에 따라 여행하는 청소년의 숙박에 적합한 구조 및 설비를 갖추어 이를 이용하게 하고 음식을 제공하는 숙박시설로서 영리를 추구하는 기업과는 달리 청소년에게 여행을 장려하는 동시에, 저렴한 가격으로 숙박시설을 제공하기 위해 설치된 일종의 사회복지시설이다.

Z

Zebra Crossing(보행자우선횡단보도) 얼룩말의 흑백 모양처럼 칠해져 있다고 해서 붙여진 이름

| 토론주제 | 여행, 항공관련 용어를 학습하고, 주요 토론주제를 가지고 토론하는 시간을 가집니다. |

1) 여행사에서 사용하는 용어에 대하여 토론해 보자.

2) 항공사 지상직 직원이 사용하는 용어에 대하여 토론해 보자.

3) 승무원이 사용하는 용어에 대하여 토론해 보자.

부록

제1조(목적) 이 약관은 ○○여행사와 여행자가 체결한 국내여행계약의 세부이행 및 준수사항을 정함을 목적으로 합니다.

제2조(여행의 종류 및 정의) 여행의 종류와 정의는 다음과 같습니다.
1. 일반모집여행 : 여행사가 수립한 여행조건에 따라 여행자를 모집하여 실시하는 여행.
2. 희망여행 : 여행자가 희망하는 여행조건에 따라 여행사가 실시하는 여행.
3. 위탁모집여행 : 여행사가 만든 모집여행상품의 여행자 모집을 타 여행업체에 위탁하여 실시하는 여행.

제3조(여행사와 여행자 의무)
① 여행사는 여행자에게 안전하고 만족스러운 여행서비스를 제공하기 위하여 여행알선 및 안내·운송·숙박 등 여행계획의 수립 및 실행과정에서 맡은 바 임무를 충실히 수행하여야 합니다.
② 여행자는 안전하고 즐거운 여행을 위하여 여행자간 화합도모 및 여행사의 여행질서 유지에 적극 협조하여야 합니다.

제4조(계약의 구성)
① 여행계약은 여행계약서(붙임)와 여행약관·여행일정표(또는 여행 설명서)를 계약내용으로 합니다.
② 여행계약서에는 여행사의 상호, 소재지 및 관광진흥법 제9조에 따른 보증보험 등의 가입(또는 영업보증금의 예치 현황) 내용이 포함되어야 합니다.
③ 여행일정표(또는 여행설명서)에는 여행일자별 여행지와 관광내용·교통수단·쇼핑 횟수·숙박장소·식사 등 여행실시일정 및 여행사 제공 서비스 내용과 여행자 유의사항이 포함되어야 합니다.

제5조(계약체결 거절) 여행사는 여행자에게 다음 각 호의 1에 해당하는 사유가 있을 경우에는 여행자와의 계약체결을 거절할 수 있습니다.
1. 질병, 신체이상 등의 사유로 개별관리가 필요하거나, 단체여행(다른 여행자의 여행에 지장을 초래하는 등)의 원활한 실시에 지장이 있다고 인정되는 경우
2. 계약서에 명시한 최대행사인원이 초과된 경우

제6조(특약) 여행사와 여행자는 관련법규에 위반되지 않는 범위 내에서 서면(전자문서를

포함한다. 이하 같다)으로 특약을 맺을 수 있습니다. 이 경우 여행사는 특약의 내용이 표준약관과 다르고 표준약관보다 우선 적용됨을 여행자에게 설명하고 별도의 확인을 받아야 합니다.

제7조(계약서 등 교부 및 안전정보 제공) 여행사는 여행자와 여행계약을 체결한 경우 계약서와 여행약관, 여행일정표(또는 여행설명서)를 각 1부씩 여행자에게 교부하고, 여행목적지에 관한 안전정보를 제공하여야 합니다. 또한 여행 출발 전 해당 여행지에 대한 안전정보가 변경된 경우에도 변경된 안전정보를 제공하여야 합니다.

제8조(계약서 및 약관 등 교부 간주) 다음 각 호의 경우에는 여행사가 여행자에게 여행계약서와 여행약관 및 여행일정표(또는 여행설명서)가 교부된 것으로 간주합니다.
1. 여행자가 인터넷 등 전자정보망으로 제공된 여행계약서, 약관 및 여행일정표(또는 여행설명서)의 내용에 동의하고 여행계약의 체결을 신청한 데 대해 여행사가 전자정보망 내지 기계적 장치 등을 이용하여 여행자에게 승낙의 의사를 통지한 경우
2. 여행사가 팩시밀리 등 기계적 장치를 이용하여 제공한 여행계약서, 약관 및 여행일정표(또는 여행설명서)의 내용에 대하여 여행자가 동의하고 여행계약의 체결을 신청하는 서면을 송부한 데 대해 여행사가 전자정보망 내지 기계적 장치 등을 이용하여 여행자에게 승낙의 의사를 통지한 경우

제9조(여행요금)
① 여행계약서의 여행요금에는 다음 각 호가 포함됩니다. 다만, 희망여행은 당사자간 합의에 따릅니다.
1. 항공기, 선박, 철도 등 이용운송기관의 운임(보통운임기준)
2. 공항, 역, 부두와 호텔사이 등 송영버스요금
3. 숙박요금 및 식사요금
4. 안내자경비
5. 여행 중 필요한 각종 세금
6. 국내 공항·항만 이용료
7. 일정표내 관광지 입장료
8. 기타 개별계약에 따른 비용
② 여행자는 계약 체결 시 계약금(여행요금 중 10%이하의 금액)을 여행사에게 지급하여야 하며, 계약금은 여행요금 또는 손해배상액의 전부 또는 일부로 취급합니다.
③ 여행자는 제1항의 여행요금 중 계약금을 제외한 잔금을 여행출발 전일까지 여행사에게 지급하여야 합니다.
④ 여행자는 제1항의 여행요금을 당사자가 약정한 바에 따라 카드, 계좌이체 또는 무통장입금 등의 방법으로 지급하여야 합니다.

⑤ 희망여행요금에 여행자 보험료가 포함되는 경우 여행사는 보험회사명, 보상내용 등을 여행자에게 설명하여야 합니다.

제10조(여행조건의 변경요건 및 요금 등의 정산)

① 계약서 등에 명시된 여행조건은 다음 각 호의 1의 경우에 한하여 변경될 수 있습니다.

1. 여행자의 안전과 보호를 위하여 여행자의 요청 또는 현지사정에 의하여 부득이하다고 쌍방이 합의한 경우

2. 천재지변, 전란, 정부의 명령, 운송숙박기관 등의 파업·휴업 등으로 여행의 목적을 달성할 수 없는 경우

② 여행사가 계약서 등에 명시된 여행일정을 변경하는 경우에는 해당 날짜의 일정이 시작되기 전에 여행자의 서면 동의를 받아야 합니다. 이때 서면동의서에는 변경일시, 변경내용, 변경으로 발생하는 비용이 포함되어야 합니다.

③ 천재지변, 사고, 납치 등 긴급한 사유가 발생하여 여행자로부터 여행일정 변경 동의를 받기 어렵다고 인정되는 경우에는 제2항에 따른 일정변경 동의서를 받지 아니할 수 있습니다. 다만, 여행사는 사후에 서면으로 그 변경 사유 및 비용 등을 설명하여야 합니다.

④ 제1항의 여행조건 변경으로 인하여 제9조제1항의 여행요금에 증감이 생기는 경우에는 여행출발 전 변경 분은 여행출발 이전에, 여행 중 변경 분은 여행종료 후 10일 이내에 각각 정산(환급)하여야 합니다.

⑤ 제1항의 규정에 의하지 아니하고 여행조건이 변경되거나 제13조 내지 제15조의 규정에 의한 계약의 해제·해지로 인하여 손해배상액이 발생한 경우에는 여행출발 전 발생 분은 여행출발이전에, 여행 중 발생 분은 여행종료 후 10일 이내에 각각 정산(환급)하여야 합니다.

⑥ 여행자는 여행출발 후 자기의 사정으로 숙박, 식사, 관광 등 여행요금에 포함된 서비스를 제공받지 못한 경우 여행사에게 그에 상응하는 요금의 환급을 청구할 수 없습니다. 다만, 여행이 중도에 종료된 경우에는 제15조에 준하여 처리합니다.

제11조(여행자 지위의 양도)

① 여행자가 개인사정 등으로 여행자의 지위를 양도하기 위해서는 여행사의 승낙을 받아야 합니다. 이때 여행사는 여행자 또는 여행자의 지위를 양도받으려는 자가 양도로 발생하는 비용을 지급할 것을 조건으로 양도를 승낙할 수 있습니다.

② 전항의 양도로 발생하는 비용이 있을 경우 여행사는 기한을 정하여 그 비용의 지급을 청구하여야 합니다.

③ 여행사는 계약조건 또는 양도하기 어려운 불가피한 사정 등을 이유로 제1항의 양도를 승낙하지 않을 수 있습니다.

④ 제1항의 양도는 여행사가 승낙한 때 효력이 발생합니다. 다만, 여행사가 양도로 인해

발생한 비용의 지급을 조건으로 승낙한 경우에는 정해진 기한 내에 비용이 지급되는 즉시 효력이 발생합니다.

⑤ 여행자의 지위가 양도되면, 여행계약과 관련한 여행자의 모든 권리 및 의무도 그 지위를 양도 받는 자에게 승계됩니다.

제12조(여행사의 책임)

① 여행자는 여행에 하자가 있는 경우에 여행사에게 하자의 시정 또는 대금의 감액을 청구할 수 있습니다. 다만, 그 시정에 지나치게 많은 비용이 들거나 그 밖에 시정을 합리적으로 기대할 수 없는 경우에는 시정을 청구할 수 없습니다.

② 여행자는 시정 청구, 감액 청구를 갈음하여 손해배상을 청구하거나 시정 청구, 감액 청구와 함께 손해배상을 청구 할 수 있습니다.

③ 제1항 및 제2항의 권리는 여행기간 중에도 행사할 수 있으며, 여행종료일부터 6개월 내에 행사하여야 합니다.

④ 여행사는 여행 출발시부터 도착시까지 여행사 본인 또는 그 고용인, 현지여행사 또는 그 고용인 등(이하 '사용인'이라 함)이 제3조제1항에서 규정한 여행사 임무와 관련하여 여행자에게 고의 또는 과실로 손해를 가한 경우 책임을 집니다.

⑤ 여행사는 항공기, 기차, 선박 등 교통기관의 연발착 또는 교통체증 등으로 인하여 여행자가 입은 손해를 배상하여야 합니다. 다만, 여행사가 고의 또는 과실이 없음을 입증한 때에는 그러하지 아니합니다.

⑥ 여행사는 자기나 그 사용인이 여행자의 수하물 수령ㆍ인도ㆍ보관 등에 관하여 주의를 해태하지 아니하였음을 증명하지 아니 하는 한 여행자의 수하물 멸실, 훼손 또는 연착으로 인하여 발생한 손해를 배상하여야 합니다.

제13조(여행출발 전 계약해제)

① 여행사 또는 여행자는 여행출발전 이 여행계약을 해제할 수 있습니다. 이 경우 발생하는 손해액은 '소비자분쟁해결기준'(공정거래위원회 고시)에 따라 배상합니다.

② 여행사 또는 여행자는 여행출발 전에 다음 각 호의 1에 해당하는 사유가 있는 경우 상대방에게 제1항의 손해배상액을 지급하지 아니하고 이 여행계약을 해제할 수 있습니다.

1. 여행사가 해제할 수 있는 경우
   가. 제10조 제1항 제1호 및 제2호 사유의 경우
   나. 여행자가 다른 여행자에게 폐를 끼치거나 여행의 원활한 실시에 현저한 지장이 있다고 인정될 때
   다. 질병 등 여행자의 신체에 이상이 발생하여 여행에의 참가가 불가능한 경우
   라. 여행자가 계약서에 기재된 기일까지 여행요금을 지급하지 아니하는 경우
2. 여행자가 해제할 수 있는 경우

　　가. 제10조 제1항 제1호 및 제2호 사유의 경우

　　나. 여행사가 제18조에 따른 공제 또는 보증보험에 가입하지 아니 하였거나 영업보증
　　　　금을 예치하지 않은 경우

　　다. 여행자의 3촌 이내 친족이 사망한 경우

　　라. 질병 등 여행자의 신체에 이상이 발생하여 여행에의 참가가 불가능한 경우

　　마. 배우자 또는 직계존비속이 신체이상으로 3일 이상 병원(의원)에 입원하여 여행
　　　　출발 시까지 퇴원이 곤란한 경우 그 배우자 또는 보호자 1인

　　바. 여행사의 귀책사유로 계약서에 기재된 여행일정대로의 여행실시가 불가능해진
　　　　경우

제14조(최저행사인원 미 충족시 계약해제)

① 여행사는 최저행사인원이 충족되지 아니하여 여행계약을 해제하는 경우 당일여행의
경우 여행출발 24시간 이전까지, 1박 2일 이상인 경우에는 여행출발 48시간 이전까지
여행자에게 통지하여야 합니다.

② 여행사가 여행참가자 수의 미달로 전항의 기일 내 통지를 하지 아니하고 계약을 해제
하는 경우 이미 지급받은 계약금 환급 외에 계약금 100% 상당액을 여행자에게 배상하여
야 합니다.

제15조(여행출발 후 계약해지)

① 여행사 또는 여행자는 여행출발 후 부득이한 사유가 있는 경우 각 당사자는 여행계약
을 해지할 수 있습니다. 다만, 그 사유가 당사자 한쪽의 과실로 인하여 생긴 경우에는
상대방에게 손해를 배상하여야 합니다.

② 제1항에 따라 여행계약이 해지된 경우 귀환운송 의무가 있는 여행사는 여행자를 귀환
운송 할 의무가 있습니다.

③ 제1항의 계약해지로 인하여 발생하는 추가 비용은 그 해지사유가 어느 당사자의 사정
에 속하는 경우에는 그 당사자가 부담하고, 양 당사자 누구의 사정에도 속하지 아니하는
경우에는 각 당사자가 추가 비용의 50%씩을 부담합니다.

④ 여행자는 여행에 중대한 하자가 있는 경우에 그 시정이 이루어지지 아니하거나 계약의
내용에 따른 이행을 기대할 수 없는 경우에는 계약을 해지할 수 있습니다.

⑤ 제4항에 따라 계약이 해지된 경우 여행사는 대금청구권을 상실합니다. 다만, 여행자
가 실행된 여행으로 이익을 얻은 경우에는 그 이익을 여행사에게 상환하여야 합니다.

⑥ 제4항에 따라 계약이 해지된 경우 여행사는 계약의 해지로 인하여 필요하게 된 조치
를 할 의무를 지며, 계약상 귀환운송 의무가 있으면 여행자를 귀환운송하여야 합니다.
이 경우 귀환운송비용은 원칙적으로 여행사가 부담하여야 하나, 상당한 이유가 있는 때
에는 여행사는 여행자에게 그 비용의 일부를 청구할 수 있습니다.

제16조(여행의 시작과 종료) 여행의 시작은 출발하는 시점부터 시작하며 여행 일정이 종료하여 최종목적지에 도착함과 동시에 종료합니다. 다만, 계약 및 일정을 변경할 때에는 예외로 합니다.

제17조(설명의무) 여행사는 이 계약서에 정하여져 있는 중요한 내용 및 그 변경사항을 여행자가 이해할 수 있도록 설명하여야 합니다.

제18조(보험가입 등) 여행사는 여행과 관련하여 여행자에게 손해가 발생 한 경우 여행자에게 보험금을 지급하기 위한 보험 또는 공제에 가입하거나 영업 보증금을 예치하여야 합니다.

제19조(기타사항)
① 이 계약에 명시되지 아니한 사항 또는 이 계약의 해석에 관하여 다툼이 있는 경우에는 여행사와 여행자가 합의하여 결정하되, 합의가 이루어지지 아니한 경우에는 관계법령 및 일반관례에 따릅니다.
② 특수지역에의 여행으로서 정당한 사유가 있는 경우에는 이 표준약관의 내용과 다르게 정할 수 있습니다.

제2절 **국외여행표준약관** [2019. 8. 30. 개정]

제1조(목적) 이 약관은 ○○여행사와 여행자가 체결한 국외여행계약의 세부 이행 및 준수사항을 정함을 목적으로 합니다.

제2조(용어의 정의) 여행의 종류 및 정의, 해외여행수속대행업의 정의는 다음과 같습니다.
 1. 기획여행 : 여행사가 미리 여행목적지 및 관광일정, 여행자에게 제공될 운송 및 숙식 서비스 내용(이하 '여행서비스'라 함), 여행요금을 정하여 광고 또는 기타 방법으로 여행자를 모집하여 실시하는 여행.
 2. 희망여행 : 여행자(개인 또는 단체)가 희망하는 여행조건에 따라 여행사가 운송·숙식·관광 등 여행에 관한 전반적인 계획을 수립하여 실시하는 여행.
 3. 해외여행 수속대행(이하 '수속대행계약이라 함) : 여행사가 여행자로부터 소정의 수속대행요금을 받기로 약정하고, 여행자의 위탁에 따라 다음에 열거하는 업무(이하 '수속대행업무'라 함)를 대행하는 것.
  1) 사증, 재입국 허가 및 각종 증명서 취득에 관한 수속
  2) 출입국 수속서류 작성 및 기타 관련업무

제3조(여행사와 여행자 의무)
 ① 여행사는 여행자에게 안전하고 만족스러운 여행서비스를 제공하기 위하여 여행알선 및 안내·운송·숙박 등 여행계획의 수립 및 실행과정에서 맡은 바 임무를 충실히 수행하여야 합니다.
 ② 여행자는 안전하고 즐거운 여행을 위하여 여행자간 화합도모 및 여행사의 여행질서 유지에 적극 협조하여야 합니다.

제4조(계약의 구성)
 ① 여행계약은 여행계약서(붙임)와 여행약관·여행일정표(또는 여행 설명서)를 계약내용으로 합니다.
 ② 여행계약서에는 여행사의 상호, 소재지 및 관광진흥법 제9조에 따른 보증보험 등의 가입(또는 영업보증금의 예치 현황) 내용이 포함되어야 합니다.
 ③ 여행일정표(또는 여행설명서)에는 여행일자별 여행지와 관광내용·교통수단·쇼핑 횟수·숙박장소·식사 등 여행실시일정 및 여행사 제공 서비스 내용과 여행자 유의사항이 포함되어야 합니다.

제5조(계약체결의 거절) 여행사는 여행자에게 다음 각 호의 1에 해당하는 사유가 있을 경우에는 여행자와의 계약체결을 거절할 수 있습니다.

1. 질병, 신체이상 등의 사유로 개별관리가 필요하거나, 단체여행(다른 여행자의 여행에 지장을 초래하는 등)의 원활한 실시에 지장이 있다고 인정되는 경우
2. 계약서에 명시한 최대행사인원이 초과된 경우

제6조(특약) 여행사와 여행자는 관련법규에 위반되지 않는 범위 내에서 서면(전자문서를 포함한다. 이하 같다)으로 특약을 맺을 수 있습니다. 이 경우 여행사는 특약의 내용이 표준약관과 다르고 표준약관보다 우선 적용됨을 여행자에게 설명하고 별도의 확인을 받아야 합니다.

제7조(계약서 등 교부 및 안전정보 제공) 여행사는 여행자와 여행계약을 체결한 경우 계약서와 약관 및 여행일정표(또는 여행설명서)를 각 1부씩 여행자에게 교부하고, 여행목적지에 관한 안전정보를 제공하여야 합니다. 또한 여행 출발 전 해당 여행지에 대한 안전정보가 변경된 경우에도 변경된 안전정보를 제공하여야 합니다.

제8조(계약서 및 약관 등 교부 간주) 다음 각 호의 경우 여행계약서와 여행약관 및 여행일정표(또는 여행설명서)가 교부된 것으로 간주합니다.
1. 여행자가 인터넷 등 전자정보망으로 제공된 여행계약서, 약관 및 여행일정표(또는 여행설명서)의 내용에 동의하고 여행계약의 체결을 신청한 데 대해 여행사가 전자정보망 내지 기계적 장치 등을 이용하여 여행자에게 승낙의 의사를 통지한 경우
2. 여행사가 팩시밀리 등 기계적 장치를 이용하여 제공한 여행계약서, 약관 및 여행일정표(또는 여행설명서)의 내용에 대하여 여행자가 동의하고 여행계약의 체결을 신청하는 서면을 송부한 데 대해 여행사가 전자정보망 내지 기계적 장치 등을 이용하여 여행자에게 승낙의 의사를 통지한 경우

제9조(여행사의 책임) 여행사는 여행 출발 시부터 도착 시까지 여행사 본인 또는 그 고용인, 현지여행사 또는 그 고용인 등(이하 '사용인'이라 함)이 제3조제1항에서 규정한 여행사 임무와 관련하여 여행자에게 고의 또는 과실로 손해를 가한 경우 책임을 집니다.

제10조(여행요금)
① 여행계약서의 여행요금에는 다음 각 호가 포함됩니다. 다만, 희망여행은 당사자 간 합의에 따릅니다.
1. 항공기, 선박, 철도 등 이용운송기관의 운임(보통운임기준)
2. 공항, 역, 부두와 호텔사이 등 송영버스요금
3. 숙박요금 및 식사요금
4. 안내자경비
5. 여행 중 필요한 각종세금

6. 국내외 공항·항만세

7. 관광진흥개발기금

8. 일정표내 관광지 입장료

9. 기타 개별계약에 따른 비용

② 제1항에도 불구하고 반드시 현지에서 지불해야 하는 경비가 있는 경우 그 내역과 금액을 여행계약서에 별도로 구분하여 표시하고, 여행사는 그 사유를 안내하여야 합니다.

③ 여행자는 계약체결 시 계약금(여행요금 중 10% 이하 금액)을 여행사에게 지급하여야 하며, 계약금은 여행요금 또는 손해배상액의 전부 또는 일부로 취급합니다.

④ 여행자는 제1항의 여행요금 중 계약금을 제외한 잔금을 여행출발 7일전까지 여행사에게 지급하여야 합니다.

⑤ 여행자는 제1항의 여행요금을 당사자가 약정한 바에 따라 카드, 계좌이체 또는 무통장입금 등의 방법으로 지급하여야 합니다.

⑥ 희망여행요금에 여행자 보험료가 포함되는 경우 여행사는 보험회사명, 보상내용 등을 여행자에게 설명하여야 합니다.

제11조(여행요금의 변경)

① 국외여행을 실시함에 있어서 이용운송·숙박기관에 지급하여야 할 요금이 계약체결시보다 5%이상 증감하거나 여행요금에 적용된 외화환율이 계약체결시보다 2% 이상 증감한 경우 여행사 또는 여행자는 그 증감된 금액 범위 내에서 여행요금의 증감을 상대방에게 청구할 수 있습니다.

② 여행사는 제1항의 규정에 따라 여행요금을 증액하였을 때에는 여행출발일 15일전에 여행자에게 통지하여야 합니다.

제12조(여행조건의 변경요건 및 요금 등의 정산)

① 계약서 등에 명시된 여행조건은 다음 각 호의 1의 경우에 한하여 변경될 수 있습니다.

1. 여행자의 안전과 보호를 위하여 여행자의 요청 또는 현지사정에 의하여 부득이하다고 쌍방이 합의한 경우

2. 천재지변, 전란, 정부의 명령, 운송숙박기관 등의 파업·휴업 등으로 여행의 목적을 달성할 수 없는 경우

② 여행사가 계약서 등에 명시된 여행일정을 변경하는 경우에는 해당 날짜의 일정이 시작되기 전에 여행자의 서면 동의를 받아야 합니다. 이때 서면동의서에는 변경일시, 변경내용, 변경으로 발생하는 비용이 포함되어야 합니다.

③ 천재지변, 사고, 납치 등 긴급한 사유가 발생하여 여행자로부터 여행일정 변경 동의를 받기 어렵다고 인정되는 경우에는 제2항에 따른 일정변경 동의서를 받지 아니할 수 있습니다. 다만, 여행사는 사후에 서면으로 그 변경 사유 및 비용 등을 설명하여야 합니다.

④ 제1항의 여행조건 변경 및 제11조의 여행요금 변경으로 인하여 제10조 제1항의 여행요금에 증감이 생기는 경우에는 여행출발 전 변경 분은 여행출발 이전에, 여행 중 변경 분은 여행종료 후 10일 이내에 각각 정산(환급)하여야 합니다.

⑤ 제1항의 규정에 의하지 아니하고 여행조건이 변경되거나 제16조 내지 제18조의 규정에 의한 계약의 해제·해지로 인하여 손해배상액이 발생한 경우에는 여행출발 전 발생 분은 여행출발이전에, 여행 중 발생 분은 여행종료 후 10일 이내에 각각 정산(환급)하여야 합니다.

⑥ 여행자는 여행출발 후 자기의 사정으로 숙박, 식사, 관광 등 여행요금에 포함된 서비스를 제공받지 못한 경우 여행사에게 그에 상응하는 요금의 환급을 청구할 수 없습니다. 다만, 여행이 중도에 종료된 경우에는 제18조에 준하여 처리합니다.

제13조(여행자 지위의 양도)

① 여행자가 개인사정 등으로 여행자의 지위를 양도하기 위해서는 여행사의 승낙을 받아야 합니다. 이때 여행사는 여행자 또는 여행자의 지위를 양도받으려는 자가 양도로 발생하는 비용을 지급할 것을 조건으로 양도를 승낙할 수 있습니다.

② 전항의 양도로 발생하는 비용이 있을 경우 여행사는 기한을 정하여 그 비용의 지급을 청구하여야 합니다.

③ 여행사는 계약조건 또는 양도하기 어려운 불가피한 사정 등을 이유로 제1항의 양도를 승낙하지 않을 수 있습니다.

④ 제1항의 양도는 여행사가 승낙한 때 효력이 발생합니다. 다만, 여행사가 양도로 인해 발생한 비용의 지급을 조건으로 승낙한 경우에는 정해진 기한 내에 비용이 지급되는 즉시 효력이 발생합니다.

⑤ 여행자의 지위가 양도되면, 여행계약과 관련한 여행자의 모든 권리 및 의무도 그 지위를 양도 받는 자에게 승계됩니다.

제14조(여행사의 하자담보 책임)

① 여행자는 여행에 하자가 있는 경우에 여행사에게 하자의 시정 또는 대금의 감액을 청구할 수 있습니다. 다만, 그 시정에 지나치게 많은 비용이 들거나 그밖에 시정을 합리적으로 기대할 수 없는 경우에는 시정을 청구할 수 없습니다.

② 여행자는 시정 청구, 감액 청구를 갈음하여 손해배상을 청구하거나 시정 청구, 감액 청구와 함께 손해배상을 청구 할 수 있습니다.

③ 제1항 및 제2항의 권리는 여행기간 중에도 행사할 수 있으며, 여행종료일부터 6개월 내에 행사하여야 합니다.

제15조(손해배상)

① 여행사는 현지여행사 등의 고의 또는 과실로 여행자에게 손해를 가한 경우 여행사는

여행자에게 손해를 배상하여야 합니다.

② 여행사의 귀책사유로 여행자의 국외여행에 필요한 사증, 재입국 허가 또는 각종 증명서 등을 취득하지 못하여 여행자의 여행일정에 차질이 생긴 경우 여행사는 여행자로부터 절차대행을 위하여 받은 금액 전부 및 그 금액의 100% 상당액을 여행자에게 배상하여야 합니다.

③ 여행사는 항공기, 기차, 선박 등 교통기관의 연발착 또는 교통체증 등으로 인하여 여행자가 입은 손해를 배상하여야 합니다. 다만, 여행사가 고의 또는 과실이 없음을 입증한 때에는 그러하지 아니합니다.

④ 여행사는 자기나 그 사용인이 여행자의 수하물 수령, 인도, 보관 등에 관하여 주의를 해태(懈怠)하지 아니하였음을 증명하지 아니하면 여행자의 수하물 멸실, 훼손 또는 연착으로 인한 손해를 배상할 책임을 면하지 못합니다.

제16조(여행출발 전 계약해제)

① 여행사 또는 여행자는 여행 출발전 이 여행계약을 해제할 수 있습니다. 이 경우 발생하는 손해액은 '소비자분쟁해결기준'(공정거래위원회 고시)에 따라 배상합니다.

② 여행사 또는 여행자는 여행출발 전에 다음 각 호의 1에 해당하는 사유가 있는 경우 상대방에게 제1항의 손해배상액을 지급하지 아니하고 이 여행계약을 해제할 수 있습니다.

1. 여행사가 해제할 수 있는 경우

  가. 제12조 제1항 제1호 및 제2호 사유의 경우

  나. 여행자가 다른 여행자에게 폐를 끼치거나 여행의 원활한 실시에 현저한 지장이 있다고 인정될 때

  다. 질병 등 여행자의 신체에 이상이 발생하여 여행에의 참가가 불가능한 경우

  라. 여행자가 계약서에 기재된 기일까지 여행요금을 납입하지 아니한 경우

2. 여행자가 해제할 수 있는 경우

  가. 제12조 제1항 제1호 및 제2호의 사유가 있는 경우

  나. 여행사가 제21조에 따른 공제 또는 보증보험에 가입하지 아니 하였거나 영업보증금을 예치하지 않은 경우

  다. 여행자의 3촌 이내 친족이 사망한 경우

  라. 질병 등 여행자의 신체에 이상이 발생하여 여행에의 참가가 불가능한 경우

  마. 배우자 또는 직계존비속이 신체이상으로 3일 이상 병원(의원)에 입원하여 여행 출발 전까지 퇴원이 곤란한 경우 그 배우자 또는 보호자 1인

  바. 여행사의 귀책사유로 계약서 또는 여행일정표(여행설명서)에 기재된 여행일정대로의 여행실시가 불가능해진 경우

  사. 제10조 제1항의 규정에 의한 여행요금의 증액으로 인하여 여행 계속이 어렵다고 인정될 경우

제17조(최저행사인원 미 충족 시 계약해제)

① 여행사는 최저행사인원이 충족되지 아니하여 여행계약을 해제하는 경우 여행출발 7일전까지 여행자에게 통지하여야 합니다.

② 여행사가 여행참가자 수 미달로 전항의 기일 내 통지를 하지 아니하고 계약을 해제하는 경우 이미 지급받은 계약금 환급 외에 다음 각 목의 1의 금액을 여행자에게 배상하여야 합니다.

　　가. 여행출발 1일전까지 통지 시 : 여행요금의 30%
　　나. 여행출발 당일 통지 시 : 여행요금의 50%

제18조(여행출발 후 계약해지)

① 여행사 또는 여행자는 여행출발 후 부득이한 사유가 있는 경우 각 당사자는 여행계약을 해지할 수 있습니다. 다만, 그 사유가 당사자 한쪽의 과실로 인하여 생긴 경우에는 상대방에게 손해를 배상하여야 합니다.

② 제1항에 따라 여행계약이 해지된 경우 귀환운송 의무가 있는 여행사는 여행자를 귀환운송 할 의무가 있습니다.

③ 제1항의 계약해지로 인하여 발생하는 추가 비용은 그 해지사유가 어느 당사자의 사정에 속하는 경우에는 그 당사자가 부담하고, 양 당사자 누구의 사정에도 속하지 아니하는 경우에는 각 당사자가 추가 비용의 50%씩을 부담합니다.

④ 여행자는 여행에 중대한 하자가 있는 경우에 그 시정이 이루어지지 아니하거나 계약의 내용에 따른 이행을 기대할 수 없는 경우에는 계약을 해지할 수 있습니다.

⑤ 제4항에 따라 계약이 해지된 경우 여행사는 대금청구권을 상실합니다. 다만, 여행자가 실행된 여행으로 이익을 얻은 경우에는 그 이익을 여행사에게 상환하여야 합니다.

⑥ 제4항에 따라 계약이 해지된 경우 여행사는 계약의 해지로 인하여 필요하게 된 조치를 할 의무를 지며, 계약상 귀환운송 의무가 있으면 여행자를 귀환운송하여야 합니다. 이 경우 귀환운송비용은 원칙적으로 여행사가 부담하여야 하나, 상당한 이유가 있는 때에는 여행사는 여행자에게 그 비용의 일부를 청구할 수 있습니다.

제19조(여행의 시작과 종료) 여행의 시작은 탑승수속(선박인 경우 승선수속)을 마친 시점으로 하며, 여행의 종료는 여행자가 입국장 보세구역을 벗어나는 시점으로 합니다. 다만, 계약내용상 국내이동이 있을 경우에는 최초 출발지에서 이용하는 운송수단의 출발시각과 도착시각으로 합니다.

제20조(설명의무) 여행사는 계약서에 정하여져 있는 중요한 내용 및 그 변경사항을 여행자가 이해할 수 있도록 설명하여야 합니다.

제21조(보험가입 등) 여행사는 이 여행과 관련하여 여행자에게 손해가 발생한 경우 여행자에게 보험금을 지급하기 위한 보험 또는 공제에 가입하거나 영업보증금을 예치하여야 합니다.

제22조(기타사항)

① 이 계약에 명시되지 아니한 사항 또는 이 계약의 해석에 관하여 다툼이 있는 경우에는 여행사 또는 여행자가 합의하여 결정하되, 합의가 이루어지지 아니한 경우에는 관계법령 및 일반관례에 따릅니다.

② 특수지역에의 여행으로서 정당한 사유가 있는 경우에는 이 표준약관의 내용과 달리 정할 수 있습니다.

중국지도

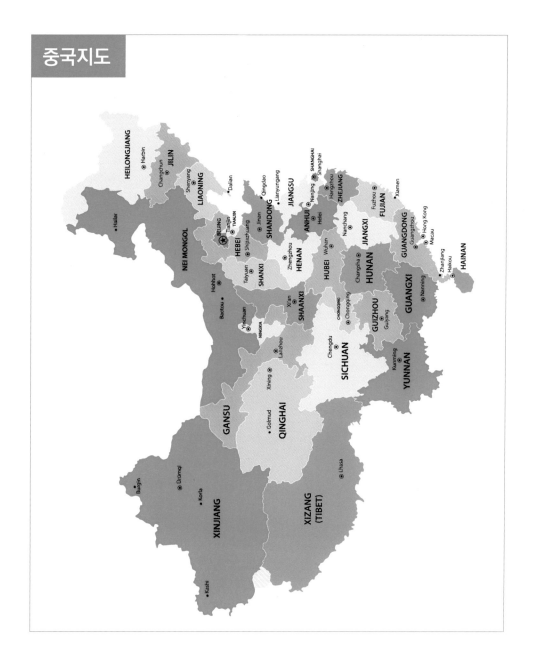

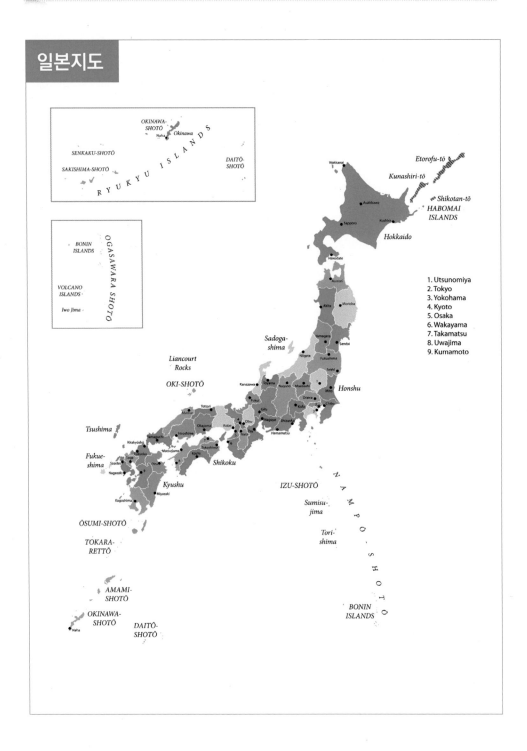

일본지도

1. Utsunomiya
2. Tokyo
3. Yokohama
4. Kyoto
5. Osaka
6. Wakayama
7. Takamatsu
8. Uwajima
9. Kumamoto

세계지도

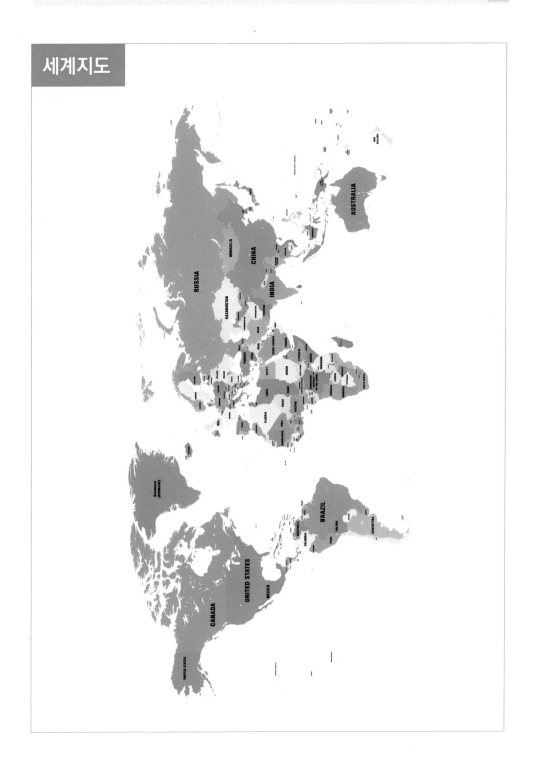

참고문헌

고종원 외 1인, 여행사경영론, 백산출판사, 2014.

공윤주, 여행사경영과 실무, 백산출판사, 2020.

김상무, 신판관광사업경영론, 백산출판사, 2014.

김제간, 신관광학개론, 새로미, 2015.

김도희, 관광산업론, 백산출판사, 2020.

김영규, 관광사업론, 기문사, 2013.

김영규, 여행사실무개론, 대왕사, 2013.

김도희, 관광학개론, 백산출판사, 2003.

김병헌, 국외여행인솔자업무론, 백산출판사, 2012.

김영규 외 1인, 여행항공경영론, 대왕사, 2016.

노정철 외 1인, 최신 여행사경영론, 한올, 2017.

나상필 외 2인, 여행사경영론, 백산출판사, 2020.

나태영 외 3인, 여행사경영실무, 대왕사, 2020.

박시범 외 2인, 여행사경영론, 새로미, 2020.

서용건, 국제관광경영과 문화, 백산출판사, 2012.

우경식, 관광산업의 이해, 새로미, 2013.

안대희 외 5인, 최신여행사경영론, 백산출판사, 2012.

오정주 외 1인, 비즈니스 매너와 글로벌 에티켓, 한올, 2017.

이정학, 관광학원론, 대왕사, 2010.

장병수, 신여행사경영업무론, 기문사, 2002.

장양례, 신여행업실무, 대왕사, 2011.

정찬종, 최신여행사실무, 백산출판사, 2018.

정찬종 외 1인, 새여행사경영론, 백산출판사, 2018.

정찬종 외 2인, 최신 국외여행인솔실무, 대왕사, 2019.

조인환 외 1인, 관광학개론, 대왕사, 2016.

천덕희 외 3인, 여행사 경영과 실무, 대왕사, 2017.

하인수, 여행사경영업무론, 기문사, 2013.

하동현 외 2인, 여행사경영론, 대왕사, 2020.

한진수 · 현경석(2009). "패밀리레스토랑의 고객가치, 고객만족, 행동의도 간의 구조적 관계에 관한 연구 : 서울지역 대학생을 중심으로", 호텔경영학연구, 18(1) : 135-150.

홍수장 · 이태희(2013). "힐링 트랜스포메이션 재화로서 산림치유 시설 선택요인 중요도 인식 연구", 한국사진지리학회지, 23(1) : 97-106.

홍성화 · 송재화 · 양성국(2008). "가족관광객 의사결정단계에 따른 속성인식과 관광지 선호유형 : 제주지역 가족관광객을 중심으로", 관광연구저널, 22(1) : 67-82.

공정거래위원회 홈페이지(www.ftc.go.kr)

국제민간항공기구 홈페이지(www.icao.int)

국제신문

국제항공운송협회 홈페이지(www.iata.or.kr)

세계여행신문(www.gtn.co.kr)

여행신문(www.traveltimes.co.kr)

조선일보(www.chosun.com)

중앙일보(www.joongang.joins.com)

토파스아카데미(www.topasweb.com)

한국관광공사 홈페이지(www.knto.or.kr)

한국관광협회중앙회 홈페이지(www.koreatravel.or.kr)

한국국외여행인솔자 홈페이지(www.tckorea.or.kr)

한국여행사협회 홈페이지(www.k-sta.kr)

한국여행업협회 홈페지이(www.kata.or.kr)

저자약력

최 복 룡

e-mail: byc@bufs.ac.kr

| 현재 |
- 부산외국어대학교 호텔관광학부 국제문화관광 겸임교수
- (주)부산세중 대표이사(2022~)
- 하나투어 부산외국어대점 대표
- 부산초량왜관연구회 부회장
- 조선통신사학회원
- 성신학당 학장
- 부산국제영화제후원회 회원

| 학력 |
- 부경대학교 대학원 관광경영학 석사
- 부경대학교 대학원 경영학 박사

| 개인특강 |
- 부경대학교
- 동아대학교
- 부산외국어대학교
- 경남대학교
- 신라대학교

| 수상경력 |
- 부산시장상 수상
- 국제라이온스협회 355-A지구 국제협회장상 수상

| 주요 경력 |
- 세중여행 부산사업본부장(1990.1~2021)
- 부산시 관광진흥정책 자문위원
- 남해군 도시재생 뉴딜사업 관광개발 자문위원
- 2018, 2020, 중구청, 해운대구청 관광특구 심사위원
- 동명대학교 관광경영학과 강의
- 영산대학교 항공관광학과 강의

| 자격사항 |
- 부산건축해설사
- 바다해설사
- 문화해설사
- 사찰해설사
- 일본어 관광통역 자격증 취득

저자와의
합의하에
인지첩부
생략

이야기로 풀어보는 여행사 실무경영론

2021년 3월 5일 초 판 1쇄 발행
2024년 3월 5일 제2판 1쇄 발행

지은이 최복룡
펴낸이 진욱상
펴낸곳 (주)백산출판사
교 정 성인숙
본문디자인 오행복
표지디자인 오정은

등 록 2017년 5월 29일 제406-2017-000058호
주 소 경기도 파주시 회동길 370(백산빌딩 3층)
전 화 02-914-1621(代)
팩 스 031-955-9911
이메일 edit@ibaeksan.kr
홈페이지 www.ibaeksan.kr

ISBN 979-11-6567-813-5 93320
값 26,000원